1781

Rand und Rose Flem-Ath

Atlantis – der versunkene Kontinent unter dem ewigen Eis

Aus dem Amerikanischen von Sebastian Vogel

Hoffmann und Campe

Die Originalausgabe erschien 1995 unter dem Titel *When the Sky Fell* im Verlag
Stoddart Publishing Co. Limited, Toronto.

Die Deutsche Bibliothek – CIP-Einheitsaufnahme

Flem-Ath, Rand:
Atlantis: der versunkene Kontinent unter dem ewigen Eis,
Rand und Rose Flem-Ath. Aus dem Amerikan. von Sebastian Vogel
– 1. Aufl. – Hamburg: Hoffmann und Campe, 1996
Einheitssacht.: When the sky fell <dt.>
ISBN 3-455-11099-1
NE: Flem-Ath, Rose:

Schutzumschlaggestaltung: Büro X, Hamburg
unter Verwendung eines Fotos
der Bildagentur Schuster/Liaison
Gesetzt aus der Futura light
Satz: Utesch Satztechnik GmbH, Hamburg
Druck und Bindung: Graphischer Großbetrieb Pößneck GmbH
Printed in Germany

Gewidmet dem letzten der ungezähmten Orte

Inhalt

Danksagung

Wir hatten auf dieser Entdeckungsreise das Glück, daß andere Abenteurer uns nachfolgten und ermutigten. Charles Hapgood, der inzwischen leider verstorben ist, ließ uns in den allerersten Jahren ehrenvolle Unterstützung zuteil werden. Dieses Buch ist eine Weiterentwicklung seiner Entdeckungen in Geologie und antiker Kartographie; wir sind ihm zu Dank verpflichtet für die Zeit, die er sich für den Briefwechsel mit uns nahm. Am 3. August 1977 schrieb er: »Ich bin erstaunt und entzückt über Ihren Artikel, der heute hier eintraf. Ob Sie es glauben oder nicht: Er ist die *erste* wirklich wissenschaftliche Untersuchung, die jemals über meine Arbeiten durchgeführt wurde. Sie haben Belege für eine Erdkrustenverschiebung gefunden, die mir unbekannt waren.« Schade, daß er nicht mehr unter uns ist und das Ergebnis nicht sehen kann. Unserem Freund Martin Schnell danken wir für die stundenlangen fesselnden Gespräche am Küchentisch, ebenso wie Brian Stocker und Josie Killeen, die an demselben Tisch saßen. Paul William Roberts hatte als erster den Mut, uns die Tür zu öffnen, und Nelson Doucet forderte uns zum Eintreten auf. John Anthony West und Graham Hancock hielten von Anfang an ihre schützenden Hände über uns. Colin Wilson bot frische Begeisterung und nahm sich großzügig Zeit, um die Einleitung zu schreiben. Don Bastian, David Kilgour und Lynne Missen arbeiteten so professionell, wie man es sich als neuer Autor nicht träumen läßt; wir sind ihnen dankbar für die geschickte Anleitung, durch die das Buch so gut wurde, wie es nur möglich war.

Einleitung

von Colin Wilson

Dieses Buch vertritt eine so einfache und zugleich so verblüffende These, daß Rand und Rose Flem-Ath sich damit ziemlich sicher einen bleibenden Namen in der Geschichte der Geowissenschaften machen werden.

Man kann ihre Behauptung in sieben Worten zusammenfassen: Die Antarktis ist der verlorene Kontinent Atlantis.

So einfach ausgedrückt, wird diese Aussage ein Stöhnen auslösen: Das haben wir doch alles schon einmal gehört. Seit der Kongreßabgeordnete Ignatius Donnelly 1882 sein Werk *Atlantis: The Antediluvian World* herausbrachte, gab es mehr als tausend Bücher über das Thema. Dennoch kann ich nicht stark genug betonen, daß die Flem-Aths neue, höchst überzeugende Indizien vorlegen, und alles weist darauf hin, daß sie recht haben. Innerhalb der nächsten zehn Jahre könnte ihre Theorie ganz einfach als wissenschaftlich begründete Tatsache anerkannt werden. Ich gehe so weit zu sagen, daß ich zu 90 Prozent überzeugt bin. Und da die Flem-Aths manche Indizien – einige davon tatsächlich aus allerjüngster Zeit – nur andeutungsweise erwähnen, möchte ich eine kurze Zusammenfassung versuchen.

Die Flem-Aths beschreiben, wie Albert Einstein sich für die Arbeiten von Charles H. Hapgood begeisterte; Hapgood war Professor für Wissenschaftsgeschichte am Keene State College in New Hampshire und veröffentlichte seine Theorie fünf Jahre später in einem Buch mit dem Titel *Earth's Shifting Crust*. Es ging ihm darum, das große Rätsel der Eiszeiten zu lösen und nebenbei einige der großen Katastrophen – Überschwemmungen,

Erdbeben und so weiter – zu erklären, die nach den geologischen Befunden markante Punkte der Erdgeschichte darstellen.

Hapgood ging von der Hypothese aus, daß die großen Eiskappen an den Polen die Erde aus dem Gleichgewicht brachten – ähnlich einem schweren Teppich, der sich in der Wäscheschleuder zu einer großen Kugel zusammenballt. Die Ausbeulung am Äquator wirkt diesem Effekt der Zentrifugalkraft jedoch entgegen – wie das kleine Gewicht, das man zum Auswuchten seitlich an einem Autorad anbringt. Als aber Hapgoods Freund James Campbell die beteiligten Kräfte berechnete, stellte er fest, daß der stabilisierende Effekt der Ausbeulung am Äquator tausendmal größer war als die destabilisierende Wirkung der Polareiskappen. Allerdings, so Campbell, könnten die Eiskappen durchaus genügend Kraft gehabt haben, um die Erdkruste beiseite zu ziehen, wenn diese Kruste eine schwimmende Schicht ist – wie die Haut, die sich auf kalter Suppe bildet. Manchen wissenschaftlichen Befunden zufolge lag die Hudsonbai früher einmal am Nordpol, und eine Untersuchung des Magnetismus in den Gesteinen Englands zeigte, daß die britischen Inseln sich früher über 3000 Kilometer südlich von ihrer jetzigen Position befanden. Indien und Afrika waren von Eis bedeckt, Sibirien blieb jedoch davon verschont. Wäre es nicht möglich, so fragte Hapgood, daß die »Eiszeit« in Wirklichkeit nicht die ganze Erde betraf, sondern nur Teile von ihr – nämlich diejenigen, die in die Polargebiete geschoben wurden?

Während Hapgood an seinem Buch über die Erdkrustenverschiebungen arbeitete, hörte er von einem anderen spannenden Rätsel: Eine alte Karte, die auf 1513 datiert war, zeigte die Antarktis – drei Jahrhunderte, bevor der Kontinent »entdeckt« wurde. Solche Karten, die man auch Portolane nennt, wurden im Mittelalter vielfach von den Seeleuten benutzt. Aber die Karte von 1513 zeigte die Antarktis, wie sie vor der Vereisung ausgesehen hatte. Und als man das Eis von 1958 bis 1978 mit Schallwellen untersuchte, stellte sich heraus, daß die alten Karten stimmten. Hapgood und seine Studenten führten eine langwierige intensive Untersuchung der Portolankarten durch, und 1966 gab Hapgood in *Maps of the Ancient Sea Kings* seine Schlußfolgerung bekannt: Danach hatte es zu der Zeit, als im Nahen Osten die ersten ummauerten Städte entstanden, eine hochentwickelte Seefahrerkultur gegeben.

Hapgood hatte das Pech, daß die mittelalterlichen Portolankarten – insbesondere diejenige, die als »Karte des Piri Re'is« bekannt war – schon Schriftstellern wie Erich von Däniken und Louis Pauwels den Vorwand für die Behauptung geliefert hatten, »Astronauten« von anderen Planeten seien vor Jahrtausenden auf der Erde gelandet; von Däniken hatte sogar die Ansicht vertreten, die Außerirdischen seien für den Bau der Großen Pyramide verantwortlich und hätten die Steinstatuen auf der Osterinsel aufgerichtet. Verständlicherweise bestand deshalb die Neigung, Hapgood über denselben Kamm zu scheren wie von Däniken.

Auch der Schriftsteller Immanuel Welikowsky (der weniger skurril als von Däniken, aber auch weniger wissenschaftlich als Hapgood war) hatte sich eine weltweite Anhängerschaft mit der Theorie gesichert, einige große Naturkatastrophen auf der Erde seien von einem riesigen Kometen ausgelöst worden, der vom Jupiter weggeschleudert und in Erdnähe geraten sei, so daß er Vulkanausbrüche und Flutwellen hervorrief, bevor er als Venus zur Ruhe kam. Weniger bekannt wurde die Theorie des eigenbrötlerischen Ägyptologen Schwaller de Lubicz, wonach die Überlebenden von Atlantis die ägyptische Hochkultur begründeten. Nach seiner Argumentation erreichte diese Kultur in sehr kurzer Zeit – zwischen 3200 und 2500 v. Chr. – einen so hohen Entwicklungsstand, daß sie unmöglich bei Null angefangen haben konnte. Die Reaktion der Wissenschaftler auf solche Theorien bestand darin, daß man sie als Unsinn abtat.

In den USA begeisterte sich John Anthony West, der Bücher über Ägyptologie schrieb, für die Theorien von Schwaller de Lubicz. Wenn man die Hypothese von den Astronauten beiseite läßt und sich auf Tatsachen konzentriert, bleiben einige recht stichhaltige Indizien: Erstens war die Antarktis demnach schon vor über 6000 Jahren bekannt und besiedelt, und zweitens gab es zur gleichen Zeit eine hochentwickelte Seefahrerkultur, die sowohl mit Rußland als auch mit China in Kontakt stand.

Nach zahlreichen Indizien, die Schwaller de Lubicz aus ägyptischen Pyramiden und Tempeln zusammengetragen hatte, gründete sich die Astronomie des Landes am Nil auf Kenntnisse, die auf eine nochmals mehrere tausend Jahre ältere Zivilisation zurückgingen. Besonders interessierte sich West für de Lubiczs Annahme, die Überlebenden dieser Kultur – die man ebensogut Atlantis nennen kann – hätten die Große Sphinx gebaut, und zwar mehrere tausend Jahre früher, als man bis dahin angenommen hatte. Und die Verwitterung der Sphinx wäre demnach nicht durch den vom Wind herangetriebenen Sand hervorgerufen worden, sondern von Wasser, das an ihr herunterlief, lange bevor Ägypten zur Wüste wurde. Das, so West, mußte sich recht einfach beweisen oder widerlegen lassen. Nachdem er die Theorie in seinem 1979 erschienenen Buch *Serpent in the Sky* dargelegt hatte, konnte er schließlich Robert Schoch, einen Geologen der Universität Boston, zu einer gemeinsamen Reise nach Ägypten bewegen, auf der sie sich die Indizien ansehen wollten. Schoch überzeugte sich durch seine eigenen Untersuchungen, daß die Sphinx durch Wasser erodiert war, und 1991 sorgte er auf einer geologischen Tagung in San Diego für eine Sensation mit seiner Schlußfolgerung, die Sphinx könne schon 7000 v. Chr. entstanden sein und sei demnach nicht, wie die meisten Ägyptologen annahmen, zur gleichen Zeit errichtet worden wie die Große Pyramide (ca. 2500 v. Chr.). West produzierte über die Befunde einen Fernsehfilm, der bei seiner Ausstrahlung 1993 in den USA heftige Meinungsverschiedenheiten auslöste.

Aber es sollten noch mehr interessante Belege hinzukommen. Ein Ingenieur namens Robert Bauval war von der Anordnung der drei Pyramiden von Gizeh gefesselt. Für die Vorstellung eines Ingenieurs fiel die dritte Pyramide – die von Menkaura gebaut wurde – seltsam aus der regelmäßigen Anordnung heraus. Eine Lösung fiel ihm ein, als er eines Tages in der Wüste die Sterne beobachtete. Die drei Gürtelsterne im Sternbild des Orion (das den alten Ägyptern heilig war) bildeten genau das gleiche Muster wie die Pyramiden!

In seinem Buch *Das Geheimnis des Orion* (1994) stellt Bauval seine eigene Theorie dar: Danach waren die sogenannten »Luftschächte« der Großen Pyramide wie Gewehrläufe auf den Orion gerichtet, so daß die Seele des toten Pharaos wie ein Geschoß dorthin fliegen konnte. Bauvals Argumente sind zu kompliziert, als daß man sie hier zusammenfassen könnte, aber eine seiner beiläufigen Bemerkungen ist für unseren Zusammenhang von besonderem Interesse: Da die Erde »wackelt« (der Fachausdruck lautet Präzession), wechseln die Sterne im Laufe der Jahrhunderte ihre Position, um später an die ursprüngliche Stelle zurückzukehren. Nach Bauvals Ansicht weisen die Befunde darauf hin, daß die große Pyramide eine Art »Sternenuhr« darstellt; ihre Zeiger wiesen zu Beginn auf das Jahr 10 450 v. Chr. – damals standen die drei Sterne des Orion in genau der gleichen Position wie die drei Pyramiden. Bauval erwähnt sogar ausdrücklich Platon und Atlantis; er weist darauf hin, daß der Hellseher Edgar Cayce das Jahr 10 500 v. Chr. als Zeitpunkt für die Zerstörung von Atlantis genannt hat, und äußert die Vermutung, die Große Pyramide könne zu jener Zeit zumindest geplant worden sein.

Es ist schon seltsam, daß Bauval in seiner eigentlich wissenschaftlichen Untersuchung so weit geht, Atlantis zu erwähnen, es sei denn, er neigt ebenfalls zu der Ansicht, daß es eine Verbindung zwischen dem alten Ägypten und dem von ihm so genannten »Atlantis-Ereignis« gibt.

Am Ende von *Maps of the Ancient Sea Kings* äußert Hapgood die Vermutung, es könne zur Erforschung dieser alten Seefahrerkultur nützlich sein, wenn man sich mit vergleichender Mythenforschung und der »fast völligen Übereinstimmung aller großen Mythensysteme auf der Welt« beschäftige. Ich weiß nicht, ob dieser Hinweis für die Flem-Aths der Anlaß war, die Mythen weiterzuverfolgen. Wenn es so war, hat es sich sicher reichlich ausgezahlt, denn die Abschnitte über Mythologie gehören zu den eindrucksvollsten Teilen des Buches. Die Leistung der Flem-Aths besteht darin, daß sie die Vorstellung, die Antarktis könne Atlantis sein und die Geheimnisse der sagenumwobenen Hochkultur könnten unter ihrem Eis liegen, auf die Tagesordnung der wissenschaftlich begründeten Spekulation gesetzt haben. Wenn sich diese Ansicht auch nur teilweise als richtig erweist, haben sie damit unsere gesamte Sichtweise für die Menschheitsgeschichte verändert.

1

Anpassen, wandern oder sterben

Am 8. Mai 1953 setzte sich ein betagter Professor mit einer Vorliebe für die Violine in Princeton, New Jersey, an seinen Schreibtisch und schrieb einen Brief an Charles H. Hapgood, einen unbekannten Dozenten an einem kleinen College in Neuengland. Der Professor war Albert Einstein, und in dem Brief ging es um eine Theorie von Hapgood, die den großen Physiker »elektrisiert« hatte. Einstein schrieb:

> Ich finde Ihre Argumente sehr beeindruckend und habe den Eindruck, daß Ihre Hypothese richtig ist. Es gibt kaum einen Zweifel, daß wiederholt und innerhalb kurzer Zeit bedeutende Verschiebungen der Erdkruste stattgefunden haben.[1]

Damit begann einer der am wenigsten bekannten Briefwechsel der Wissenschaftsgeschichte.

Charles Hutchins Hapgood, ein Absolvent des Harvard-College und der Harvard Graduate School of Arts and Sciences, wurde am 17. Mai 1904 in New York geboren. Nach dem Examen ging er nach Deutschland, und während er an der Universität Freiburg studierte, kam Adolf Hitler an die Macht. Als der Zweite Weltkrieg ausbrach, kehrte er in die USA zurück und kam zum Office of Strategic Studies (OSS), dem Vorläufer der CIA. Nach dem Krieg wurde Hapgood Professor für Anthropologie und Wissenschaftsgeschichte am Keene State College in New Hampshire.

Anfang der fünfziger Jahre formulierte er zum erstenmal seine

Theorie von der Verschiebung der Erdkruste, und dieses Thema sollte ihn von nun an über zwanzig Jahre lang beschäftigen. Auf seinen ersten Kontakt mit Einstein folgten weitere Briefe. Nach Ansicht des großen Physikers war Hapgood auf der richtigen Spur. Bei einer Tagung im Januar 1955, nur wenige Monate vor seinem Tod, sagte Einstein zu Hapgood, die »in der Geologie üblichen gradualistischen Vorstellungen« seien nur »eine Denkgewohnheit, die sich nicht unbedingt mit empirischen Befunden rechtfertigen« lasse.[2]

In seinem Vorwort zu Hapgoods Buch *Earth's Shifting Crust* schrieb Einstein:

> Ziemlich viele empirische Daten weisen darauf hin, daß an jedem sorgfältig untersuchten Punkt der Erdoberfläche viele Klimaveränderungen stattgefunden haben, und zwar offensichtlich sehr plötzlich. Das ist nach Mr. Hapgoods Ansicht durchaus erklärlich, wenn die eigentlich starre äußere Erdkruste von Zeit zu Zeit ... umfangreiche Verschiebungen durchmacht ...[3]

Eine solche Verschiebung der Erdkruste hat gewaltige Auswirkungen. Wenn die Kruste über das Erdinnere holpert, wird die ganze Welt von unvorstellbaren Erdbeben und Überschwemmungen heimgesucht, ja sogar der Himmel scheint herabzufallen. Die Sonne geht jeden Tag hinter einem anderen Horizont auf und unter, bis die Bewegung schließlich wieder zur Ruhe kommt. Die Beben des Meeresbodens lassen riesige Flutwellen entstehen, die auf die Küsten treffen und sie überschwemmen. Manche Regionen verschieben sich in wärmere Klimazonen. Andere werden in die Polargebiete gedrückt und erleben den härtesten Winter. Die Eiskappen der ehemaligen Polargegenden schmelzen und lassen den Meeresspiegel noch höher steigen. Alle Lebewesen müssen sich anpassen, wandern – oder sterben.

Vor etwa 11 600 Jahren (9600 v. Chr.) gab es auf der Erde

tiefgreifende Klimaveränderungen, in deren Folge gewaltige Eismassen schmolzen und den Meeresspiegel steigen ließen. Riesige Säugetiere starben in großer Zahl. Plötzlich wanderten die Menschen nach Amerika ein, und auf der ganzen Welt fingen Männer und Frauen an, mit der Landwirtschaft zu experimentieren. Alle diese entscheidenden Vorgänge sind zum Gegenstand eingehender wissenschaftlicher Untersuchungen geworden.

Archäologen und Anthropologen beschäftigen sich mit der Besiedelung Amerikas und der Entstehung der Landwirtschaft. Paläontologen sowie wiederum die Anthropologen konzentrieren sich auf das Massenaussterben. Geologen nehmen die Bewegung der Eisschichten unter die Lupe. Jedes Fachgebiet hat »seine« Forschungsthemen, die mit jeweils anderen Lieblingsmethoden bearbeitet werden. Das beherrschende Element der Forschung sind eng gefaßte Spezialgebiete. Die Idee von Charles Hapgood bot dagegen eine Lösung für alle diese Probleme unter dem Dach eines einzigen Vorganges: einer Verschiebung der Erdkruste mit ihren verheerenden Folgen. Durch die neue Brille von Hapgoods Theorie gesehen, erscheinen die Abläufe vor 11 600 Jahren als unvermeidliche Folgen eines außergewöhnlichen, aber völlig natürlichen Ereignisses.

Angetrieben wurde Einsteins Begeisterung für Hapgoods Theorie durch seine Kenntnisse über den Aufbau des Erdinneren (siehe Abbildung 1 und 2).

Der größte Teil der Erdmasse liegt um den Erdmittelpunkt herum (Abbildung 1); sie besteht aus einem inneren Kern aus festem Metall, der von einer flüssigen Metallschicht umgeben ist. Um diesen äußeren Kern herum liegt der dickste Teil der Erde, der Erdmantel aus festem Gestein. Über dem Mantel befindet sich die Asthenosphäre oder »schwache Zone« (Abbildung 2). Erst die Beweglichkeit der Asthenosphäre ermöglicht Verschiebungen der Erdkruste.

Die Kruste oder Lithosphäre, zu der alle Kontinente und Meeresböden gehören, ist die dünnste Schicht, und auf sie ist alles Leben angewiesen. Sie ist in mehrere Platten aufgeteilt, die sich stetig bewegen und so Erdbeben und Vulkanausbrüche verursa-

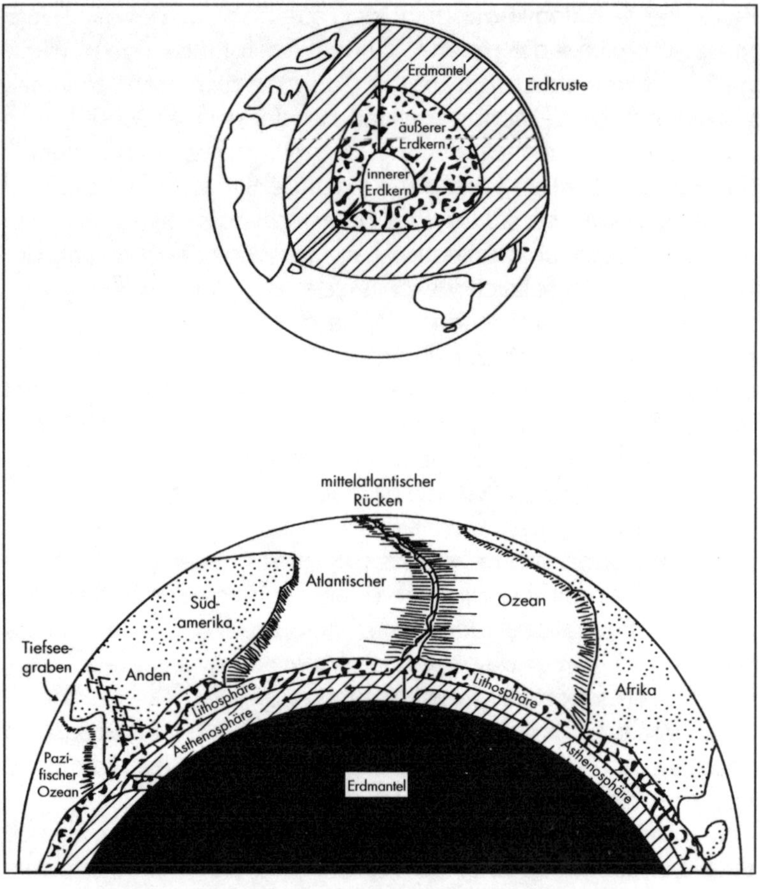

Abb. 1 und 2: Das Erdinnere besteht aus mehreren Schichten. Albert Einstein unterstützte die Theorie von Charles H. Hapgood, wonach die äußere Schicht, Erdkruste oder Lithosphäre genannt, sich in gewissen Zeitabständen über der Asthenosphäre verschiebt. Die Folge sind katastrophale Erdbeben, riesige Überschwemmungen und plötzliche Klimaveränderungen.

chen. Diese Bewegungen der Platten, die von der Theorie der »Plattentektonik« erklärt werden, trennen im Laufe von Jahrmillionen Zentimeter für Zentimeter die Kontinente und lassen Gebirgszüge entstehen.

Der Plattentektonik wie auch der Idee von der Verschiebung der Erdkruste liegt die gleiche Annahme zugrunde, nämlich daß die Kruste beweglich ist. Die beiden Ideen schließen sich gegenseitig nicht aus, sondern ergänzen einander. Die Plattentektonik bietet eine Erklärung für langfristige, langsame Veränderungen wie den Aufbau von Gebirgen, Vulkantätigkeit und örtlich begrenzte Erdbeben. Die Theorie von der Verschiebung der Erdkruste erkennt an, daß es solche allmählichen Vorgänge gibt, unterstellt aber zusätzlich viel drastischere, plötzliche Bewegungen der Kruste, mit denen sich Rätsel wie das massenhafte Aussterben von Tieren und Pflanzen, Veränderungen der Vereisung und der plötzliche Aufstieg der Landwirtschaft erklären lassen. Ganz anders als bei der langsamen Bewegung einzelner Platten gemäß der Plattentektonik verändert die von Hapgood postulierte »Erdkrustenverschiebung« plötzlich alle Platten *als zusammenhängende Einheit.* Der Kern, das schwere Zentrum unseres Planeten, verändert sich bei dieser Bewegung nicht, und deshalb behält auch die Erdachse ihre Lage bei.

Da man Hapgoods Idee auf so viele unterschiedliche Probleme anwenden kann, stellt sie eine »wissenschaftliche Revolution« dar. In *Die Struktur wissenschaftlicher Revolutionen*[4], einem Werk, das häufig als »einflußreichste Abhandlung darüber, wie Wissenschaft fortschreitet (und nicht fortschreitet)«[5] bezeichnet wird, beschäftigt sich der Philosoph und Soziologe Thomas S. Kuhn mit den charakteristischen Merkmalen großer Veränderungen im wissenschaftlichen Denken. Er zeigt, wie eine dynamische neue Idee eine wissenschaftliche Revolution in Gang setzen kann, indem sie eine Reihe hartnäckiger Probleme löst. Wenn sich der Staub später legt, hat sich das geistige Terrain erweitert, und die Wissenschaftler sehen sich neuen Fragen gegenüber. Leider begegnet man aber der neuen Idee, welche die wissenschaftliche Revolution auslöst, häufig mit heftigen Meinungsverschiedenheiten oder erstickendem Schweigen.

Darwins Evolutionstheorie wurde mit großer Entrüstung aufgenommen, und zwar nicht nur von der Kirche, sondern auch von Wissenschaftlern. Kopernikus ließ seine Theorie klugerweise erst gegen Ende seines Lebens veröffentlichen. Er wußte um die Gefahren seiner radikalen Idee, wonach die Erde nicht der Mittelpunkt des Universums ist. Neue Theorien werden oft nicht freundlich aufgenommen, sondern abgelehnt oder einfach ignoriert, und erst eine spätere Generation erkennt in ihnen die wissenschaftliche Revolution. Um das zu verstehen, muß man sich in die Soziologie der Wissenschaft vertiefen.

Kuhn unterscheidet zwischen der »normalen Wissenschaft« und der »Wissenschaft in der Krise«. Zur normalen Wissenschaft gehören Tätigkeiten, die wir allgemein mit wissenschaftlichen Errungenschaften in Verbindung bringen, wie dem Bau einer Brücke, dem Start einer Raumfähre oder der Suche nach einer Heilungsmöglichkeit für Krebs. Wissenschaftler werden dazu ausgebildet, Probleme mit anerkannten Methoden zu lösen. In der normalen Wissenschaft machen sie einen ». . . hingebungsvollen Versuch, die Natur in die Schubladen der Vorstellungen zu zwängen, die von der Berufsausbildung vorgegeben sind«.[6] Jedes Fachgebiet umgibt sich mit einer Isolierschicht gegenüber den Problemen, die es nicht als in seinen Bereich gehörig betrachtet. Kuhn bezeichnet solche Annahmen über das, was »echte« Probleme sind, als »Paradigma« (Musterbeispiel), als Rahmen für das Angehen aller wissenschaftlichen Rätsel.

Wenn ein naturwissenschaftliches Fachgebiet einen neuen Rahmen akzeptiert, ähnelt dieser Vorgang nach Kuhns Ansicht der Einrichtung einer Fabrik mit neuen Maschinen. Anfangs sieht es so aus, als sei der Preis für die Neuordnung höher als der Nutzen durch die verbesserte Konstruktion: »Repariere nur, was defekt ist.« Wenn aber der Konkurrent nebenan mit der neuen Einrichtung (dem neuen Lehrsatz) mehr Probleme lösen kann, sind letztlich alle Fabriken gezwungen, die Verbesserung zu übernehmen.

In der Wissenschaft sind die Auswirkungen der Konkurrenz weniger unmittelbar zu spüren. Nur wenn die Schwachpunkte einer alten Lehre sich durch die neue Idee beseitigen lassen, überlegen die Wissenschaftler, ob sie ihre Theorien umkrempeln sollten. Bis eine solche Krise eintritt, werden die alten Werkzeuge unerbittlich immer wieder geschärft, so stumpf oder überholt sie auch sein mögen, selbst wenn man das Problem mit ihnen nicht mehr in den Griff bekommt.

In diesem Buch werden wir uns mit mehreren alten, ungelösten und häufig übergangenen Problemen beschäftigen und sie durch eine neue Brille betrachten, die uns die Theorie von der Verschiebung der Erdkruste bietet. Ein seltsames geologisches Rätsel umgibt beispielsweise die Eiskappen Grönlands und der Antarktis. Nachgewiesenermaßen fällt heute in den Gegenden, wo die dicksten Eisschichten liegen, am wenigsten Schnee, während die jährliche Schneemenge da, wo sich die dünnsten Eisschichten befinden, am höchsten ist. Mit den gängigen Annahmen der Geologie ist dieses Rätsel nicht zu lösen. Nur wenn man die derzeitige Theorie neu überdenkt, kann man das Phänomen in den Griff bekommen.

Mehrere Theorien hat man auch vorgeschlagen, um zu erklären, warum um 9600 v. Chr. so viele Arten plötzlich ausgestorben sind. Keine davon bietet eine so befriedigende Lösung wie die Theorie von der Verschiebung der Erdkruste. Die Entstehung der Landwirtschaft bleibt ein Rätsel, und die vollständige Geschichte der Besiedelung Amerikas entzieht sich nach wie vor der herrschenden archäologischen Lehre – auch hier könnte die Verschiebung der Erdkruste eine Antwort bieten.

Auch das Geld spielt für die Akzeptanz neuer Ideen eine große Rolle. Die Entscheidung, mit welchen wissenschaftlichen Problemen man sich beschäftigt, wird kaum einmal allein den Wissenschaftlern überlassen. Meist treffen Industrie, staatliche Stellen oder Ausbildungseinrichtungen diese Entscheidung. Den meisten Wissenschaftlern weist man Fragestellungen zu, die man für lösbar hält. Andere Forschungen werden einfach nicht finanziert.

Außerdem gibt es in den Reihen der Wissenschaftler eine stillschweigende Übereinkunft. Die wissenschaftliche Welt ist von der übrigen Gesellschaft abgetrennt und feiert gern ihre eigenen Erfolge. Die Entdeckung der langersehnten Lösung für ein wissenschaftliches Problem ist eine lobenswerte Tätigkeit. Aber wenn jemand die Öffentlichkeit auffordert, die Reihe ungelöster Probleme unter die Lupe zu nehmen, reagieren die

Wissenschaftler empört, und die Empörung führt oft zu verbitterten Auseinandersetzungen. Vielfach wird eine neue Idee mit eisernem Schweigen aufgenommen. Dieses Schicksal ereilte auch Hapgoods Theorie von der Verschiebung der Erdkruste, trotz Einsteins begeisterter Unterstützung. Die Idee wurde nie widerlegt. Man reagierte einfach nicht darauf.

Mit einem einzigen einfachen Gedanken (nämlich daß die Erdkruste sich verschiebt) bietet Hapgoods Theorie mit einem Schlag eine Erklärung für mehrere ungelöste Probleme aus Geologie, Archäologie, Anthropologie und Paläontologie. Sie eröffnete neue Horizonte und legt den Wissenschaftlern ein großes neues Terrain zum Erforschen zu Füßen.

Mit der Theorie von der Verschiebung der Erdkruste werden wir über die Erde des Jahres 9600 v. Chr. reisen und zusehen, welch unglaubliche Folgen es hat, wenn sich die Erdoberfläche verbiegt. Wir werden uns mit den Indizien beschäftigen, die auf eine schreckliche Katastrophe in jener Zeit hindeuten. Und wir werden mit den Überlebenden die Erinnerungen an die Zeit vor der Flut teilen.

Wie wir weiterhin sehen werden, besteht Grund zu der Annahme, daß wir nicht die erste fortgeschrittene Zivilisation auf der Erde sind. Diese Erkenntnis ist der Schlüssel zu einem der verblüffendsten Rätsel überhaupt.

Die Suche nach Atlantis wurde entweder mit wissenschaftlicher Neugier angegangen oder aber mit großer Skepsis, als ob sie in den nebelhaften Bereich der Phantasie gehörte. Es bedurfte zwangsläufig einer wissenschaftlichen Revolution, damit man den verlorenen Kontinent finden konnte.

Seit Mitte der sechziger Jahre untersuchten Hapgood und seine Studenten des Keene State College eine Reihe sehr alter und dennoch verblüffend genauer Weltkarten. Die Karten zeigten seltsamerweise Gegenden wie China, Nord- und Südamerika sowie eisfreie Teile der Antarktis, lange bevor die europäischen Entdecker diese Länder bereisten. Die Darstellungen waren genau, bis auf einen entscheidenden Punkt: Sie zeigten die Erde so, als ob ihre Kruste im Verhältnis zu den Polen anders angeordnet war als heute. Wie wir noch sehen werden, stellten diese alten Karten die Erde so dar, wie sie vor der letzten Verschiebung der Erdkruste aussah: Nordamerika war unter Eis begraben, und ein Drittel der Antarktis war eisfrei. Sie zeigen die Erde zu der Zeit vor vielen tausend Jahren, lange vor dem Auftauchen der ersten Zivilisationen, welche die Archäologie nachgewiesen hat.

Nach Hapgoods Überzeugung konnte nur eine fortgeschrittene, weltweite Zivilisation von Seefahrern, die es vor über 10 000 Jahren gab, diese Karten hervorgebracht haben.[7] Der griechische Philosoph Platon (ca. 427–347 v. Chr.) berichtet von einer längst vergangenen Zivilisation, die zu dieser Zeit existiert haben soll. Ägyptische Priester überlieferten die Sage von Atlantis über mehr als 9000 Jahre hinweg. Das große Reich gedieh danach auf einem gewaltigen Inselkontinent in einem weit entfernten Meer, bis es von Erdbeben und Überschwemmungen zerstört wurde.

Platon war überzeugt, die Erbauer von Atlantis seien Männer und Frauen mit fortgeschrittenen technischen Fähigkeiten gewesen. Die Hauptstadt, ebenfalls »Atlantis« genannt, war in Anlage und Aufbau gewaltig, in der Größe vergleichbar mit dem heutigen London. Ein riesiges Leitungsnetz versorgte die Metropole mit Wasser und brachte den Bewohnern alles, was zum Leben notwendig war, bis vor die Haustür.

Weiterhin berichtet Platon, die Stadt sei in den Felsen des Landes gehauen und bestehe aus einer Reihe konzentrischer Kreise. Zum äußeren Ring gehörte ein riesiges Gebiet, das den Händlern vorbehalten war. Auf dem Weg zur Stadtmitte kam man an Gärten, Pferderennbahnen und Palästen vorüber, und schließlich gelangte man zu einer zentralen Insel mit einem umfangreichen Tempel.

Aber der Herrschaft des großartigen Tempels war ein böses Schicksal bestimmt.

Der Himmel fiel herab.

Erdbeben und Überschwemmungen zerschmetterten das Land.

Atlantis ging unter.

2

Funken der Menschheit

Von Angst betäubt, trieben die wenigen erschrockenen und entsetzten Überlebenden von Atlantis einsam und verwirrt zwischen den Trümmern, die der Alptraum der Erde hinter sich zurückgelassen hatte. Aber der Alptraum verflüchtigte sich nicht, als die ersehnte Morgendämmerung anbrach. Aus diesem Traum sollte es jahrhundertelang kein Erwachen geben. Das blieb denen vorbehalten, die durch die Gnade günstiger Winde und Gezeiten an wohnliche Küsten getrieben wurden, wo sie sich zusammentun und nach der Verwüstung den Wiederaufbau in Angriff nehmen konnten.

Dem schlichten Mut und dem übermächtigen Lebenswillen der Überlebenden war es zu verdanken, daß sie, hilflos gegen die Elemente kämpfend, irgendwie anfingen, die verstreuten Überreste ihrer Welt zusammenzusetzen. Aber vielleicht konnte die Zukunft ihren mißhandelten Herzen nur Hoffnung bieten. Kein Schrecken von morgen konnte der Verwüstung gleichkommen, die sie hinter sich gelassen hatten, begraben unter dem Schnee, der jetzt ihre Heimatinsel versinken ließ.

Und sie waren nicht so einsam, wie sie geglaubt hatten, als sie in ihren Schiffen, die in der Weite des Ozeans so winzig wirkten, umhergeworfen und gequält wurden. Ebenso erschrokken wie die Atlantiden waren auch die Überlebenden in den Hochlagen, die den Flutwellen entgangen waren. Dort, in ihren Behausungen oben im Gebirge, zitterten die verschont gebliebenen Jäger und Sammler der Erde. Gewöhnt an die gemächliche Lebensweise, mit der sie Hunderttausende von Jahren lang so gut zurechtgekommen waren, hatten sie keine Ahnung, daß dieser alte Trott von Fremden aus dem Meer in einer friedlichen Revolution über den Haufen geworfen werden sollte.

Die Jäger und Sammler waren kräftige, unverdorbene Menschen, erfahren in der bewährten Lebensweise ihrer Vorväter, die den Schätzen der Natur überall da, wo sie sie fanden, ihren Lebensunterhalt abgetrotzt hatten. Seit jeher hatten sie mit den Widrigkeiten der Natur gekämpft: mit der Trockenheit, den Stürmen, dem Hunger und den unzähligen zufälligen Gefahren. Aber nichts in ihrer Erinnerung glich diesem Ereignis. Durch nichts waren sie auf den Tag vorbereitet worden, da die Erdkruste sich verschieben sollte, um sie für immer aus ihrem vertrauten Leben hinwegzutragen. Also zitterten sie in ihren Bergbehausungen und versuchten erneut, sich durchzuschlagen, bis die Fremden aus dem Meer zu ihnen stießen. Sie hatten mit den Neuankömmlingen nichts gemein außer der lebhaften Erinnerung an die Vergangenheit, die von der wütenden Erde hinweggefegt worden war, und einer gemeinsamen Angst vor der Zukunft.

Welche Konflikte zwischen Atlantiden und Nichtatlantiden ausbrachen, nachdem die Freude, andere Überlebende gefunden zu haben, vorüber war, kann man sich kaum ausmalen. Sie waren wirklich Fremde füreinander, aber gleichzeitig verband sie die Notwendigkeit, die Umstände zu meistern, die sie alle zu vernichten drohten.

Die erste Aufgabe bestand daran, die Zukunft mit Lebensmittelvorräten zu sichern.

Platon, der die Sage von Atlantis nach ägyptischen Quellen aufgezeichnet hat, schrieb in seinem Werk *Die Gesetze* über jene ersten verzweifelten Tage, als der Ozean nach den Krämpfen der Erde über die Ufer getreten war:

> *Athener:* Nun – schreibt ihr den alten Sagen einige Wahrheit zu?
> *Kleinias:* Welchen denn?
> *Athener:* Den Sagen von den vielfachen Verheerungen, die unter dem Menschengeschlecht stattgefunden haben durch Überschwemmungen, Seuchen

und vieles andere, wobei dann nur ein kleiner Rest von Menschen übrigblieb.
Kleinias: Derartige Sagen findet jedermann durchaus und vollständig glaubwürdig.
Athener: Wohlan denn, so wollen wir jetzt eine von den vielen Verheerungen näher betrachten, und zwar die, welche einst durch die große Überschwemmung eintrat.
Kleinias: Welche Gedanken ergeben sich denn hierüber?
Athener: Zunächst, daß die damals der Verheerung entronnenen Leute höchstwahrscheinlich so Gebirgshirten waren, auf den höchsten Anhöhen gerettete Überbleibsel des Menschengeschlechts – wie kleine Fünklein in der Asche.
Kleinias: Das ist klar. [. . .]
Athener: Dürfen wir nun nicht annehmen, daß sämtliche in den Ebenen und am Meer gelegene Städte zu der damaligen Zeit von Grund auf vernichtet wurden?
Kleinias: Ja. [. . .]
Athener: Nun denn – die damalige Lage der Menschen, als die große Vernichtung stattfand, wollen wir so darstellen: ein ungeheurer, furchtbarer Menschenmangel – eine großartige Masse von ausgedehnten Ländereien, und weil alle andern Tiere fort waren, nur noch ein paar Rinderherden; vielleicht gab's noch ein übriggebliebenes kleines Häuflein von Ziegen, auch diese für ihre Besitzer spärlich genug, um anfänglich davon zu leben . . .[1]

Platons Bericht bietet die erste vernünftige Erklärung für die Entstehung der Haustiere. Nach seiner Theorie war die Entwicklung der Landwirtschaft, die mit der Domestizierung der Tiere begann, die Wiederentdeckung einer Fähigkeit, die man lange zuvor in Atlantis bereits beherrscht hatte. Wie wir noch sehen werden, scheint die Zeit der ersten landwirtschaftlichen Experimente mit dem Jahrhundert des Untergangs von Atlantis zusammenzufallen.

Platons Vision ist unter anderem deshalb bemerkenswert, weil sie für die Entstehung der Landwirtschaft handgreifliche Gründe und keine mythologischen Ursachen angibt. Vor dieser Zeit beruhten alle Erklärungen auf dem Eingreifen von Göttern und Göttinnen:

> In der klassischen Mythologie aller Zivilisationen ist die Landwirtschaft grundsätzlich göttlichen Ursprungs. Sie soll auf unterschiedliche Weise und unter jeweils anderen Umständen von verschiedenen Gottheiten gekommen sein, aber immer ist das gleiche Grundmotiv zu erkennen.[2]

Im Gegensatz zu dieser mythologischen Erklärung für die Landwirtschaft zeichnet Platon ein ganz anderes Bild. In seinen Augen kam es zum *Wiederauftauchen* der Landwirtschaft, nachdem eine große, weit fortgeschrittene Zivilisation durch »Erdbeben und Überschwemmungen von außergewöhnlicher Gewalt« zerstört worden war. Danach gibt es keine Götter, die plötzlich in die Angelegenheiten der Menschen eingreifen. Nach Platons Ansicht war der Aufstieg der Landwirtschaft vielmehr ein langer, mühseliger Kampf um die Wiederentdeckung der Grundlagen einer verlorengegangenen Kultur. In seiner Vision kämpfen die Menschen gegen die zutiefst veränderten äußeren Bedingungen im Gefolge der Großen Flut.

Seit jenen ersten Tagen der Verzweiflung sind unsere landwirtschaftlichen Methoden unglaublich weit vorangekommen, und im Laufe dieser Entwicklung sind wir von wenigen Nutzpflanzenarten und Haustieren abhängig geworden. In Nordamerika, dem »Brotkorb der Welt«, müht sich nur noch ein kleiner Teil der Bevölkerung damit ab, das Getreide zu ernten. Die Tätigkeit dieser wenigen Menschen und ihrer hochspezialisierten Geräte hat die Landschaft verwandelt. Um immer ertragreichere Pflanzen hervorzubringen, greifen wir in die Fortpflanzung vieler Getreidesorten ein, so bei Weizen, Reis und Mais – überließe man diese Pflanzen sich selbst, würden sie schon bald von wilden Gräsern erstickt.

Kilometer um Kilometer haben die Kulturgetreidesorten, die nach den Plänen des Menschen zurechtgebogen wurden, das mannshohe Präriegras verdrängt. Von der verwandelten nordamerikanischen Prärie bis zur afrikanischen Savanne und dem brasilianischen Urwald mußte die wilde Pflanzenwelt sich den Anforderungen des Pfluges beugen. Von der Überbevölkerung erdrückt, nehmen wir der Erde Stück für Stück ihr natürliches Kleid weg und bedecken sie statt dessen mit dem Stoff unserer eigenen Webart. Wir sind völlig von der Landwirtschaft abhängig. Es gibt kein Zurück. Heute ist die Frage nach den Anfängen der Landwirtschaft eines der hartnäckigsten archäologischen Rätsel. Mit vielen Theorien hat man versucht, den plötzlichen Aufstieg des Ackerbaus nach dem Klimawechsel um 9600 v. Chr. zu erklären. Alphonse de Candolle (1806–1893) versuchte 1887, das Problem von der Botanik her zu lösen:

> Eine der direktesten Methoden, die geographische Herkunft einer Kulturpflanzenart zu ermitteln, besteht darin, daß man untersucht, in welchem Land sie von selbst und ohne Zutun des Menschen wächst.[3]

Der engagierte sowjetische Botaniker Nikolai Ivanovitsch Vavilov (1887–1943) erkannte, welche Möglichkeiten in de Candolles Ansatz steckten. Vavilov trug schließlich eine Sammlung von über 50 000 Wildpflanzen aus der ganzen Welt zusammen. Dabei ». . . machte er ACHT UNABHÄNGIGE ENTSTEHUNGSZENTREN für die wichtigsten Nutzpflanzen der Erde aus«[4], und er erkannte einen unmittelbaren Zusammenhang zwischen diesen acht Zentren und den höchsten Gebirgen der Erde.

Der Bereich, in dem sich die wichtigsten Kulturpflanzen zuerst entwickelten, liegt eindeutig in einem Streifen zwischen 20° und 45° nördlicher Breite in der Nähe der hohen Gebirge des Himalaya, des Hindukusch, des Nahen Ostens, des Balkans und der Apenninen. In der Alten Welt folgt dieser Streifen den Breitengraden, in der Neuen Welt dagegen verläuft er von Nord nach Süd; in beiden Fällen entspricht das der Hauptrichtung der großen Gebirge.[5] (Siehe Karten 1a und 1b.)

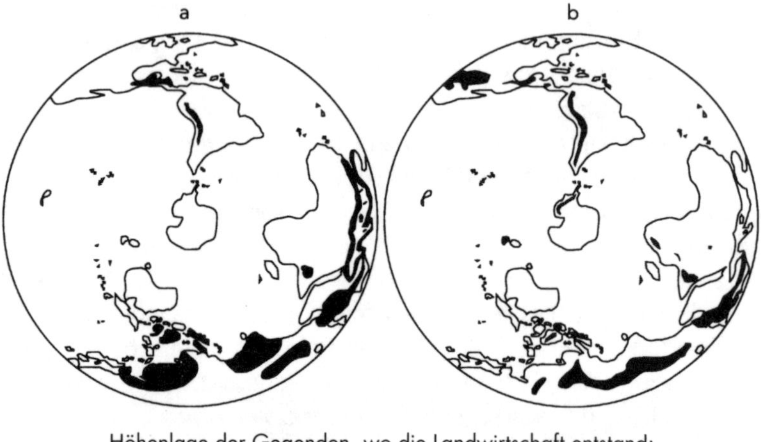

Höhenlage der Gegenden, wo die Landwirtschaft entstand:
a. Vavilovs acht Ausgangspunkte für die Landwirtschaft;
b. Gebiete mit mehr als 1500 Metern über Meereshöhe.

Karte 1a und 1b: Diese Weltkarte mit der Antarktis in der Mitte zeigt die Stellen, an denen nach den Angaben des russischen Botanikers Nikolai Vavilov die Landwirtschaft entstand. Die meisten Nutztiere und Nutzpflanzen wurden ursprünglich in Höhen von mehr als 1500 Metern über dem Meer domestiziert. In diesen Gebirgsgegenden wurde die Landwirtschaft vor 11 600 Jahren wiedergeboren. Die Überlebenden der Großen Flut hatten Angst, ins Flachland hinabzusteigen, weil sie ein neues Erdbeben fürchteten, das ihre Welt mit Flutwellen zerstören konnte. Erst viele Generationen später brachten die Menschen den Mut auf, ihre Pflanzen und Tiere aus dem Gebirge in niedriger gelegene Gebiete zu bringen. Die frühen Hochkulturen findet man oft am Fuß hoher Gebirge.

Wie Vavilov beweisen konnte, stammen die meisten heutigen Nutzpflanzen von wilden Arten ab, die ursprünglich im Gebirge hoch über dem Meeresspiegel zu Hause waren. Ohne daß er es wußte, stützte er mit diesen Befunden Platons Behauptung, die hochgelegenen Gebiete seien für die Entstehung der Landwirtschaft von großer Bedeutung.[6]

Platon datiert den Ursprung der Landwirtschaft ungefähr auf 9600 v. Chr., als die Erde bebte und eine große Zivilisation zerstört wurde. Woher wußte Platon schon in der Antike den Zeitpunkt dieser Entwicklungen, den die heutigen Archäologen erst nach dem Zweiten Weltkrieg benennen konnten?[7] Schließlich wußte er sich noch nicht der Radiokarbonmethode zu bedienen.

Nach seinen eigenen Angaben stammte sein Wissen über die Ereignisse, die sich während und nach der Großen Flut abspielten, von einem ägyptischen Priester, der Zugang zu den schriftlichen Aufzeichnungen aus dem verlorenen Inselkontinent von Atlantis hatte.[8]

Wenn Platon recht hat, sind wir nicht die erste Weltkultur, die sich in die Abhängigkeit von fortgeschrittenen Methoden der Landwirtschaft begeben hat. Platon zufolge konstruierten die Atlantiden raffinierte Kanäle, um riesige Flächen durch Bewässerung zu Ackerland zu machen. Sie waren ausgezeichnete Bauern, aber als das Ende kam, besaßen nur wenige von ihnen die Fähigkeit, in den neuen Ländern die Wildpflanzen auszuwählen, die sich als Standardgetreide eigneten. Doch diese wenigen Menschen reichten aus.

Die Überlebenden der Großen Flut waren verängstigt von der Aussicht, eine weitere große Überschwemmung könne sie hinwegfegen; deshalb ließen sie sich in höher gelegenen Gegenden nieder, wo sie in Sicherheit waren und ihre alten Fähigkeiten einschließlich der Landwirtschaft pflegen konnten. Als sie schließlich aus dem Gebirge herabstiegen, um sich im Flachland anzusiedeln, dürften sie der dortigen, halb verhungerten Bevölkerung als Übermenschen erschienen sein. Jetzt herrschten die Atlantiden über die Ruinen einer Welt, die durch eine »ausgedehnte, umfassende Verwüstung« gezeichnet war.

Die letzten Atlantiden waren ihrer Heimat beraubt; ihre Vergangenheit war zerstört, und die Zukunft sah düster aus, wenn sie den einzigen Ausweg betrachteten: das offene Meer. Wohin konnten sie gehen? Die wenigen Auswahlmöglichkeiten waren durch die umwälzenden Klimaveränderungen vorgegeben, die über die Erde hinweggefegt waren. Als sich die Kruste verschob, wanderten manche Länder näher zum Äquator, so daß es dort wärmer wurde, und andere kühlten sich ab, weil sie in die eisigen Polargebiete geschoben wurden. Manche Gegenden entgingen der Klimaveränderung, in anderen verbesserte sich das Klima sogar.

Die Welt war klimatisch im Umbruch, und in diesem Durcheinander mußten die Überlebenden sich zurechtfinden. Sie mußten auf der Erde diejenigen Gegenden entdecken, die ihnen Zuflucht vor den Unbilden des Klimaumschwungs und dem steigenden Meeresspiegel boten. Sie suchten sich hochgelegene Gebiete aus, aber nicht alle derartigen Regionen boten Sicherheit. Insbesondere drei Gebiete in den Tropen versprachen Schutz, und es gab dort Hochland zum Siedeln. Sie alle lagen auf halber Strecke zwischen dem früheren und dem jetzigen Verlauf des Äquators. Alle erhielten vor und nach der Erdkrustenverschiebung die gleiche Menge an Sonnenlicht. Diese Gegenden erwiesen sich als wichtigste Ursprungsorte der tropischen Landwirtschaft. Alle lagen mehr als 1500 Meter über dem Meeresspiegel (siehe Karte 2).

In Südamerika, in der Nähe des Titicacasees, erweckte man die Landwirtschaft langsam wieder zum Leben. Es war die einzige Gegend in ganz Amerika, wo Tiere und Pflanzen nicht auswandern mußten, um zu überleben. Die jährliche Menge an Sonnenlicht blieb vor und nach der Verschiebung der Erdkruste gleich. Hier züchtete man die ersten Kartoffeln, und man domestizierte Lamas und Meerschweinchen. Hier konnten die Überlebenden von Atlantis ihre Zivilisation wiederaufbauen, hoch über dem Ozean und ohne Angst vor Flutwellen. Hier gab es Hoffnung.

Auf der anderen Seite des Globus, bei Spirit Cave im Hochland von Thailand, wurde Reis angebaut (siehe Karte 2). Der

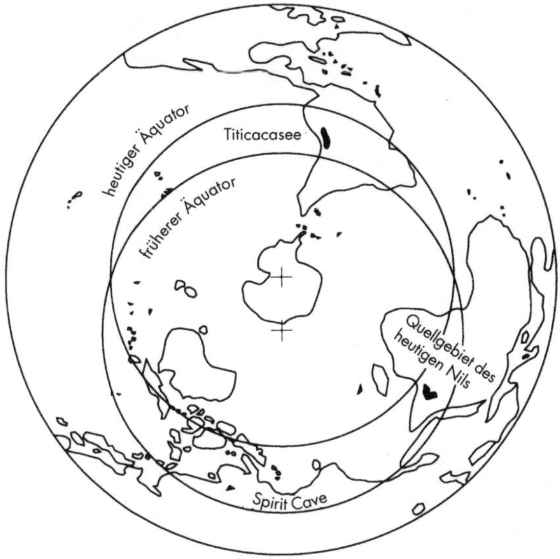

Karte 2: Von der Antarktis aus gesehen, änderte sich der Verlauf des Äquators bei der letzten Erdkrustenverschiebung. Der Titicacasee in den mittleren Anden, die Höhle Spirit Cave im thailändischen Hochland und die Hochebenen Äthiopiens liegen zwischen dem früheren und dem heutigen Äquator. Diese begünstigten Gebiete hatten ein stabiles Klima und lieferten den Überlebenden die Wildpflanzen, die zu Kartoffeln, Reis und Hirse wurden. Die ältesten landwirtschaftlichen Fundstellen wurden auf 9600 v. Chr. datiert, die Zeit, als Atlantis nach Platons Angaben unterging.

Ursprung der tropischen Landwirtschaft in Südamerika und Südostasien fällt ungefähr in die gleiche Zeit, und das auf genau entgegengesetzten Seiten der Erde. Diese archäologische Besonderheit läßt sich mit der Theorie von der Verschiebung der Erdkruste erklären, denn danach waren beide Gegenden nach dem Klimaumschwung von 9600 v. Chr. Orte der Stabilität.[9]

Nachdem die Menschheit Hunderttausende von Jahren vom Jagen und Sammeln gelebt hatte, experimentierte sie nun auf entgegengesetzten Seiten des Globus zur gleichen Zeit mit der Landwirtschaft. Ist das wahrscheinlich, wenn man nicht den Eingriff einer äußeren Kraft unterstellt? Stammte diese Kraft aus einem verlorenen Paradies in der Antarktis?

Afrika machte weniger Verschiebungen der Breitengrade durch als die anderen Kontinente. Im Hochland Äthiopiens, rund um den Oberlauf des Blauen Nils, änderte sich die jährliche Menge an Sonnenlicht nach der letzten Verschiebung der Erdkruste nicht. Da die Gegend vor und nach der Katastrophe ungefähr im gleichen Abstand vom Äquator lag, wurde sie zu einer Oase des Überlebens. Das äthiopische Hochland dürfte für die Archäologen noch Überraschungen bereithalten. Hier bauten die Menschen zum erstenmal Hirse an. Das Hochland stellte für die Überlebenden von Atlantis ein ausgezeichnetes Siedlungsgebiet dar, denn wie am Titicacasee hatte sich das Klima nach der Verschiebung der Erdkruste nicht tiefgreifend verändert. Möglicherweise überlebten hier die Atlantiden, und später folgten sie dem Blauen Nil nach Ägypten, wo sie an der Entwicklung der ägyptischen Zivilisation mitwirkten.

Ägypten besaß eine der ältesten bekannten Hochkulturen. Nach der letzten Verschiebung der Erdkruste erlebte es den gleichen Aufschwung wie Kreta, Sumer, Indien und China. Alle diese Kulturen entstanden in Gebieten, die vor der Verschiebung zu den Tropen gehörten und danach ein gemäßigtes Klima hatten.[10] Hierher konnten Pflanzen und Tiere einwandern, die sich bereits an gemäßigte Klimazonen angepaßt hatten. Graslandschaften gediehen, und die Tiere folgten ihnen. Das Land blühte. Schafe, Schweine, Ziegen und Rinder wurden hier zum erstenmal der Domestizierung unterworfen. Und auch zwei der wichtigsten Getreidesorten, Weizen und Gerste, wurden hier nach den Vorstellungen der Menschen geformt. Dieser große Halbmond, der von Ägypten bis nach Japan reicht, ist die nördliche Begrenzung eines Gebietes, das vor und nach der Verschiebung klimatisch gemäßigt blieb (siehe Karte 3).

Kann es reiner Zufall sein, daß die fünf ersten bekannten Hochkulturen klimatisch ein gemeinsames Schicksal hatten? Die Theorie von der Verschiebung der Erdkruste bringt Licht in das Geheimnis des plötzlichen, weltweiten Auftauchens der Landwirtschaft kurz nach 9600 v. Chr. Die gleiche Theorie, nach der die Erdkruste ihre Lage manchmal grundlegend ändert, erklärt auch die Besiedelung Amerikas und die seltsame Verteilung der Vereisung auf beiden Erdhalbkugeln. Diese Idee, so meinte Einstein, sei ». . . von großer Bedeutung für alles, was mit der Geschichte der Erdoberfläche zu tun hat«.

Durch die Unberechenbarkeit der Erdkruste wurden Teile der Menschheitsgeschichte zerstört, so daß unsere Verbindung zur Vergangenheit unterbrochen ist. Teilweise kann man die Kette aber wieder herstellen, wenn man genau auf einen immer wiederkehrenden Mythos lauscht, der an den Lagerfeuern überall

Karte 3: In einem weitgeschwungenen Halbmond von Ägypten bis Japan war das Klima vor der Erdkrustenverschiebung tropisch und hinterher gemäßigt. Dieses begünstigte Gebiet war die Geburtsstätte der ersten bekannten Hochkulturen.

auf der Erde geflüstert wird. Der Mythos handelt zwar von unterschiedlichen Personen und bedient sich immer neuer literarischer Hilfsmittel, aber er beschreibt immer die gleiche Folge von Ereignissen: Der Himmel fällt herab (oder die Sonne wankt), und eine große Flut verschlingt die Welt. Mit den Überlebenden beginnt ein neues Zeitalter.

3

Die launische Sonne

Sonnenuntergang im Lager des Stammes der Ute. Die Vorbereitungen für den alljährlichen Sonnentanz sind im Gang. Männer und Frauen in Mänteln aus Kaninchenfell werden vom Glimmen des Feuers angezogen. Schüsseln mit gekochten Schildkröten, Eidechsen und Insekten, aber auch üppige Portionen von Beeren und Samen machen die Runde. Es ist an der Zeit. Einer der Stammesältesten erhebt sich und läßt seine gefurchte Hand über den Umhang aus Büffelleder gleiten. Die Kinder verstummen sofort, die Augen geweitet vor Erwartung.

Hört nun, an diesem Fest des Sonnentanzes, den Mythos der Ute von der Zähmung des Sonnengottes:

> Vor langer Zeit saß der Hasengott Ta-wats mit seiner Familie am Lagerfeuer in den erhabenen Wäldern und wartete sehnsüchtig, daß Ta-vi, der Gott der launischen Sonne, zurückkehrte. Vom langen Warten ermattet, schlief der Hasengott ein, und der Sonnengott kam ihm so nahe, daß er die nackte Schulter von Ta-wats versengte. Da er wußte, welche Rache er damit auf sich ziehen würde, flüchtete er sich in seine unterirdische Höhle.
>
> Ta-wats erwachte in großem Zorn und beschloß, sich aufzumachen und mit dem Sonnengott zu kämpfen. Nach einer langen Reise und vielen Abenteuern kam der Hasengott an den Rand der Erde. Dort wartete er lange und geduldig, und als der Sonnengott sich schließlich zeigte, schoß Ta-wats ihm einen

Pfeil ins Gesicht; aber die gewaltige Hitze verzehrte den Pfeil, bevor er seine Bahn vollendet hatte; ein zweiter wurde abgeschossen, aber auch er verbrannte; und noch einer und noch einer, bis schließlich nur noch ein Pfeil im Köcher war, aber das war der Zauberpfeil, der noch nie sein Ziel verfehlt hatte. Ta-wats hielt ihn in der Hand, hob die Spitze ans Auge und taufte sie mit einer göttlichen Träne; dann schoß er den Pfeil ab. Er traf den Sonnengott im Gesicht, und die Sonne zerstob in tausend Stücke, die auf die Erde fielen und eine riesige Feuersbrunst verursachten.

Nun flüchtete Ta-wats, der Hasengott, vor der Zerstörung, die er angerichtet hatte, und auf der Flucht verzehrte die brennende Erde seine Füße, dann die Beine, den Körper, die Hände und Arme – alles verbrannte außer dem Kopf, der durch Täler und über Berge rollte, immer auf der Flucht vor der brennenden Erde, bis die Augen des Gottes, von der Hitze geschwollen, schließlich platzten und eine Flut von Tränen entließen, die sich über die Erde verteilten und das Feuer löschten.

Jetzt war der Sonnengott besiegt; er wurde vor den Götterrat gestellt, der das Urteil sprechen sollte. In der langen Ratsversammlung wurden die Tage und Nächte, die Jahreszeiten und Jahre mit ihrer Länge festgelegt, und die Sonne wurde dazu verdammt, jeden Tag auf derselben Bahn über den Himmel zu ziehen bis an das Ende der Zeiten.[1]

Die Ute, von denen der US-Staat Utah seinen Namen hat, waren einer der ersten kriegerischen Stämme im Westen Amerikas. Sie kämpften mit den Komanchen, Arapaho, Kiowa und Cheyenne um die Vorherrschaft über die Jagdgründe. Den jungen, tapferen Kriegern wurde beigebracht, wann sie angreifen oder sich zurückziehen mußten und wann sie durch Vergeltung

Ehre gewinnen konnten. Diese Aufgaben waren verflochten mit nachhaltigen Lektionen über die gewaltige Kraft der Natur. Die Sagen von den Possen des Hasengottes und der Macht der Sonne waren viel mehr als nur aufregende Kindergeschichten. Die Mythen machten deutlich, welche entscheidenden Faktoren ein Krieger in Zeiten des Kampfes abwägen muß: wie die Jahreszeiten entstehen und warum die Sonne ihren vorhersehbaren Weg über den Himmel nimmt. Diese gemeinsame Weltsicht war ein starkes Band, das den Stamm zusammenschweißte.

Außerdem spiegelte sich in dem Mythos das Bedürfnis der Menschen wider, im Durcheinander der Natur eine Ordnung zu erkennen. Die zwischenmenschlichen Probleme mit Krieg und Frieden hatten ihre Entsprechung in den Naturkräften von Ordnung und Chaos. Ta-wats, der Hasengott, schläft im Wald, als die unberechenbare Sonne ihn durch Versengen der Schulter provoziert. Er erhebt sich und dürstet nach Vergeltung an dem flüchtenden Sonnengott. Schließlich greift er den Sonnengott mit einem magischen Pfeil an, und die zerstörerischen Kräfte der Natur werden frei. Die Sonne zerbirst, und eine große Flut verschlingt die Welt. Die Ordnung wird erst wiederhergestellt, als ein Götterrat vorhersehbare Jahreszeiten schafft und die Sonne dazu verurteilt, einen unveränderlichen Weg über den Himmel einzuschlagen – und zwar »bis an das Ende der Zeiten«.

Den Mythos von der unberechenbaren Sonne kann man auch als entfernten Widerhall der letzten Erdkrustenverschiebung betrachten. Als die Erde unter den entsetzten Bewohnern bebte, muß es für sie so ausgesehen haben, als taumelten Himmel, Sonne und Sterne von ihren Plätzen am Firmament. Die heftigen Erdbeben, die durch die Verschiebung ausgelöst wurden, erzeugten riesige Flutwellen, die über die Ozeane wanderten und die empfindlichen Küsten zerschmetterten. Die Eiskappen schmolzen, so daß der Meeresspiegel immer höher stieg. Für viele war es das Ende der Welt. Für die Überlebenden jedoch wurde es zum ersten Tag einer neuen Ordnung.

Der deutsch-amerikanische Anthropologe Franz Boas (1858–1942) verfolgte die Mythologie der Ute bis in die kanadische Provinz British Columbia zurück[2], wo die Spur der Sagen die Ute mit den Kutenai und die wiederum mit den Okanagan verband. Das Siedlungsgebiet der Kutenai umfaßt Teile von British Columbia, Alberta, Washington, Idaho und Montana. Wie die Ute, so erzählen auch die Kutenai von einem großen Feuer, das über die Erde hereinbrach, als die Sonne von einem Pfeil getroffen wurde: »Der Kojote ist neidisch und schießt bei Sonnenaufgang auf die Sonne. Seine Pfeile fangen Feuer, fallen herab und setzen das Gras in Brand.«[3]

Die Kutenai sprechen auch von ihrer Angst, daß das Ende der Welt gekommen sei, wenn der Himmel seine Stabilität verliert: »Die Kutenai suchen jede Nacht nach dem Polarstern. Sollte er nicht an seinem Platz sein, steht das Ende der Welt bevor.«[4] Über die Herkunft der Kutenai weiß man kaum etwas.[5] Sie haben oft gewellte Haare, hellbraune Haut und geringen Bartwuchs.[6] Den Namen Kutenai gaben ihnen ihre Nachbarn in den Ebenen, die Blackfoot – das Wort bedeutet in der Blackfoot-Sprache »weiße Menschen«[7]. Nach Ansicht von Franz Boas waren die Kutenai, was die Mythologie anging, mit ihren westlichen Nachbarn verbunden, den Okanagan.[8] Dieser Stamm nannte die Kutenai »skelsa'ulk«, was mit »Wassermenschen« übersetzt wurde.[9]

Der berühmte amerikanische Historiker Hubert Howe Bancroft (1832–1918) berichtet über den Mythos der Okanagan vom verlorenen Inselparadies »Samah-tumi-whoo-lah«:

> Vor langer, langer Zeit, als die Sonne noch jung und nicht größer als ein Stern war, lag weit weg in der Mitte des Ozeans eine Insel. Sie hieß Samah-tumi-whoo-lah, das heißt Insel des weißen Mannes. Dort lebte ein Volk von Riesen – hellhäutige Riesen. Ihre Herrscherin war eine weiße Frau namens Scomalt ... sie konnte erschaffen, was sie nur wollte.
> Viele Jahre lang lebten die Riesen in Frieden, aber

schließlich bekamen sie Streit. Aus dem Streit wurde Krieg. Man hörte Schlachtenlärm, und viele Menschen kamen ums Leben. Scomalt war sehr, sehr verärgert ... sie drängte die verruchten Riesen an ein Ende der Insel des weißen Mannes. Als sie dort an einem Ort versammelt waren, brach sie dieses Stück Land ab und trieb es hinaus ins Meer. Viele Tage lang irrte die schwimmende Insel auf dem Wasser herum, umhergeworfen von Wellen und Wind. Alle Menschen, die darauf waren, starben, mit Ausnahme eines Mannes und einer Frau.
... Als sie sahen, daß ihr Eiland zu sinken drohte, bauten sie ein Kanu, [und] nachdem sie viele Tage und Nächte gepaddelt waren, kamen sie zu ein paar Inseln. Sie steuerten zwischen ihnen hindurch und erreichten schließlich das Festland.[10]

Okanagan und Ute fürchteten eine tiefgreifende Veränderung am Himmel als rätselhaftes Omen für eine weitere große Flut. Die Angst, die Sonne könne noch einmal wandern oder der Himmel könne herabfallen, wurde zu einer fixen Idee. Die Ute berichten: »Manche denken, der Himmel werde von einer großen Pappel im Westen und einer zweiten im Osten gestützt; wenn eine von beiden morsch wird, kann sie zusammenbrechen; dann fällt der Himmel herab, und alle Menschen sterben.«[11]

Außerdem, so der Glaube der Okanagan,

... werden die Seen in ferner Zeit die Fundamente der Welt unterspülen, und die Flüsse werden die Welt loslösen. Dann wird sie schwimmen, wie es die Insel vor vielen Sonnen und Schneefällen tat. Das wird das Ende der Welt sein.[12]

Weiter südlich, im Westen Nevadas, treffen wir auf die Washo, die für ihre verzierten Flechtarbeiten bekannt sind. Sie lebten an der Ostflanke der Sierra Nevada. Es war immer ein kleiner Stamm, der die Erde nie durch Jagd überforderte. Ihre Zahl schwankte zwischen 900 im Jahr 1859 und knapp über 800 nach 1980. In früheren Zeiten könnten es 1500 gewesen sein.[13] Sie waren ein einsames Volk und erzählten eine Geschichte aus lange vergangener Zeit, als das Gebirge von Vulkanen geschüttelt wurde, und »die Hitze der feuerspeienden Berge so groß war, daß sogar die Sterne schmolzen und herabfielen«.[14]

Entlang den Tälern des Gila und des Salt River in Arizona wohnen die letzten Angehörigen des Stammes der A'a'tam, die von Außenstehenden nicht nur einmal, sondern zweimal falsch benannt wurden. Weil ein gewisser italienischer Entdecker, der 1492 unter spanischer Flagge segelte, nicht wußte, wo er war, wurde die ganze einheimische Bevölkerung Amerikas fälschlicherweise als »Indianer« bezeichnet. Und als die ersten Missionare verlangten, die A'a'tam sollten ihren Namen nennen, weigerten sie sich mit dem Wort »pima«, das in ihrer Sprache »nein« bedeutet. Aus diesem Dialog erwuchs ein Mißverständnis, das bis heute bestehen blieb. Die Missionare hielten »pima« nicht für die Ablehnung der Kooperation, sondern für die Antwort auf ihre Frage, und deshalb wurde der Stamm unter dem Namen Pima bekannt.[15] »A'a'tam« bedeutet in Wirklichkeit »Volk«.

Einen Teil ihrer Geschichte überlieferten die A'a'tam über Jahrhunderte in Form eines uralten Mythos von einer großen Flut, welche die Erde überschwemmte. Ihre Sage von der Flut enthielt ein Element, das in der Bibel der weißen Siedler fehlte: das Symbol eines magischen Säuglings, der von einer bösen Gottheit geschaffen wurde; die Sage berichtet, wie das schreiende Kind »die Erde schüttelte« und so die Welt in die Schrecken der großen Flut stürzte.[16]

Von da an fürchteten die A'a'tam, der Himmel sei nicht einsturzsicher. Man rief nach Verbesserungsmaßnahmen, und der Medizinmann schuf eine graue Spinne, die um die Ränder von Himmel und Erde ein riesiges Netz webte, um sie festzuhalten. Aber immer blieb die Furcht, das zarte Netz könne reißen, so daß der Himmel sich lockert und die Erde zum Beben bringt.[17]

Während des Goldrausches von 1849 strömten weiße Männer über die Rocky Mountains an die Westküste in die Heimat der Cahto. Zehn Jahre später töteten Siedler von Mendocina County im Nordwesten Kaliforniens 32 Cahto, weil diese den Weißen ein paar Stück Vieh gestohlen hatten. Diese 32 Männer waren über sechs Prozent der Cahto-Bevölkerung. Wenn man diese Tragödie in das richtige Verhältnis stellen will, muß man sich vorstellen, welche Katastrophe es für die USA bedeuten würde, wenn eine fremde Macht heute alle Einwohner von New York, Chicago und Los Angeles umbrächte. Die Cahto erholten sich nie von der Tragödie. Bis 1910 waren 90 Prozent von ihnen tot.

Die Mythologie dieser verlorenen Kultur erstreckte sich fast 12 000 Jahre in die Vergangenheit, bis in die Zeit der letzten Erdkrustenverschiebung. Durch dieses Vermächtnis erfahren wir von den erschütternden Vorgängen in Kalifornien zur Zeit der Großen Flut: »Der Himmel fiel herab. Das Land war nicht mehr da. Über eine große Strecke gab es kein Land. Die Wasser des Ozeans vereinigten sich. Tiere aller Arten ertranken.«[18]

Nach der Mythologie der amerikanischen Ureinwohner stehen vier Berge im Westen im Zusammenhang mit einer großen Flut. Alle vier liegen im äußersten Westen, und alle erheben sich 1800 Meter oder mehr über den Meeresspiegel. Zur Zeit der großen Flut waren sie die erste Hoffnung für die Überlebenden des verlorenen Inselparadieses, die so weit über den endlosen Ozean gefahren waren (siehe Karte 4).

Die Ureinwohner der Staaten Washington und Oregon behaupten, ihre Vorfahren seien in großen Kanus gekommen und auf dem Mount Baker[19] sowie auf dem Mount Jefferson[20] gelandet. Nach ihrer Überzeugung war der Mount Rainier[21] die Zuflucht der Geretteten, nachdem eine große Flut die Verdammten der Erde vernichtet hatte. Die Shasta in Nordkalifornien erzählen von einer Zeit, als die Sonne von ihrer normalen Bahn abwich.[22] In einem anderen Mythos berichten sie, wie der Mount Shasta ihre Ahnen vor der Überschwemmung gerettet habe.[23]

Auf der anderen Seite Amerikas liegen die Appalachen, ein weiteres großes Gebirge. Auch dort erzählte man sich Sagen von erschreckenden Veränderungen in der Sonnenbahn, von riesigen Überschwemmungen und den Überlebenden dieser Katastrophen. Die üppigen grünen Wälder am Südende der Appalachen waren früher die Heimat der Cherokee. Ein Angehöriger

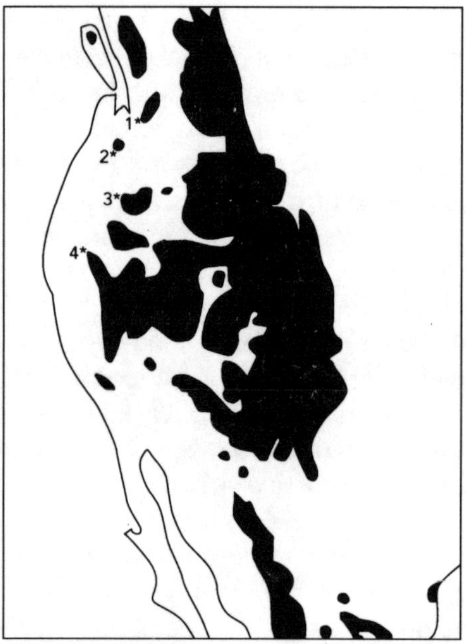

Karte 4: Die Mythen der Ureinwohner berichten von vier Stellen im Gebirge, wo die Vorfahren die Große Flut überlebten. Ihre Lage läßt vermuten, daß die Vorfahren über den Pazifik kamen.

dieses Stammes namens Squoya schuf Anfang des 19. Jahrhunderts ein Alphabet, mit dem man die Stammessprache aufschreiben konnte. Durch seine Arbeit hinterließ er ein reiches Vermächtnis von Mythen, die aus der mündlichen Überlieferung seines Volkes niedergeschrieben wurden. Einer dieser Mythen führt die Flut auf die unstillbaren Tränen der Sonnengöttin zurück:

Der Sage nach haßte sie die Menschen und verdammte sie zu einer großen Dürre. In ihrer Verzweiflung holten die Cherokee sich Rat bei »Kleinen Menschen« (die sie für Götter hielten). Diese entschieden, es gebe für die Cherokee nur eine Hoffnung: Sie müßten die Sonne töten. So richteten die Cherokee magische Schlangen ab, die der Sonnengöttin den Todesstoß versetzen sollten. Aber dabei geschah ein tragischer Fehler, und statt der Sonnengöttin traf es ihre Tochter, den Mond:

> Als die Sonne sah, daß ihre Tochter tot war, ging sie ins Haus und trauerte. Die Menschen starben nicht mehr, aber auf der Welt war es fortan dunkel, weil die Sonne nicht mehr schien.
> Wieder gingen sie zu den Kleinen Menschen; die sagten ihnen, wenn sie wollten, daß die Sonne zurückkehrte, müßten sie ihr ihre Tochter wiederbringen ... [Sieben Männer gingen ins Reich der Geister und holten die Mondgöttin, aber auf dem Rückweg starb sie erneut. Die Sonnengöttin schrie und weinte ...] *bis ihre Tränen eine Flut über die Erde kommen ließen*, und die Menschen fürchteten, die Erde werde ertrinken. (Kursivierung hinzugefügt.)[24]

Wie bei Ute und Okanaga, so gab es auch bei den Cherokee eine düstere Prophezeiung für das Ende der Welt:

> Die Welt ist eine große Insel, die auf einem Meer im Wasser schwimmt; sie ist an den vier wichtigsten Punkten mit Seilen befestigt, die vom Himmelsgewölbe herabhängen, und das Himmelsgewölbe ist aus

festem Stein. Wenn die Welt alt und abgenutzt ist, werden die Menschen sterben, die Seile werden reißen, und die Erde wird in den Ozean sinken; dann wird alles *wieder* zu Wasser werden. (Kursivierung hinzugefügt.)[25]

Obwohl sowohl die Cherokee als auch die Okanagan im Gebirge lebten, brachten beide Völker die mythische Flut mit einer Insel in Zusammenhang. Für die Okanagan lag diese Insel »weit weg in der Mitte des Ozeans«. Der Mythos der Cherokee von der »großen Insel, die auf einem Meer schwimmt« enthält Hinweise auf dieses verlorene Land: »Unter dieser Welt gibt es eine andere, und sie ist in allem wie die unsere, mit Tieren, Pflanzen und Menschen, nur die Jahreszeiten sind anders.«[26]

Eine solche Insel in der Mitte des Ozeans mit einem Klima, das dem der Nordhalbkugel entgegengesetzt ist, gibt es tatsächlich. Der Inselkontinent der Antarktis war vor der letzten Verschiebung der Erdkruste teilweise eisfrei (siehe Karte 5). Ist er die versunkene Insel in der Mythologie der Okanagan und Cherokee?

Auch die Völker Mittelamerikas besitzen reichhaltige Mythen über das verlorene Inselparadies und seine Zerstörung durch die große Flut. Von ihrem Vermächtnis soll später die Rede sein. In Südamerika erzählen die Einheimischen Sagen von einer Flut und den Ereignissen in ihrem Umfeld. Die Ipurina im Nordwesten Brasiliens überlieferten eine der elegantesten Geschichten über die Katastrophe: ». . . Vor langer Zeit wurde die Erde von einer heißen Flut überspült. Das geschah, als die Sonne, ein großer Kessel voll heißen Wassers, überlief.«[27]

Nachdem die spanischen Eroberer über Mexiko und Peru umfassende Siege errungen hatten, hielten sie das weiter südlich gelegene Chile für eine ebenso leichte Beute. Pedro de Valdiva, der erste spanische Gouverneur, gründete 1541 die Spanierhauptstadt Santiago. Sechs Monate später wurde die Stadt von den Araukaniern zerstört, einem einheimischen Volk, das damit einen vier Jahrhunderte langen Krieg auslöste. Sie

Karte 5: Die Antarktis ist eine Insel mitten im Ozean, genau wie das verlorene Land in der Mythologie der Okanagan. Und wie auf der schwimmenden Scheibe in den Sagen der Cherokee waren die Jahreszeiten in der Westantarktis denen in Nordamerika genau entgegengesetzt. Möglicherweise war sie vor der letzten Erdkrustenverschiebung das verlorene Inselparadies in den Mythen der amerikanischen Ureinwohner.

waren so tapfer, daß sie lieber über Generationen kämpften, als sich der Sklaverei zu unterwerfen. Aber selbst diese mutigen Menschen zitterten vor einer entsetzlichen Erinnerung: »Die Flut war die Folge eines Vulkanausbruchs in Verbindung mit einem heftigen Erdbeben, und wenn es ein Erdbeben gibt, flüchten die Einheimischen immer ins Hochgebirge. Sie haben Angst, nach dem Beben könne das Meer wieder die Welt ertränken.«[28]

Wie die Araukanier, so waren auch die Inkas gelähmt von der Angst, eine Veränderung der Sonnenlaufbahn könne das

Omen des Untergangs sein. Eine spanische Chronik von 1555 berichtet über diese Furcht: »[Wenn] es eine Sonnen- oder Mondfinsternis gibt, schreien und stöhnen die Indianer in höchster Bestürzung, denn sie glauben, die Zeit des Weltuntergangs sei gekommen ...«[29]

Der berühmte peruanische Historiker Garcilasso de la Vega, Sohn eines spanischen Eroberers und einer Inkaprinzessin, bat seinen Onkel, einen Inka, ihm die Geschichte vom Ursprung seines Volkes zu erzählen. Wie war der Titicacasee zum Ausgangspunkt ihrer Kultur geworden? Der Onkel erklärte es so:

> ... in alter Zeit war die ganze Gegend, die du hier siehst, mit dichtem Wald und Unterholz bedeckt, und die Menschen lebten wie wilde Tiere, ohne Religion, ohne Regierung, ohne Städte, ohne Häuser, ohne Landwirtschaft zu betreiben und ohne ihren Körper zu bedecken ... [der Sonnengott schickte ihnen seinen Sohn und seine Tochter, damit sie] den Menschen Vorschriften und Gesetze gaben, durch die sie als vernünftige und zivilisierte Menschen leben konnten, und um sie zu lehren, wie man in Häusern und Städten wohnt, wie man Mais und andere Pflanzen anbaut, wie man Herden züchtet und wie man die Früchte der Erde als vernunftbegabte Wesen nutzt ...[30]

Die »Götter«, die in der Gegend des Titicacasees die Landwirtschaft einführten, sollen »aus den Gegenden des Südens«[31] gekommen sein, und zwar »unmittelbar nach der Flut«[32]. Mit anderen Worten: Die Landwirtschaft kam an den Titicacasee durch Menschen, die bereits über die entsprechenden Fähigkeiten verfügten und ihre Heimat verlassen mußten, weil eine Flut das südlich gelegene Land zerstört hatte.

Das Wort »Inka« bedeutet »Sohn der Sonne« und war ursprünglich nur der Titel des Herrschers. Um seine Kultur vor der Barbarei der Eroberer zu bewahren, verließ der Inka Manco II. im Jahr 1536 die großartige Hauptstadt Cuzco und zog sich in die schwindelnden Höhen der Anden zurück. Er nahm drei Söhne mit, die alle ihrerseits wieder Inka werden sollten und eine Reihe blutiger Zusammenstöße mit den Spaniern erlebten. Für den Bau seines Palastes wählte Manco II. einen Berggipfel, von dem aus er das Urubama-Tal überblicken konnte. Pizarro, der Feldherr der spanischen Invasoren, fand diesen geheimen Stützpunkt nie, und seine sämtlichen Nachfolger wollten wissen, ob er wirklich existierte. Alle, die danach suchten, scheiterten.

Später im gleichen Jahrhundert wäre es den beiden Mönchen Marcos und Diego um ein Haar gelungen, das Geheimnis der verborgenen Stadt zu lüften. Bruder Marcos brannte vor »... Begierde, Seelen zu suchen, wo noch kein einziger Prediger hingekommen war und wo die Botschaft des Evangeliums noch nicht gehört wurde.«[33] Sein Mitreisender war der Mediziner und Missionar Bruder Diego, der bei der örtlichen Bevölkerung beliebt war und die Gunst des Inkakönigs genoß. Die beiden Mönche hatten in Puquiura in der Nähe von Vitcos ein Kloster gegründet und waren gefesselt von den Geschichten der Inkas über die »Sonnenjungfrauen«, die in einer sagenhaften Stadt namens »das Alte Vilcabamba« wohnten. Diese Stadt in den Bergen sollte große »Zauberer und Meister des Greuels« beherbergen.[34]

Jeden Tag versuchten die Mönche, den Inka, der nicht ständig in der verborgenen Stadt blieb, zu beschwatzen, er solle ihnen die Lage des Ortes verraten. Schließlich willigte er ein, sie hinzuführen. Sie kamen in immer größere Höhen, und die Luft wurde mit jedem Schritt dünner. Der Inka ließ sich in einer Sänfte tragen und genoß die Aussicht, während die Mönche durch den dichten Urwald stolperten, wobei ihnen die unförmigen Kutten bei jedem Schritt zwischen die Beine gerieten. Nach drei Tagen gelangten sie zu einer weiteren Gebirgsbarriere, die sich noch höher in den Himmel reckte. Drei Wochen predigten und lehrten die Mönche bei den Einheimischen, die in einer Siedlung knapp außerhalb der Sicht- und Hörweite der geheimnisvollen Stadt lebten. Es war ihnen verboten, ihr Gebiet zu betreten, denn man fürchtete, sie könnten etwas über Riten, Zeremonien und Absichten erfahren. Nachts heckten die Inkapriester hoch oben in der Stadt eine Verschwörung gegen die Mönche aus: Sie schickten ihnen schöne Frauen, um ihr Zölibatgelübde auf die Probe zu stellen. Die Brüder Marcos und Diego blieben bis zuletzt standhaft und gelangten schließlich zu dem Schluß, sie würden die heilige Stadt nicht erreichen. Die Spanier fanden sie nie.

Vier Jahrhunderte später, im Jahr 1911, entdeckte der amerikanische Historiker und Entdecker Hiram Bingham (1875–1956) die großartigen, geheimnisvollen Ruinen einer Inkastadt; sie lag auf dem Gipfel eines Berges namens Machu Picchu. Bingham war überzeugt, er habe die verlorene Stadt »das Alte Vilcabamba« gefunden, wo die »Sonnenjungfrauen« die Wünsche ihres Inkaherrn erfüllten.[35] Er entdeckte dort eine Reihe von Skeletten und schickte sie an Dr. George Eaton von der Yale University. Der Professor meinte, unter den Skeletten sei

> . . . kein einziges von einem kräftigen Mann oder Krieger. Es gibt ein paar verweichlichte Männer, die durchaus Priester sein konnten, aber in ihrer großen Mehrzahl sind es weibliche Skelette . . .[36]

Warum legte der Inka in dem abgelegenen Gebirge von Machu Picchu eine Siedlung mit jungen Frauen an?

Einen Hinweis gibt vielleicht die US-Luftwaffe mit ihrem Bunker tief in der Erde unter Colorado Springs. Er wurde als Zuflucht bei einem Atomkrieg gebaut und sollte als Ausgangspunkt für den Wiederaufbau der Zivilisation dienen. Für die Inkas war die Bedrohung nicht der Atomkrieg, sondern die Große Flut. Um ihr zu begegnen, legten sie Stützpunkte im Gebirge an, weit weg vom Meer. Sollte eine weitere Flut hereinbrechen, konnte die versunkene Welt vom Machu Picchu aus neu bevölkert werden.

In seinem Buch *The Lost City of the Incas* beschreibt Bingham ein Ritual, das die Priester von Machu Picchu jedes Jahr zur Wintersonnenwende vollzogen.[37] An einem großen Steinpfeiler befestigte man ein geweihtes Seil, das die Sonne über den Himmel »führen« sollte, damit sie nicht vom Weg abkam. Dieser »Intihuatana«, der »Ankerpfosten der Sonne«, war möglicherweise ein ritueller Versuch, eine neue Verschiebung der Erdkruste zu verhüten. Wenn das stimmte, sind die rätselhaften Sonnenmegalithen (auch »Sonnensteine« genannt), die man überall auf der Erde findet, ein altes Mittel, mit dem man die Sonne nach der Flut auf ihrem Weg über den Himmel festhalten wollte. Wenn man die Sonne im Zaum hielt, konnte sie nicht noch einmal eine große Flut auslösen, und die Erde wäre ein weiteres Jahr lang in Sicherheit.

Diese Versessenheit auf den Weg der Sonne findet man auch im Südwesten der USA bei den Ruinen der Anasazi (was in der Navajo-Sprache »die Alten« bedeutet). Sie sind berühmt wegen der Felsenwohnungen, der kreisförmigen Architektur und anderer künstlerischer Leistungen. Einer der bemerkenswertesten Sonnenmegalithen der Welt steht bei Chaco Mesa in New Mexico. Drei Steinplatten, jede zwei Tonnen schwer, wurden so aufgebaut, daß das Sonnenlicht auf eine spiralförmige Felszeichnung fällt und die Sommer- und Wintersonnenwende sowie die Tag-und-Nacht-Gleiche im Frühjahr und Herbst anzeigt (siehe Abbildung 3).

Dieser Sonnenkalender, den die Künstlerin und Amateurastronomin Anna Sofaer 1977 entdeckte[38], wurde wegen des Musters, welches das Licht bei der Sommersonnenwende auf das Felsbild zeichnet, auch »Sonnendolch« genannt. Der Name stammt von Sofaer, aber in Wirklichkeit war dieses Monument vermutlich für die Anasazi das, was für die Inkas der »Ankerpfosten der Sonne« war. Wenn das stimmt, hätte man es besser »Sonnenseil« genannt, weil es die Launen der Sonne verhindern oder zumindest ihren Weg verfolgen sollte, damit die Menschen

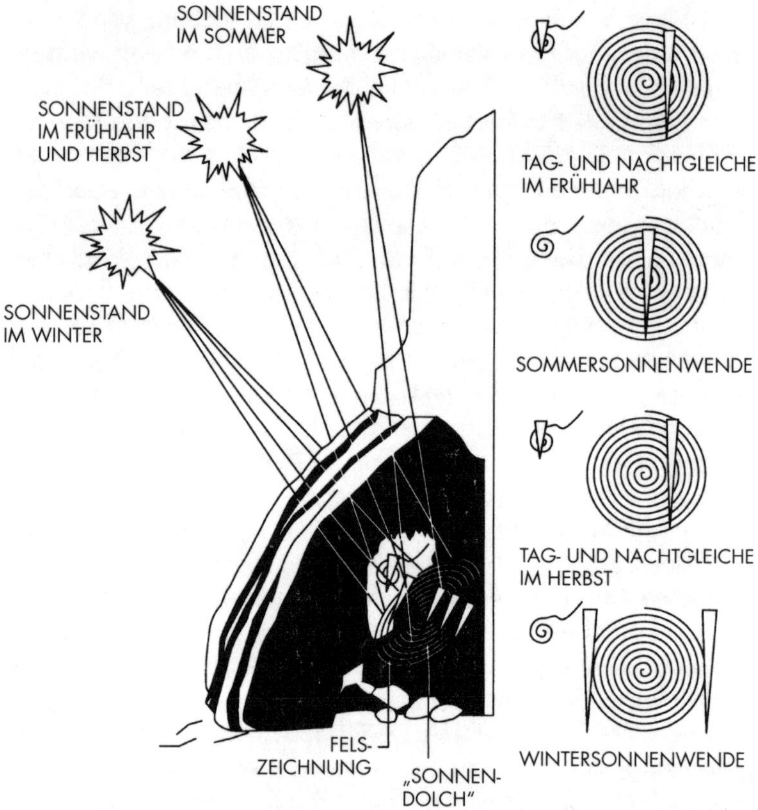

Abbildung 3: In Chaco Mesa im US-Bundesstaat New Mexico befestigten die Anasazi vermutlich zur Sommersonnenwende ein »Sonnenseil« an großen Steinen. Für einen verläßlichen Lauf der Sonne zu sorgen, wurde nach der letzten Erdkrustenverschiebung weltweit zu einer fixen Idee.

wußten, daß alles in Ordnung war. Die Angst, die Sonne könne unberechenbar werden oder der Himmel könne herabfallen, wurde weltweit zum Alptraum für die Überlebenden der letzten Erdkrustenverschiebung und ihre Nachkommen.

Auch die Kelten, die als mutige Krieger bekannt waren, ». . . fürchteten weder Erdbeben noch hohe Gezeiten, die sie sogar mit Waffen angriffen; Angst hatten sie aber davor, der Himmel könne ihnen auf dem Kopf fallen, und vor dem Tag, an dem Feuer und Wasser alles verschlangen.«[39]

Und 1643 entdeckte ein isländischer Bischof ein sehr altes Manuskript, das die genauesten jemals gefundenen Informationen über die germanischen Mythen enthielt. Es beginnt mit der bedrückenden Prophezeiung einer begnadeten Seherin: »Die Sonne wird schwarz, die Erde versinkt im Meer, die heißen Sterne werden am Himmel durcheinandergeworfen . . .«[40]

Die übermächtige Angst, Erdbeben könnten die Vorboten einer weltweiten Überschwemmung sein, befiel nicht nur diejenigen, die am Rand der Ozeane lebten. Nach dem Glauben der Mari, die noch heute die Gegend westlich der Wolga in Rußland bewohnen, ruht die Erde auf einem Horn eines riesigen Stiers (das andere ist schon vor der Großen Flut abgebrochen). Der Stier balanciert seinerseits vorsichtig auf dem Rücken eines gewaltigen Krebses, der auf dem Meeresboden entlangkriecht. Man glaubte, jede Kopfbewegung des Stiers werde Erdbeben verursachen. Die Mari lebten in großer Angst, das andere Horn des Stiers könne abbrechen und die Erde wieder in den Ozean stürzen. Wenn der Kopf der Bestie auftauchte und die Erde vorwärtsstieß, müsse es zu heftigen Erdbeben kommen. Und dann, wenn die Erde von dem einzigen Horn des Stiers geschleudert wurde und durch die Luft wirbelte, müsse es aussehen, als ob der Himmel herabfalle. Schließlich, so der Glaube, müsse die Erde ins Meer stürzen, so daß eine Flutkatastrophe alles ertränkt.[41] In Europa richtete man in der Antike an vielen Stellen riesige Steine zu Ehren der Sonne auf. Eine der bekanntesten derartigen Stätten ist Stonehenge im englischen Wiltshire. Wie die Denkmäler in Nord- und Südamerika, so wurde vermutlich auch Stonehenge als magisches Mittel gebaut, das eine erneute Verschiebung der Erdkruste verhindern sollte. Man glaubte, die gewaltigen Steine könnten den Lauf der Sonne steuern und so für die Sicherheit der Welt sorgen.

Zur Sommersonnenwende fällt das Licht in die Öffnung der hufeisenförmigen Anordnung von Stonehenge. Das Hufeisen selbst entspricht dem Weg der Sonne von Sonnenaufgang bis Sonnenuntergang. In der Zeit vom Frühjahr bis zum Sommer geht die Sonne jeden Tag ein Stück weiter nördlich am Horizont auf. Bei der Sommersonnenwende scheint diese »Wanderung« zum Stillstand zu kommen. Am nächsten Tag kehrt sich der Weg der Sonne um, und sie geht nun jeden Tag ein wenig weiter südlich auf. Für ein Volk, das ständig auf der Hut vor den Gefahren einer unberechenbaren Sonne war, bedeutete jede Abweichung, daß eine Katastrophe drohte. Um das zu verhüten, versuchten die Priester vermutlich, genau wie ihre Kollegen in Machu Picchu, die Sonne zu »zügeln«, indem sie ihre Strahlen an den aufeinanderfolgenden Steinen des Hufeisens »festbanden«. Damit, so glaubte man, war die Welt ein weiteres Jahr lang in Sicherheit.

Auch die ägyptischen Pyramiden waren genau an der aufgehenden Sonne zur Sommersonnenwende ausgerichtet. In einer alten Schrift aus Ägypten befiehlt der Sonnengott: »Ich bin derjenige, der das Wasser gemacht hat, welches zur großen Flut wird . . .«[42] Die Sonne soll »nach der üblichen Ansicht aus ›der großen Flut‹ geboren worden sein.«[43]

Nach der ägyptischen Mythologie war die Erde eine Blase in einem endlosen »ursprünglichen Abgrund von Wasser«:

> Das war etwas anderes als ein Meer mit einer Oberfläche, denn es gab kein Oben und Unten, keine Unterscheidung der Seiten, nur unendliche Tiefe – endlos, dunkel und unbegrenzt . . . Man glaubte, die Meere, die Flüsse, der Regen vom Himmel, die Wasser in den Brunnen und die Sturzbäche der Überschwemmungen seien Teile des ursprünglichen Wassers, das die Welt auf allen Seiten einhüllte.[44]

Die Ägypter fürchteten, das ursprüngliche Wasser könne eines Tages in die Welt eindringen und sie überschwemmen. Die Pyramiden, künstliche Berge, die nach dem »neuen« Weg der Sonne ausgerichtet waren, könnten den Berg symbolisieren, auf dem die Überlebenden der letzten großen Flut Zuflucht gefunden hatten.[45] Die Erbauer dieser antiken Monumente ehrten damit vielleicht das Land, an das ihre Vorfahren sich nach der Flut geklammert hatten.

An allen Enden der Welt erzählt man die gleiche Geschichte: Die Sonne weicht von ihrem regelmäßigen Weg ab. Der Himmel fällt herunter. Die Erde wird von Erdbeben geschüttelt und zerrissen, schließlich von einer riesigen Flutwelle verschlungen. Die Überlebenden einer solchen Katastrophe würden alles tun, damit sie sich nicht wiederholt. Sie lebten in einem Zeitalter der Zauberei. Da war es nur natürlich und notwendig, daß man raffinierte Monumente errichtete, um den Sonnengott (oder die Sonnengöttin) zu besänftigen und seinen Weg zu lenken oder zu überwachen.

Ist es ein Wunder, daß so viele Völker der Antike sich »Kinder der Sonne« nannten? Vielleicht trug man diese Bezeichnung erst später mit Stolz. Anfangs könnte sie durchaus ein hektischer Versuch gewesen sein, den gewalttätigen Sonnengott zu beruhigen. Man fürchtete die unberechenbare Sonne, den entfesselten Himmel und den beweglichen Ozean. Eine launische Sonne konnte eine Kette von Ereignissen in Gang setzen, die unsere Welt brutal durcheinanderwirbelten.

Aber warum fiel der Himmel herab?

4

Warum der Himmel herabfiel

Im Sommer 1799 stieß der Tungusenhäuptling Ossip Schomakow, der in der einsamen Wildnis Sibiriens nach Elfenbein suchte, auf den im Eis eingeschlossenen Kadaver eines Mammuts – vollständig erhalten, mit Haaren und Fleisch. Der Häuptling war entsetzt. Der Legende nach war jeder, dessen Blick auf ein solches Geschöpf fiel, zu einem baldigen Tod verdammt. Und wie es die Prophezeiung wollte, erkrankte Ossip wenige Tage später. Aber zur Verwunderung seiner selbst und seiner Umgebung wurde er wieder völlig gesund.

Dadurch ermutigt, stattete Ossip dem gefrorenen Mammut einen zweiten Besuch ab, diesmal in Begleitung einiger neugieriger russischer Wissenschaftler. Als sie in höchster Erregung feststellten, daß Ossip mit seinem phantastischen Bericht recht gehabt hatte, brachten sie die Überreste des unglaublichen Tieres nach St. Petersburg, und dort kann man sie noch heute besichtigen.

Im Gefolge dieser sensationellen Entdeckung gaben die neu erforschten sibirischen Inseln im Nordpolarmeer die trostlosen Gräber von mehreren tausend großen Tieren frei. Die Funde stifteten unter den Wissenschaftlern Verwirrung. Wie konnten solche riesigen Geschöpfe, die tagtäglich unglaubliche Mengen pflanzlicher Nahrung brauchten, in großen Herden in der öden Eiswüste gedeihen? Und welche unerklärliche Kraft hatte sie hinweggerafft?

Einer der ersten und angesehensten Gelehrten, der die in solchen Fragen steckende Herausforderung annahm, war der französische Naturforscher Georges Cuvier (1769–1832). Cuvier hatte bereits für eine Sensation gesorgt, als er aus der Erde unter Paris einen prähistorischen Elefanten ausgegraben und zusammengesetzt hatte. Und das war nur eine von mehreren verblüffenden Entdeckungen, die der neugierige Monsieur Cuvier einem erstaunten Europa noch präsentieren sollte. Als er Mitte Dreißig war, galt er als Vordenker seiner Zeit, der auf praktisch allen Gebieten der Naturwissenschaft neue Wege aufzeigte.

Das selbstbewußte Auftreten des Naturforschers machte ihn im Zusammenhang mit seinen spektakulären Entdeckungen zu einem beliebten Gegenstand des allgemeinen Klatsches. Eine Geschichte machte in den Salons seiner Zeit immer wieder die Runde. Danach hatten sich ein paar von Cuviers Studenten eines späten Abends vorgenommen, ihm einen Streich zu spielen. Einer von ihnen, der sich mit schwarzem Mantel, Hörnern und Hufen als Teufel verkleidet hatte, platzte in das Schlafzimmer des Professors und brüllte, er sei gekommen, um den Wissenschaftler zu verschlingen!

Cuvier richtete sich auf, stützte sich auf einen Ellenbogen und betrachtete in aller Ruhe das Schauspiel, das sich ihm bot. Dann erklärte er: »Du hast Hörner und Hufe, also bist du ein Pflanzenfresser!«

In seinem pedantisch ordentlichen Labor, zu dem nur wenige Personen Zutritt hatten, brütete Cuvier viele Stunden über dem Rätsel der alten Knochen aus Sibirien und den Fragen, die sie aufwarfen. Immer stärker gelangte er zu der Überzeugung, die Welt müsse eine Katastrophe von unvorstellbaren Ausmaßen erlebt haben. Der Mensch, so meinte er,

> dürfte bestimmte, begrenzte Gebiete bewohnt haben, und von dort aus bevölkerte er die Erde nach diesen schrecklichen Ereignissen neu; vielleicht wurden die Orte, die er bewohnte, sogar völlig verschlungen, und seine Knochen wurden in den Tiefen der heutigen Meere begraben, mit Ausnahme einer kleinen Zahl von Personen, die die Rasse weitertrugen.[1]

Die unerwartete Entdeckung der gefrorenen Riesentiere in der Einöde Sibiriens regte Cuviers Genie an und war für ihn der Beweis, daß die Erde plötzliche, zerstörerische Verwerfungen und Umwälzungen durchgemacht hatte:

> Diese wiederholten Einbrüche und Rückzüge des Meeres waren weder langsam noch allmählich; die meisten Katastrophen, die sie herbeiführten, geschahen plötzlich; und das läßt sich leicht beweisen, vor allem für die letzte davon, deren Spuren am offenkundigsten sind. In den nördlichen Gebieten hat sie die Kadaver einiger großer Vierbeiner hinterlassen, die das Eis eingefangen hat und die bis auf den heutigen Tag mit Haut, Haaren und Fleisch erhalten geblieben sind. Wären sie nicht gefroren, sobald sie ums Leben gekommen waren, hätten sie durch Verwesung schnell zerfallen müssen. Aber dieser ewige Frost konnte nicht von den Gebieten Besitz ergreifen, in denen diese Tiere lebten, außer man nimmt dieselbe Ursache an, die auch zu ihrer Zerstörung führte; deshalb muß diese Ursache genauso plötzlich eingetreten sein wie ihre Wirkung. Die Zerstückelung und Umwälzung der geologischen Schichten, die bei früheren Katastrophen eintrat, zeigt eindeutig, daß sie ebenso plötzlich und heftig waren wie die letzte; die Schutthaufen und runden Kiesel, die man an verschiedenen Stellen zwischen den festen Schichtungen findet, beweisen die gewaltige Kraft der Bewegungen, die diese Umwälzungen in den Wassermassen in Gang setzten. Das Leben wurde also auf der Erde oft von schrecklichen Ereignissen durcheinandergebracht – von Unglücken, die zunächst vielleicht *die gesamte äußere Kruste des Globus* bis in große Tiefen umgewälzt haben, die jedoch später, nach diesen ersten Erschütterungen gleichermaßen in ge-

ringerer Tiefe und weniger allgemein wirkten. (Hervorhebung hinzugefügt.)[2]

Zu der Zeit, als Cuvier diese Theorie formulierte, gab es zwischen den Geologen und der Kirche heftige Diskussionen über die Frage, welche Rolle Katastrophen für die Erdgeschichte gespielt haben. Cuvier war zwar ein angesehener Mann, aber seine Theorie von der Erdkrustenverschiebung war für die wissenschaftliche Welt unannehmbar. Man brachte sie mit einer übernatürlichen Kraft (Gott) in Verbindung, die die Naturgesetze nach Belieben außer Kraft setzen konnte. Ebensowenig behagte sie den religiösen Eiferern: Sie freuten sich zwar über Cuviers Erdbeben und Überschwemmungen, aber den Zeitplan hielten sie für falsch, denn danach hatten diese Ereignisse viel früher stattgefunden, als die Bibel behauptete. Deshalb ging Cuviers Theorie, wonach der massenhafte Tod der Riesentiere auf Verschiebungen der Erdkruste zurückzuführen war, in der hitzigen Debatte zwischen religiösen Fanatikern und abwehrenden Wissenschaftlern unter.

Ein Mann betrieb jedoch auf der Grundlage von Cuviers Theorie weitere Untersuchungen und entwickelte die noch heute anerkannte Vorstellung von den Eiszeiten: der Naturforscher und Geologe Louis Agassiz (1807–1873), der im schweizerischen Môtier geboren wurde. Agassiz war schon in jungen Jahren mit dem Ehrgeiz und der Entschlossenheit gesegnet, seine einzigartigen Spuren in der Wissenschaftsgeschichte zu hinterlassen. Schon mit zweiundzwanzig Jahren veröffentlichte er sein erstes Buch über die Fische Brasiliens; er widmete es Georges Cuvier, »den ich als Vater verehre und dessen Arbeiten bis heute mein einziger Leitfaden waren.« Cuvier antwortete dem jungen Wissenschaftler mit einem freundlichen Brief und schlug darin weitere Forschungsrichtungen vor.

Mit dieser zusätzlichen Ermutigung setzte Agassiz seine Evolutionsstudien an den Fischen fort und verfolgte gleichzeitig eine Medizinerlaufbahn, zu der seine Eltern ihn gedrängt hatten. Im Oktober 1831 nahmen die Ereignisse eine Wendung, die eine traurige Ironie beinhalten sollte: Agassiz ergriff die Gelegenheit, nach Paris zu reisen und eine dort wütende Choleraepidemie zu studieren. Er stellte sich umgehend bei Cuvier vor. Der berühmte Wissenschaftler war von Agassiz' Arbeiten beeindruckt und entwickelte eine Zuneigung zu dem begeisterten jungen Schweizer – vielleicht erkannte Cuvier in dem handfesten jungen Mann, der hastig seine Forschungen vor ihm ausbreitete, das Spiegelbild seiner eigenen Jugend wieder. Cuvier übergab Agassiz eines seiner hervorragend ausgestatteten Labors und seine sämtlichen persönlichen Notizen über den Gegenstand ihres gemeinsamen Interesses. Die Fischfossilien fesselten auch Cuvier, und als ihm klar wurde, daß Agassiz unabhängig von ihm zu ähnlichen Schlußfolgerungen gelangt war, gewährte er dem jungen Mann uneingeschränkte Unterstützung: Er gab Ratschläge und Ermutigung, wo es notwendig war, einschließlich gelegentlicher Einladungen zum Abendessen in seinem Haus, wo viele originelle Denker jener Zeit bei Wein und Zigarren zusammenkamen.

Im Mai 1832 kam es zur Tragödie: Cuvier wurde von ebenjener Cholera hinweggerafft, deretwegen Agassiz ursprünglich nach Paris gekommen war. Dieses schmerzliche Ereignis hatte auf Agassiz tiefgreifende Auswirkungen:

> Mit Cuviers Tod verschwand jedes Gefühl der geistigen Unabhängigkeit, das Agassiz gekannt hatte. Da der große Naturforscher ihm wichtige Fossilien zur Beschreibung und Veröffentlichung übergeben hatte, hielt Agassiz sich für einen Schüler Cuviers. Er entschloß sich, seine geistigen Anstrengungen nach dem von Cuvier vorgegebenen Schema zu gestalten.[3]

Agassiz übernahm Cuviers Ansicht, die Erdgeschichte sei immer wieder durch große Katastrophen gekennzeichnet gewesen, bei denen die vorhandenen Pflanzen und Tiere vernichtet wurden, so daß die Szene für die Erschaffung neuer Geschöpfe durch Gott frei war. Diese Ideen, die unter den Begriffen »Katastrophentheorie« und »gesonderte Erschaffung« bekannt wurden, sollte Agassiz sein ganzes weiteres Leben lang beibehalten; sie waren die Grundlage seiner Weltsicht.

Die Katastrophentheorie gründete sich auf die Fossilfunde und war eine Interpretation bekannter Tatsachen. Die zweite Idee jedoch, wonach Arten einzeln und willkürlich erschaffen wurden, glitt von der Genauigkeit wissenschaftlicher Befunde in den nebelhaften Bereich theologischer Diskussionen.

Als Agassiz Cuviers Vorstellung von der Erschaffung einzelner Arten übernahm, verletzte er ein Grundprinzip der modernen Wissenschaft: die Erkenntnis, daß physikalische Gesetze unveränderlich sind. Nach den Annahmen der heutigen Wissenschaftler gelten die Naturgesetze (zum Beispiel das Gesetz von der Schwerkraft), die unseren Planeten beherrschen, im ganzen Universum; sie sind in Raum und Zeit immer gleich. Die Vertreter der Katastrophentheorie dagegen unterstellten, übernatürliche Kräfte (das heißt Gott) könnten in die Abläufe auf der Erde eingreifen. Die Naturgesetze waren in ihren Augen den Launen dieser übernatürlichen Mächte unterworfen. Außerdem hielten sie, was das Alter der Erde anging, die Bibel für die höchste Autorität. Auch heute noch glauben viele Menschen, die Erde sei in sieben Tagen erschaffen worden, und ihr Alter betrage nur ein paar tausend Jahre. Die Idee, Arten seien einzeln erschaffen worden, geht noch einen Schritt weiter: Danach entsteht Leben gezielt nach einer Katastrophe.

Die Katastrophentheorie (wie Agassiz und Cuvier sie kannten) war eine anerkannte geologische Annahme, die sich auf die Lehre der Bibel gründete. Heute wird sie von der überwältigenden Mehrheit der Wissenschaftler abgelehnt. Die Denkschule, die schließlich die Katastrophentheorie überwand und ablöste, rief der schottische Amateurgeologe James Hutton (1726–1797) ins Leben. Wie er erkannte, wandelt sich das Angesicht der Erde über sehr lange Zeiträume hinweg und in kleinen Schritten durch die tagtäglichen Auswirkungen von Kräften wie Wind und Regen. Als Hutton diese neue Sichtweise für die Geowissenschaft vorschlug, waren seine Beweggründe allerdings nicht so streng wissenschaftlich, wie wir heute gerne annehmen. Er lebte zu einer Zeit, als die Vorstellung vom Fortschritt, eine wesentliche Grundlage unseres heutigen Denkens, noch nicht allgemein anerkannt war. In Fragen der Erdgeschichte hielt man die Bibel für die maßgebliche Autorität. Als Schlüssel zum Verständnis der Geologie galt der biblische Bericht über die Sintflut. Die Zeit brachte nach der üblichen Denkweise keinen Fortschritt, sondern nur Verfall. Man nahm allgemein an, die Vergangenheit der Erde lasse sich in drei Phasen einteilen:

> ... Erstens gab es eine Phase des Entstehens, die sich von der Erschaffung des Menschen bis zum Sündenfall erstreckt; zweitens war da die längere und bis heute anhaltende Phase der Degeneration, die durch den Sündenfall in Gang gesetzt wurde; und drittens gibt es die sehnlich erwartete Periode des Wiederaufbaus, die durch die Wiederkehr Christi eingeleitet wird.[4]

Hutton stellte diese Ansicht in Frage: Im ersten Band der *Transactions of the Royal Society of Edinburgh* von 1788 behauptete er, die Erde habe eine sehr lange Geschichte, die sich auch unendlich weit in die Zukunft erstrecken werde: »Wir finden keine Spur eines Anfangs – und keine Aussicht auf ein Ende.«

In seinen Augen war die Erde eine riesige Maschine, die der Allmächtige zu dem Zweck geschaffen hatte, Leben zu erhalten (im Gegensatz zu den Vertretern der Katastrophentheorie, die annehmen wollten, der Allmächtige könne Leben zerstören). In seinem berühmten Buch *Theory of the Earth with Proofs and Illustrations* (Die Theorie der Erde mit Beweisen und Abbildungen) von 1795 versuchte er zu zeigen, daß die Erde Gottes persönliches Werk ist:

> Wenn wir glauben, daß es eine allmächtige Macht gibt und daß höchste Weisheit angewandt wurde,

> um dieses für uns so interessante System der Pflanzen und Tiere zu erhalten, dann müssen wir sicherlich folgern, daß die Erde, auf die dieses System der Lebewesen angewiesen ist, auf Prinzipien aufgebaut wurde, die dem vorgesehenen Ende angemessen sind, und wir müssen ihr eine Vollkommenheit zuschreiben, die zu ergründen unsere Aufgabe ist.[5]

Hutton lehnte die biblischen Vorstellungen von einer Sintflut ab, gerade weil er glaubte, dies widerspreche Gottes Plänen. Wenn die Erde den Zweck hatte, Leben zu erhalten, dann würde Gott seinen Plan sicherlich nicht dadurch verletzen, daß er Unheil in Form der Fluten über seine Schöpfung kommen ließ: »Aber mit Sicherheit gehören allgemeine Überschwemmungen nicht zur Theorie der Erde; denn der Zweck dieser Erde ist es ganz offensichtlich, pflanzliches und tierisches Leben zu erhalten, und nicht, es zu zerstören.«[6]

Das wirklich Umwälzende an Huttons Theorie war die Annahme, daß der Aufbau der Erde die Absichten des Allmächtigen genauer widerspiegelte als die Bibel. Und noch ungewöhnlicher war seine Überzeugung, man könne alle geologischen Phänomene als Produkte einer vollkommen konstruierten Maschine verstehen, die heute so arbeitet, wie sie *immer* gearbeitet hat. Für Hutton war »die Gegenwart der Schlüssel zur Vergangenheit«. In riesigen Zeiträumen konnten selbst kleine Veränderungen zu beachtlichen Ergebnissen führen. In dem folgenden Absatz schreibt Hutton so, wie die meisten Geologen sich gern an ihn erinnern:

> Es ist nicht nur so, daß man keine Kräfte bemühen muß, die für die Erde nicht natürlich sind, daß man keine Vorgänge einräumen muß außer solchen, von denen wir das Prinzip kennen, und daß man keine außergewöhnlichen Ereignisse heranziehen muß, um ein verbreitetes Vorkommnis zu erklären, sondern man darf die Kräfte der Natur auch nicht benutzen,

um gerade den Gegenstand dieser Kräfte zu zerstören; wir dürfen die Natur nicht so handeln lassen, daß sie die Ordnung verletzt, die wir tatsächlich beobachten, und daß sie die erschaffenen Dinge untergräbt. Auf welche Weise wir also die großen Ursachen Feuer und Wasser auch benutzen, damit sie die Dinge hervorbringen, die tatsächlich auftauchen, immer sollte es so sein, daß es mit der Erhaltung der Pflanzen und dem Leben der Tiere auf der Erdoberfläche vereinbar ist. Chaos und Verwirrung sollte man in die Ordnung der Natur nicht einführen, nur weil bestimmte Dinge für unseren unvollkommenen Blick in einer gewissen Unordnung zu sein scheinen. Auch sollten wir nicht weiterhin Ursachen erfinden, wenn diejenigen, die in unserer Erfahrung vorkommen, unzureichend erscheinen.[7]

Hutton wollte an die Stelle des Chaos der Großen Flut eine Weltordnung setzen, die eher zu Gott zu passen schien. Seine Theorie vom allmählichen Wandel über lange Zeiträume hinweg wurde unter der Bezeichnung »Uniformitarismus« bekannt.

Charles Lyell (1797–1875) nahm Huttons Idee vom Uniformitarismus in seinem Werk *Principles of Geology* (1830 und 1832) wieder auf, verfeinerte und erweiterte sie und stellte sie in Formulierungen und Zeichnungen dar, die auch für Nichtwissenschaftler verständlich waren. Damit versetzte er der Vorstellung, physikalische Gesetze könnten den Launen übernatürlicher Kräfte unterworfen sein, den Todesstoß. Als Entgegnung auf die Katastrophentheorie schrieb er:

In unserem Versuch, diese schwierigen Fragen aufzuklären, sollten wir einen anderen Weg einschlagen und uns auf die bekannten oder möglichen Wirkungsweisen vorhandener Ursachen beschränken: Wir können sicher sein, daß wir die Quellen, welche die Untersuchung des heutigen Laufs der Natur

> bietet, noch nicht ausgeschöpft haben, und deshalb steht es uns bei dem unentwickelten Zustand unserer Wissenschaft nicht zu, uns auf außernatürliche Abläufe zu berufen.[8]

Zu Lyells Zeit und ein ganzes Jahrhundert danach leistete sein Verbot, gegenwärtig nicht beobachtbare geologische Kräfte als Erklärung heranzuziehen, der gerade flügge gewordenen Wissenschaft der Geologie gute Dienste. Aber Lyell war blind für die Tatsache, daß diese strikten Grenzen die Untersuchung außergewöhnlicher Umwälzungen nicht ausschließen müssen, wenn man sie ohne Rückgriff auf übernatürliche Kräfte erklären kann; das gilt auch für tiefgreifende geologische Vorgänge (die dennoch den physikalischen Gesetzen der Erde unterliegen), die zu beschleunigten Veränderungen führen.

Ein solcher »Ruck« der Veränderung entsteht als Folge physikalischer Vorgänge, die sich innerhalb der von den Naturgesetzen vorgegebenen Grenzen abspielen.[9] Heute sollte man erkennen, daß Cuviers Theorie seiner Zeit weit voraus war, aber die Geologen ordneten seine Ideen genauso ein wie die Katastrophentheorie, und seine Vorstellung von einer großen geologischen Umwälzung geriet in Vergessenheit. Sein Schüler Louis Agassiz trug das Banner mit seiner Theorie von den Eiszeiten weiter.

Vier Jahre nach Cuviers Tod erforschte Agassiz die steilen Felsspalten und hoch aufragenden Berge der Schweiz; in seiner Begleitung waren zwei Freunde, die sich mit den Alpengletschern beschäftigten. Dabei wurde der Keim zu einer neuen Idee gelegt: Die beiden konnten Agassiz davon überzeugen, daß die gewaltigen Geröllblöcke, über die sie geklettert waren, von Gletschern in ihre heutige Lage geschoben, gehoben und gezogen worden waren. Agassiz erkannte sofort, welche Möglichkeiten in dieser Vorstellung steckten, und verkündete 1837 einem unvorbereiteten Europa seine Theorie von den Eiszeiten. Der »sibirische Winter«, so erklärte er,

> setzte sich eine Zeitlang in einer Welt durch, die zuvor mit üppiger Vegetation bedeckt war und in der zahlreiche große Säugetiere lebten, ähnlich denen, die heute die warmen Regionen Indiens und Afrikas bevölkern. Der Tod hüllte die ganze Natur in ein Leichentuch, und als die Kälte ihr größtes Ausmaß erreicht hatte, verlieh sie dieser Eismasse die größtmögliche Spannung, die größtmögliche Härte.[10]

Der Begriff »Eiszeit«, der heute ein fester Bestandteil unseres Wortschatzes ist, bezeichnete zu der Zeit, als Agassiz zum erstenmal davon sprach, eine ungewöhnliche, verblüffende Vorstellung. Hand in Hand mit unserer Kenntnis der Eiszeit entstand die Bedeutung des Begriffs »Vergletscherung«. Heute versteht man darunter in der Regel eine schwerfällige, langsame Bewegung, die sich Zentimeter für Zentimeter vollzieht (womit die ursprüngliche Bedeutung einer Katastrophe verlorengeht).

Louis Agassiz jedoch, der als erster vermutete, die Erde könnte folgenschwere Phasen extremer Kälte durchgemacht haben, bestand darauf, die Eiszeiten seien plötzlich und als Katastrophe über die Erde gekommen und hätten sie in den tiefsten Winter gestoßen:

> Ein plötzlicher heftiger Winter, der ein ganzes Zeitalter dauern sollte, legte sich über die Erde; er verbreitete sich über ebenjene Länder, in denen diese tropischen Tiere zu Hause waren, und er kam so schnell über sie, daß sie unter Schnee- und Eismassen einbalsamiert wurden, ohne daß Zeit für die Verwesung blieb, die auf den Tod folgt.[11]

Für Agassiz wies diese Theorie von den Eiszeitkatastrophen den verschütteten Weg zum Kern des Geheimnisses um das Aussterben. Eine plötzlich hereinbrechende, tödliche Eiszeit hätte große Lebewesen da begraben, wo sie gerade standen, als stumme Zeugen einer Katastrophe.

Als Louis Agassiz seine Theorie von den Eiszeiten 1837 der wissenschaftlichen Welt präsentierte, wurde sie mit großen Vorbehalten aufgenommen. Immerhin konnte er aber nachweisen, daß sich die Lage der großen Felsblöcke mit der Bewegung von Gletschern erklären läßt. Die Skeptiker mußten anerkennen, daß die Erde tatsächlich früher einmal im Griff eines tödlichen Winters war. Aber was die lähmende Kälte ausgelöst hatte, blieb ein Rätsel. Agassiz hatte dieses Hindernis von Anfang an erkannt:

> Wir sehen bisher kein Anzeichen für die Ursache dieser großen, plötzlichen Klimaveränderung. Es wurden verschiedene Vermutungen geäußert – so unter anderem, die Erdachse sei früher stärker geneigt gewesen oder das Untertauchen der Kontinente im Wasser habe zu einer entscheidenden Zunahme der Kälte geführt; aber keine dieser Erklärungen ist zufriedenstellend, und die Wissenschaft muß noch eine Ursache finden, die alle damit zusammenhängenden Beobachtungen erklärt.[12]

Den ersten Hinweis (der überraschenderweise aus der Astronomie stammte) entdeckte 1842 ein Mathematiker, der als Dozent in Paris tätig war. Joseph Alphonse Adhemar wußte, daß die Erde auf ihrem Weg um die Sonne vier markante Punkte durchläuft: die Tagundnachtgleiche im Frühjahr und Herbst sowie die Sommer- und Wintersonnenwende. Diese Tage kennzeichnen den Wechsel der Jahreszeiten.

Diese vier wichtigen Zeitpunkte verschieben sich allmählich in einem riesigen Zyklus von 22 000 Jahren; Ursache ist die Schwerkraft von Sonne, Mond und Planeten, die an der Erde zieht. Adhemar wußte, daß die Erde der Sonne am 3. Januar am nächsten und am 4. Juli am fernsten ist. In der derzeitigen Phase des großen Zyklus sind die Bewohner der Nordhalbkugel der Sonnenwärme im Januar am nächsten, was zu relativ milden Wintern führt. In einigen Jahrtausenden wird die Erde aber ungefähr zur Zeit der Sommersonnenwende näher bei der Sonne stehen, was zu schweißtreibendem Sommerwetter und eisigen Wintern führen dürfte. Diese Verschiebung der vier Hauptpunkte, von den heutigen Wissenschaftlern »Präzession der Äquinoktien« genannt, löste nach Adhemars Überzeugung die Eiszeiten aus, weil sie die Erde zu entscheidenden Zeiten des wärmenden Einflusses der Sonne beraubte.

Urbain Leverrier (1811 – 1877), ein anderer französischer Wissenschaftler, machte 1843 eine weitere Entdeckung, die mit den Eiszeiten zu tun hatte. Wie er erkannte, ist der Abstand, in dem die Erde die Sonne umkreist, abhängig von der Form ihrer Umlaufbahn. Diese Form ändert sich allmählich in einem Zyklus von 100 000 Jahren, ebenfalls durch die Schwerkrafteinflüsse von Sonne, Mond und Planeten. Sie schwankt zwischen der heutigen fast vollkommenen Kreisform und einer eher ovalen Gestalt, bei der die Erde sich weiter von der Sonne entfernt, so daß die Eiszeit auf der Erde Fuß fassen kann.

Trotz solcher grundlegender astronomischer Erkenntnisse bestand nach wie vor keine Einigkeit über Ursachen und zeitlichen Ablauf der Eiszeiten. Ein dritter, entscheidender Hinweis kam aus einer völlig unerwarteten Richtung. Der Schotte James Croll (1821 – 1890) mußte mit dreizehn Jahren die Schule verlassen, um seiner Mutter zu helfen, die Familie zu ernähren. Aber nach dem Ende seiner Schulausbildung nahm er ein ehrgeiziges Selbststudium in Angriff, so daß er schließlich die Grundlagen der Naturwissenschaften beherrschte. Nachdem er zahlreiche Berufe vom Mühlenbauer bis zum Versicherungsvertreter ausgeübt hatte, gelangte er 1859 in eine Stellung, in der er einen gewichtigen Beitrag zum wissenschaftlichen Fortschritt liefern konnte: Er wurde Kustos des Anderson College and Museum in Glasgow. Damals schrieb er: »Mein Gehalt war klein, das stimmt, kaum mehr, als ich zum Leben brauchte; aber das wurde durch andersartige Vorteile ausgeglichen.«[13] Als Kustos hatte er Zugang zur Bibliothek des College, und das war alles, was er brauchte. Croll, der nie eine richtige Ausbildung genossen hatte, wandte seine Begabung nun auf ein Rätsel an, das sich dem wissenschaftlichen Establishment bis dahin entzogen hatte: Was war die eigentliche Ursache der Eiszeiten? In seinem 1872 erschienenen Buch *Climate and Time* lieferte Croll den dritten astronomischen Schlüssel für das Geheimnis: die Bewegung der Erdachse.

Der Neigungswinkel der Erdachse bestimmt, wieviel Sonnenlicht auf die einzelnen Bereiche der Erdoberfläche fällt. Veränderungen dieses Winkels führen zu Temperaturverschiebungen. Heute ist die Erdachse um 23,4 Grad geneigt, aber der Wert schwankt über lange Zeiträume zwischen 21,8 und 24,4 Grad.

Milutin Milankovic (1857–1927), ein serbischer Ingenieur, der 1911 als Mathematikprofessor an der Universität Belgrad tätig war, berechnete mit Hilfe dieser astronomischen Befunde, wieviel Sonnenstrahlung die Erde in den verschiedenen Zeiten ihrer Vergangenheit erhalten hatte. Nach seiner Ansicht kam es zur Eiszeit, weil die Erde von der Sonne nicht genügend Wärme bekam, so daß das Wintereis im Sommer nicht mehr taute. Auf diese Weise würde die Eisschicht von Jahr zu Jahr dicker, so daß sie das Land unter sich begrub.

Im Jahr 1976 wurden die Ideen von Croll und Milankovic durch James Hays, John Imbrie und Nicholas Shackleton bestätigt; in einem Fachartikel wiesen sie nach, daß die geologischen Hinweise auf die Eiszeiten zu den astronomischen Zyklen paßten.[14] Wie sie zeigen konnten, befindet sich die Erde normalerweise in einem Gletscherzeitalter, und im Vergleich zu diesem Normalzustand erfreuen wir uns derzeit eines besonders milden Klimas.

Die heutige Zwischeneiszeit, die vor fast 12 000 Jahren einsetzte, wird nur eine recht kurzfristige Wärmeperiode sein. In den letzten 350 000 Jahren gab es vier solche Wärmephasen; sie begannen vor etwa 335 000, 220 000, 127 000 und 11 600 Jahren. Damit eine Zwischeneiszeit entsteht, müssen drei astronomische Voraussetzungen zusammentreffen: Die Neigung der Erdachse muß etwa 24,4 Grad betragen, die Umlaufbahn muß um mindestens ein Prozent in die Länge gezogen sein, und die Erde muß im Juni den geringsten Abstand von der Sonne erreichen.

Die Eiszeitentheorie von Croll und Milankovic ist heute als Erklärung für die Daten umfangreicher Vergletscherungen allgemein anerkannt. Sie beschäftigt sich aber nur mit einem Teil der Frage. Ebenso wichtig ist die *Geographie* der Vereisung. Und bei der Lösung dieses Rätsels kommt die lange mißachtete Theorie von der Verschiebung der Erdkruste ins Spiel. Nach Hapgoods Vorstellung erleben diejenigen Bereiche der Erde, die in die Polargebiete geschoben werden, das kälteste Klima.

In seinem Vorwort zu Hapgoods Buch erklärt Einstein, durch welchen Mechanismus die Kruste sich verschieben könnte:

> In einem Polargebiet wird ständig Eis abgelagert, das um den Pol herum nicht gleichmäßig verteilt ist. Auf diese asymmetrisch abgelagerten Massen wirkt die Erdrotation; sie erzeugt eine Zentrifugalkraft, die über die starre Erdkruste übertragen wird. Wenn die auf diese Weise entstehende, ständig zunehmende Zentrifugalkraft eine gewisse Stärke erreicht hat, wird sie auf der übrigen Erde eine Verschiebung der Erdkruste herbeiführen, so daß sich die Polargebiete in Richtung des Äquators bewegen.[15]

Gleichzeitig gelangen dabei auch manche gemäßigten Regionen in Polnähe, so daß sie gefrieren, bis eine weitere Erdkrustenverschiebung sie wieder vom Eis befreit.

Einstein war zwar überzeugt, daß solche Verschiebungen stattgefunden hatten, aber er bezweifelte, daß das Gewicht der Eiskappen allein für eine Bewegung der Kruste ausreichte. Hapgood gab die Suche nach den Ursachen der Erdkrustenverschiebung auf und konzentrierte sich auf den Nachweis, daß seine Theorie ungelöste Probleme der Geologie und Evolution erklären konnte:

Nach der Eiszeitentheorie von Croll und Milankovic bilden die von außen wirkende Schwerkraft von Planeten, Sonne und Mond gemeinsam mit dem Gewicht der Eiskappen die Ursachen der Erdkrustenverschiebung. Nach unserer Annahme nimmt der Schwerkrafteinfluß der Sonne zu, wenn die Form der Erdbahn um mehr als ein Prozent von der Kreisform abweicht, weil die Erde der Sonne dann an bestimmten Punkten näher ist. Dann übt die Sonne eine größere Zugkraft auf den Planeten und seine gewaltigen Eisschichten aus. Deren riesiges Gewicht wirkt abwechselnd ziehend und schiebend auf die Erdkruste, und der dabei entstehende immense Druck sorgt im Zusammenhang mit einer stärkeren Neigung der Erdachse und dem verstärkten Zug durch die Schwerkraft der Sonne dafür, daß die Kruste sich verschiebt.

Nach jeder derartigen Bewegung schmelzen die Eisschichten, so daß der Meeresspiegel ansteigt. Verstärkt wird der Schmelzvorgang, wenn die Verschiebung mit dem Beginn einer Zwischeneiszeit zusammentrifft, in der die Temperaturen ohnehin steigen. Das war nach der letzten Krustenverschiebung vor 11 600 Jahren der Fall. Wenn sich dann innerhalb des nördlichen und südlichen Polarkreises wieder mehr Schnee ansammelt, kehrt der Meeresspiegel auf einen niedrigeren Stand zurück, und der ganze Kreislauf beginnt von neuem.

Die letzte Erdkrustenverschiebung ereignete sich vor 11 600 Jahren, als alle drei astronomischen Zyklen zusammenwirkten und die derzeitige Zwischeneiszeit einleiteten. Am wichtigsten ist dabei die schwankende Neigung der Erdachse, die nach den heutigen Vorstellungen alle 41 000 Jahre zwischen 21,8 Grad und 24,4 Grad wechselt. Wir sind überzeugt, daß es in den letzten Eiszeiten vor 52 600 und 93 600 Jahren ebenfalls zu Erdkrustenverschiebungen kam. Diese Theorie bietet im Zusammenhang mit Hapgoods geomagnetischen Befunden für die Lage der »Pole« eine Erklärung für die einzigartige geographische Verteilung der Vereisung. In Regionen, die sowohl vor als auch nach den Verschiebungen in Polnähe blieben, sammelte sich besonders viel Eis an.

Dieser riesige Kreislauf der Zerstörung könnte die Ursache der regelmäßig auftretenden Schübe des Massenaussterbens sein, wie es schon Cuvier vermutete. Es gab viele solche Katastrophen, und sie wirkten sich jeweils tiefgreifend auf den Fortgang der Evolution aus. Das »Aussterben im späten Pleistozän«, das heißt kurz nach 9600 v. Chr., wurde von Wissenschaftlern in allen Einzelheiten untersucht, die das Rätsel dieser tödlichen Vorgänge lösen wollten.

Eine andere Forschungsrichtung gibt der Menschheit die Schuld. Alfred Russel Wallace (1823–1913), Darwins Mitentdecker der Theorie von der natürlichen Selektion, vertrat die Vorstellung, das Aussterben am Ende der letzten Eiszeit sei nicht nur durch Klimaveränderungen, sondern auch von Menschen verursacht worden. Er schrieb 1911:

> ...Das Aussterben so vieler großer Säugetiere ist eigentlich auf das Handeln des Menschen *im Zusammenhang mit diesen allgemeinen Ursachen* zurückzuführen, und das führte auf dem Höhepunkt jeder geologischen Epoche zum Aussterben der größeren, am stärksten spezialisierten oder am seltsamsten abgewandelten Formen... (Hervorhebung im Original.)[16]

Wie Darwin, so glaubte auch Wallace fest an das Modell von Hutton und Lyell, wonach die Erdgeschichte durch allmählichen Wandel geprägt ist. Aber selbst Lyell konnte nicht übersehen, daß es schwierig war, die schreckliche Verantwortung für das Aussterben allein den Menschen zuzuschreiben:

> Vermutlich haben Ursachen, die allgemeiner und machtvoller sind als das Handeln des Menschen, wie zum Beispiel Klimawechsel, Schwankungen in der Verbreitung vieler Tiere (Wirbeltiere und Wirbellose) und Pflanzen, geographische Veränderungen in Höhe, Tiefe und Umfang von Land und Meer oder alle diese Einflüsse zusammen in einer gewaltigen Zahl von Jahren dazu geführt, daß viele große Säugetiere ... verschwunden sind.[17]

Trotz dieser Warnung Lyells fand die Idee, die Menschen seien die Ursache des Aussterbens, bei Anthropologen und Paläontologen zahlreiche Anhänger. Der führende Vertreter dieser »Overkill-Hypothese« ist heute Dr. Paul S. Martin von der University of Arizona. Nach seiner Ansicht sorgten die in die Neue Welt einwandernden Menschen für das Aussterben, das zu jener Zeit in Nordamerika mit Sicherheit stattfand. Die riesigen Bären, Säbelzahntiger, Mammuts und Mastodons verschwanden kurz nach 9600 v. Chr. Ungefähr zu dieser Zeit kamen nach Ansicht vieler Archäologen auch die ersten Menschen in die Neue Welt – wir werden später genauer auf diese Vorstellung zurückkommen. Nach Martins Vermutung hatten die Tiere, auf die die Menschen dort trafen, noch nicht die Fähigkeit entwickelt, den Jagdmethoden der Einwanderer zu entgehen, so daß sie bis zum letzten Exemplar abgeschlachtet wurden.[18] In der Alten Welt dagegen, insbesondere in Europa und Afrika, hatten die Tiere sich Fluchtstrategien zum Schutz gegen die Jäger angeeignet, so daß sie dem Schicksal ihrer Verwandten in der Neuen Welt entgingen.

Das ist vielleicht eine verständliche Ansicht im ausgehenden 20. Jahrhundert mit unserer beschämenden Leistung der Ausrottung so vieler Arten, aber die Overkill-Hypothese kann nur einen einzigen Schub des Massenaussterbens erklären. Sie ist keine Begründung für die Ereignisse des Massenaussterbens vor dem Pleistozän, und ebensowenig erklärt sie den Tod einer gewaltigen Zahl großer Tiere, die im früheren gemäßigten Klima Nordsibiriens gediehen, in einer Gegend, die heute nur aus öder Tundra besteht. Damit diese Tiere überleben konnten, muß das Klima in Sibirien damals viel wärmer gewesen sein als heute. Russische Wissenschaftler sind überzeugt, daß die Menschen für ihr Aussterben so gut wie keine Bedeutung hatten und daß nur eine tiefgreifende Klimaveränderung als Ursache des Massensterbens in Frage kommt.[19]

Die Tatsachen sind unumstritten. Die einzelnen Kontinente erlebten zu unterschiedlichen Zeiten ein unterschiedliches Ausmaß des Artensterbens. Vor fast 12 000 Jahren kam es in Amerika,

Australien und dem Nordpolargebiet zu einem heftigen Massensterben, Europa und Afrika waren dagegen nur relativ schwach betroffen.[20] Dieses unterschiedliche Ausmaß der Vernichtung scheint auf den ersten Blick für die Overkill-Hypothese zu sprechen:

> Die fehlende Gleichzeitigkeit zwischen den Ereignissen des Aussterbens auf den verschiedenen Kontinenten und ihre unterschiedliche Stärke, die zum Beispiel in Amerika größer war als in Afrika, scheint eine plötzliche außerirdische oder kosmische Katastrophe als Ursache auszuschließen.[21]

Eine Erdkrustenverschiebung würde jedoch auf den einzelnen Kontinenten ein unterschiedlich starkes Aussterben hervorrufen, weil sich die Breitengrade der Erde nicht in der gleichen Weise wandeln. Manche Kontinente erleben gewaltige Klimaveränderungen, andere sind kaum betroffen. Klimaänderungen führen zum Aussterben, weil die Lebewesen anderen Temperaturen und Jahreszeiten unterworfen sind.

Vor dem Hintergrund von Hapgoods Befunden können wir das Aussterben im Pleistozän in einem klaren Licht erkennen. Anhand seiner Angaben über die Lage der Erdkruste vor 9600 v. Chr. können wir beobachten, welche Veränderungen der Breitengrade nach der Verschiebung eintraten. Ein gedachter Kreis um die Erde, der durch die Orte von Nord- und Südpol verläuft, zeigt den am stärksten betroffenen Bereich. Wir nennen ihn »Linie der stärksten Verschiebung (LSV)«. Diese Linie verläuft durch Nordamerika und den Westen Südamerikas; sie teilt die Antarktis in zwei Teile, zieht sich über Südostasien nach Sibirien und dann zurück nach Nordamerika. Dieser Kreis entspricht genau den Gegenden der Erde, die das stärkste Massenaussterben erlebten.[22]

Die »Linie der geringsten Verschiebung (LGV)« durchschneidet diejenigen Klimazonen, die vor und nach der Katastrophe relativ stabil blieben. Sie verläuft durch Grönland, Europa und

Afrika, trennt Australien und Neuseeland, passiert Hawaii und zieht sich dann wieder bis nach Grönland. Sie fällt unmittelbar mit jenen Gegenden zusammen, in denen das Aussterben am geringsten war (siehe Karte 6a und 6b).

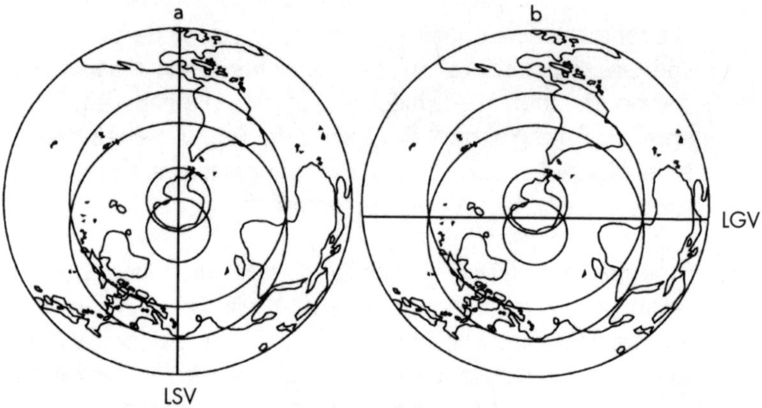

Die Linien der stärksten und geringsten Verschiebung.

Karte 6a und 6b: Jede Erdkrustenverschiebung führt zu tiefgreifenden Klimaveränderungen, in manchen Gegenden stärker als in anderen. Die letzte Verschiebung hinterließ entlang der Linie mit der stärksten Bewegung eine Schneise des Aussterbens. Wo die Verschiebung am geringsten war, starben nur wenige Arten aus. In Nordamerika verschwanden große Säugetiere wie das Mammut und der Säbelzahntiger, Elefanten und Löwen in Afrika blieben dagegen erhalten.

Im Gegensatz zur Overkill-Hypothese bietet die Theorie von der Erdkrustenverschiebung ein Modell, an dem sich das Aussterben ganz allgemein untersuchen läßt. Die Erdkrustenverschiebung läßt sich auch auf frühere Abschnitte der Erdgeschichte anwenden und ist nicht abhängig von unseren Vermutungen darüber, wie gut die Tiere ihren Jägern entgehen konnten. Durch eine Erdkrustenverschiebung entscheidet sich rein zufällig, welche Arten überleben und welche aussterben. Die Überlebenden der Arten, welche nicht durch die angerichteten Zerstörungen zugrunde gehen, verfügen über einen kleineren Genvorrat, und damit steigt die Chance, daß sich neue Arten entwickeln, denn Mutationen können in kleineren Populationen besser Fuß fassen. Meeresbewohner haben dabei bessere Chancen, denn sie können in Klimazonen schwimmen, an die sie bereits angepaßt sind. Die Beweglichkeit der Landtiere ist dagegen durch Gebirge, Wüsten, Seen und Ozeane eingeschränkt. Das erklärt, warum die Evolution an Land scheinbar viel schneller verläuft als in den Meeren. Die letzte Erdkrustenverschiebung hinterließ ihre Spuren rund um die Erde in Form eines Todeskreises. Alle Kontinente entlang der Linie der größten Verschiebung erlebten ein Massenaussterben; in Gegenden nahe an der Linie der geringsten Verschiebung verschwanden dagegen nur relativ wenige Arten. Die Massengräber so vieler riesiger Lebewesen sind das letzte Zeugnis der gewaltigen Umwälzungen, die unseren Planeten regelmäßig erschüttern.

Die Menschen teilten das Schicksal vieler anderer Arten. Man erzählt sich Mythen von einem verlorenen Inselparadies, das hinweggefegt wurde, versank und schließlich unter Schneebergen erstickte.

5

Das verlorene Inselparadies

Vor der Nordwestküste Kanadas liegt die Gruppe der etwa 150 Königin-Charlotte-Inseln. Dieses neblige, zerklüftete Gebiet beherbergt einige der ältesten noch vorhandenen Wälder der Neuen Welt und ist die Heimat eines bemerkenswerten Stammes: der Haida. Sie besaßen hochentwickelte Traditionen und Rituale und verteilten ihren Reichtum in einer Zeremonie, die unter dem Namen Potlach bekannt wurde. Als geschickte Bootsbauer und großartige Jäger paddelten sie mit ihren riesigen Kanus aus Zedernholz an der Pazifikküste entlang und fingen Lachse, Robben, ja sogar Wale.

Die Schnitzarbeiten der Haida aus Holz, Perlmutt und Knochen sind weltberühmt. Den umfassendsten Ausdruck findet ihre Kunst jedoch in den eindrucksvollen Totempfählen, die in manchen abgelegenen Buchten noch heute Wache halten.

Wie die Ägypter und Griechen, so fürchteten auch die Haida um die Sicherheit ihrer Heimat, wenn Erdbeben das Land erschütterten. Ihr Glaube richtete sich aber auf einen Gott, der die Zuckungen der Erde beschränkte und verhinderte, daß der Himmel herabfiel:

> Der Heilige-Eine-der-steht-und-sich-bewegt, ist der Erderhalter; er selbst ruht auf einer Kupferschachtel, die . . . ein Boot darstellt; auf seiner Brust erhebt sich der Pfeiler der Firmamente, der bis zum Himmel reicht; seine Bewegungen sind die Ursache der Erdbeben.[1]

Wenn der Erderhalter die Kontrolle über den Himmelspfeiler verlöre, wären die daraus entstehenden katastrophalen Folgen ein Abbild der Vorgänge bei einer Erdkrustenverschiebung: Erdbeben, das Herabfallen des Himmels und eine weltweite Überschwemmung.

Über Generationen hinweg werden rund um die Welt Geschichten wie dieser Mythos der Haida erzählt, deren Handlung eine Erklärung für die entsetzliche Erinnerung an den herabfallenden Himmel bietet.

Nach Ansicht mancher Archäologen wanderten die Haida vor etwa 12 000 Jahren auf die Königin-Charlotte-Inseln ein.[2] Nach dem Glauben dieses Stammes bewohnten ihre Vorfahren eine großartige Stadt in einem weit entfernten Land:

> ... Der große Häuptling der Himmel ... entschloß sich, das große Dorf zu bestrafen ... er sorgte dafür, daß die Wasser der Flüsse anstiegen. Schon bald schwollen die Flüsse und Bäche im ganzen Land an. Manche Menschen flüchteten sich auf Hügel, andere stiegen in ihre großen Kanus. Immer noch stieg das Wasser höher und höher, bis nur noch die höchsten Berggipfel aus den Fluten ragten ... [Die Vorfahren der Haida landeten an einem Berggipfel] ... Als die Flut vorüber war, fand man dort die verlorenen Steinanker, an der Stelle, wo sie ihre Kanus festgemacht hatten.[3]

Der Dialekt der Haida ist der älteste Zweig der Na-Dene-Familie unter den Indianersprachen.[4] Nach russischen Untersuchungen aus jüngster Zeit[5] ist das Na-Dene mit der Sprache der Sumerer verwandt, die im heutigen Irak vor etwa 6000 Jahren die erste bekannte Hochkultur begründeten.

Im Norden Syriens entdeckten Archäologen auf einem Hügel über dem Euphrat einige der weltweit ältesten Spuren von Landwirtschaft.[6] Hunderttausende von Jahren lang lebten die Menschen in dieser Gegend vom Jagen und Sammeln. Doch plötzlich, im gleichen Jahrhundert, als Atlantis fiel, wandten sie sich der Landwirtschaft zu. Als man das Alter der Fundstelle »Tell Abu Hureya« mit der Radiokarbonmethode bestimmte, stellte sich heraus, daß einige Dorfbewohner schon sehr früh, nämlich um 9500 v. Chr., neben dem Jagen und Sammeln auch Landwirtschaft betrieben hatten und dabei Wildkaninchen, Ziegen und Schafe sowie Weizen, Roggen und Gerste domestizierten. Aus dieser frühen Entwicklung entstand die nach Ansicht der Archäologen älteste Hochkultur nach Atlantis: das Reich der Sumerer, das um 3300 v. Chr. seine Blütezeit erlebte.

Für die Sumerer waren drei Götter besonders wichtig. Der erste, Enlil genannt, galt als »Herr der Lüfte« und als König der Könige. Er wurde am intensivsten angebetet und war am meisten gefürchtet, denn unter seiner Herrschaft stand die zerstörerischste aller Waffen: die Gewalt der Fluten. »Das Wort von Enlil ist ein Windhauch, den das Auge nicht sieht. Sein Wort ist eine Flut, die vordringt und nicht ihresgleichen hat.«[7]

Der zweite große Gott war Enki, der »Herrscher der Erde« und Gott der Gewässer. Nach der Überlieferung war Enki im Glauben der Sumerer der Retter in den Zeiten der Überschwemmung. Enki hörte heimlich zu, als der Überschwemmungsgott Enlil und der Himmelsgott An, die dritte große Gottheit, sich verschworen und die Menschheit mit vereinten Kräften ausrotten wollten. Enki entschloß sich, einen Menschen und seine Familie vor der bevorstehenden Katastrophe zu retten. Er wählte dazu Ziusudra aus, einen König und Priester, der auf der Insel Dilmun wohnte. In einem babylonischen Mythos aus späterer Zeit sind folgende Worte Enkis überliefert: »Zerstöre dein Haus, baue ein Schiff, verlasse deine Reichtümer, suche dein Leben, und bewahre in deinem Schiff die Samen allen Lebens auf.«[8]

In der ursprünglichen sumerischen Geschichte erfahren wir über das Schicksal von Ziusudras Arche:

Als sieben Tage und Nächte lang
Die Flut im Land gewütet hatte,
Und als die Stürme das Schiff auf den großen Wassern herumgestoßen hatten,
Erhob sich der Sonnengott und breitete Licht über Himmel und Erde.
Ziusudura machte eine Öffnung in die Seite des großen Schiffes.
Er ließ das Licht des heldenhaften Sonnengottes in das große Schiff.
Ziusudra, der König,
Beugte vor dem Sonnengott sein Antlitz bis zur Erde.[9]

Ziusudras Arche landet schließlich auf einem Berggipfel irgendwo im Nahen Osten. Wie Noah muß er mit seiner Familie ein neues Leben beginnen.

In den Jahren 1899 und 1900 grub ein amerikanisches Archäologenteam in der sumerischen Stadt Nippur, die dem Flutgott Enlil geweiht war, 35 000 Tontäfelchen mit schriftlichen Aufzeichnungen über diese Kultur aus. Die Archäologen waren verständlicherweise entzückt, konnte ihr Fund doch dazu beitragen, die Wurzeln der Zivilisation zu ergründen. Den Täfelchen zufolge lagen diese Wurzeln in Dilmun, einer gebirgigen Insel im Ozean. Die meisten ihrer Bewohner waren demnach untergegangen, als der Himmelsgott sich mit Enlil verschwor, um die Menschheit zu vernichten. Die Überlebenden entkamen der Flut in einem großen Schiff, in dem sie die »Samen allen Lebens« aufbewahrten, auf einen Berg in der Nähe von Nippur.[10] Das Inselparadies, aus dem sie geflohen waren, lag im *Süden* jenseits des Indischen Ozeans[11]: in Richtung der Antarktis.

Die regendurchweichten Wälder der Königin-Charlotte-Inseln liegen eine halbe Welt von den sonnendurchglühten Ebenen des Irak entfernt, und dennoch gibt es bei Haida und Sumerern eine bemerkenswert ähnliche Sage über ihre Ursprünge:

Mythos der Haida
Vor langer Zeit führten unsere Vorfahren im größten Dorf der Welt ein sorgenfreies Leben; dann entschloß sich der große Häuptling der Himmel, die Menschheit zu vernichten, indem er den Himmel verwandelte und eine weltweite Überschwemmung veranlaßte.
Die Überlebenden entkamen in großen Kanus in ein neues Land, wo sie auf einem Berg landeten.
Eine neue Zeit begann.

Mythos der Sumerer
Vor langer Zeit führten unsere Vorfahren auf der Insel Dilmun ein sorgenfreies Leben; dann entschlossen sich der Himmels- und der Flutgott, die Menschheit zu vernichten, indem sie den Himmel verwandelten und eine weltweite Überschwemmung veranlaßten.
Die Überlebenden entkamen in einem großen Schiff in ein neues Land, wo sie auf einem Berg landeten.
Eine neue Zeit begann.

Daß die alten Sumerer Kontakte zu den Bewohnern der amerikanischen Pazifikküste herstellen konnten, ist unwahrscheinlich, und doch haben ihre Mythologie und Sprache entscheidende Gemeinsamkeiten. Wäre es möglich, daß sie auch ein gemeinsames Erbe haben – ein gemeinsames, verlorenes Paradies?

Wer versucht, die holprige, gewundene Straße zum 4350 Meter hoch gelegenen Titicacasee in den peruanischen Anden hinaufzusteigen, gerät unweigerlich ins Keuchen, wenn die dünne Gebirgsluft aus den Lungen entweicht. Aber der Weg lohnt die Mühe, denn ganz oben liegt ein geheimnisvoller See. Nur die zierlichen Schilfboote der Einheimischen, die auch heute noch in seinen Tiefen fischen, und die ruhelosen Winde der Vergangenheit stören die Ruhe an der Oberfläche dieses höchstgelegenen größeren Sees der Welt. Die Inkas erzählen, ihre Vorfahren seien in ferner Vergangenheit hierher gekommen und hätten die riesige Stadt Tiahuanaco mit ihrem gewaltigen Sonnentempel errichtet. Die Stadt wurde aus großen Steinblöcken gebaut, vergleichbar mit denen der ägyptischen Pyramiden. Aber der Bau ist unvollendet, als hätte man ihn plötzlich aufgegeben. Der polnische Wissenschaftler Arthur Posnansky (1874–1946) widmete einen großen Teil seines Lebens dem Versuch, das Geheimnis von Tiahuanaco zu lüften.

Niemand hat mehr Zeit und Mühe auf die Untersuchung der Ruinen von Tiahuanaco verwendet als Posnansky; er gelangte zu dem Schluß, der Sonnentempel sei vor über 10 000 Jahren errichtet worden, fast zur selben Zeit, als Atlantis nach unserer Vermutung zerstört wurde. Posnansky war überzeugt, daß es die Große Flut wirklich gegeben hat, und in einer verblüffenden Passage bietet er eine prophetische Folgerung an:

> Das Antlitz der Erde hat im Laufe der Zeit große Umwandlungen durchgemacht. Wo wir heute die arktischen Gebiete finden, die mit einem gewaltigen Eismantel bedeckt sind, liegt vielleicht, verborgen in undurchdringlichem Schweigen, das Land, das in sehr weit zurückliegenden Zeitaltern der Siedlungsort einer großen, gedrängten Menge von Menschen war.[12]

Die gleichen Worte könnte man auch auf die Antarktis anwenden.

Der große Sonnentempel im Zentrum von Tiahuanaco ist wie die Pyramiden in Ägypten und Mexiko nach der Sonne ausgerichtet. Seine Winkel zeigen aber eine geringfügige Abweichung. Posnansky dachte sich: Wenn die Baumeister jener Zeit in der dünnen Luft der Anden so gewaltige Bauwerke errichten konnten, dann waren sie sicher auch in der Lage, ihren heiligen Tempel exakt nach dem Sonnenstand zur Sommersonnenwende auszurichten. Vielleicht, so glaubte er, waren die Blöcke beim Bau genau richtig orientiert, und die allmähliche Verlagerung der Erdachse über lange Zeit hinweg hatte zu dem geführt, was heute auf den ersten Blick wie eine ungenaue Ausrichtung erscheint. Wenn der Tempel anfangs die richtige Lage hatte, kann man anhand der Präzession der Äquinoktien sein Alter abschätzen. Posnansky gelangte zu dem Schluß, der Tempel sei zu einer Zeit ». . . irgendwann vor über 10 000 Jahren« richtig ausgerichtet gewesen.[13]

Die Archäologen taten diese Vorstellung als Phantasieprodukt ab. In ihren Augen ist es einfach nicht möglich, daß so früh bereits eine Hochkultur existierte. Sie wäre 4000 Jahre älter als die sumerische, die in der Archäologie als »erste« Zivilisation überhaupt gilt. Infolgedessen nahm man Posnankys Forschungen nicht zur Kenntnis, und seine Berechnungen wurden nie von anderen Wissenschaftlern überprüft.

Unerwartete Unterstützung erhielten Posnanskys Schätzungen für das Alter des Sonnentempels am Titicacasee jedoch durch die Entdeckung, wie alt die Große Sphinx in Ägypten ist. Den Zeitpunkt ihrer Errichtung hat man mit zwei Methoden bestimmt:

Zum einen anhand der Verwitterung und zum anderen mit Hilfe der Präzession, derer sich auch Posnansky bediente.

Die Idee, die Sphinx könne viel älter sein als die ägyptische Hochkultur, äußerte erstmals der französische Gelehrte R. A. Schwaller de Lubicz in den vierziger Jahren. In seinem Werk *Le roi de la theocratie pharaonique* behauptete Schwaller, die Große Sphinx habe in großem Umfang Erosion *durch Wasser* erlebt. Wie jeder weiß, befindet sich die Sphinx aber in einer Wüste, wo es nur selten regnet. John Anthony West beschäftigte sich 1972 mit dieser Vorstellung von Schwaller und zitierte sie in seinem Buch *Serpent in the Sky: The High Wisdom of Ancient Egypt*[14]. Den Ägyptologen erschien die Idee, die Sphinx könne älter sein als die ägyptische Kultur, so radikal, daß sie nicht weiter darüber nachdachten. Sie wurde ignoriert, und man zog das Schweigen der Diskussion vor.

West verfolgte seine Idee bis Ende der achtziger Jahre weiter. Schließlich interessierte sich Dr. Robert M. Schoch, ein angesehener Geologe der Universität Boston, für seine Arbeiten. Schoch war skeptisch, aber auch neugierig. Er reiste mit West nach Ägypten, um sich selber die Verwitterungsspuren an der Sphinx anzusehen.

Wie Schoch schon bald erkannte, war die Sphinx tatsächlich jahrtausendelang durch Regen verwittert, bevor sich die Wüste in der Region breitmachte. Wind läßt in Sedimentgestein scharfkantige, gerade Erosionsmuster entstehen. Die Sphinx zeigt jedoch die abgerundeten, gefurchten Umrisse, die für Erosion durch Wasser typisch sind. Demnach mußte das Monument während einer langen, regenreichen Phase irgendwann vor 5000 v. Chr. errichtet worden sein, höchstwahrscheinlich sogar sehr viel früher. Diese Zeit liegt mehrere tausend Jahre vor der Entstehung der ägyptischen Hochkultur, und damit erhob sich sofort die Frage: Wer schlug die Große Sphinx aus dem Stein?

Am 23. Oktober 1991 trug Schoch seine Erkenntnisse bei der amerikanischen Geologischen Gesellschaft vor. Seine Befunde wurden sofort anerkannt. Schoch und West hatten die Uhr der Menschheitsgeschichte um Jahrtausende zurückgedreht. Als nächstes berichteten sie 1992 bei der American Association for the Advancement of Science über ihre Argumente. Auch hier erhielten sie sofort Unterstützung von den Geologen, aber die Ägyptenforscher konnten sich mit einem derart hohen Alter der Sphinx einfach nicht abfinden. Es *mußte* sich um einen Irrtum handeln, so ihre Überlegung, denn die einzige Alternative wäre eine Theorie gewesen, die nach den Worten eines Ägyptologen »alles über den Haufen wirft, was wir über das alte Ägypten wissen«[15].

Im Herbst 1993 und dann noch einmal im Sommer 1994 stellte West seine Dokumentation *The Mystery of the Sphinx* im US-Fernsehen vor. Seine Argumente waren so stichhaltig, daß man sie nicht übergehen konnte. Allein die Tatsache, daß es die Sphinx und die vor ihr stehenden, gewaltigen Tempel aus Steinblöcken von über 180 Tonnen überhaupt gab, sprach für die Existenz einer längst vergessenen, aber weit fortgeschrittenen Zivilisation. Ein weiteres bemerkenswertes Ereignis brachte das Jahr 1994: Robert Bauval und Adrian Gilbert veröffentlichten ihr Buch *The Orion Mystery*.[16] Sie hatten entdeckt, daß die Anlage der großen ägyptischen Pyramiden sich an dem Sternbild des Orion orientierte, wie es im Jahr 10 450 v. Chr. aussah. Orion, ein riesiger Gott mit einem Sternengürtel, steht breitbeinig am Himmel, und zwar in der Nähe der Milchstraße, die in den Augen der Ägypter als gewaltiger Strom über den Himmel floß und dessen irdisches Gegenstück der Nil war. Die drei Pyramiden von Gizeh sind ein Abbild der drei Sterne im »Gürtel« des Orion.

Mit Hilfe der astronomischen Kenntnisse über die Präzession datierten Bauval und Gilbert den Bau der Großen Pyramide auf das Jahr 2450 v. Chr. Die riesigen Steine waren demnach zu jener Zeit aufgeschichtet worden, aber wie die beiden überraschenderweise entdeckten, spiegelt die Anlage der Pyramiden das Muster im Orion zu der viel früheren Zeit von 10 450 v. Chr. wider. Dieses Jahr, so die Schlußfolgerung von Bauval und Gilbert, entspricht dem, was die alten Ägypter als »Erste Zeit« bezeichneten. Die »Erste Zeit« war in der ägyptischen Mythologie eine Epoche, als die Götter den Sterblichen – nämlich den Pharaonen – die Gesetze und die Weisheit anvertrauten, mit denen sie über Ägypten herrschen konnten.

Die Große Sphinx, die zum Pyramidenkomplex von Gizeh gehört, ist ebenfalls nach der »ersten Zeit« ausgerichtet und dürfte auch tatsächlich damals erbaut worden sein. Es wäre durchaus möglich, daß sie ein Überbleibsel einer viel größeren Anlage ist, die irgendwann nach 10 450 v. Chr. errichtet wurde. Die Entdeckungen von Bauval und Gilbert weisen im Zusammenhang mit den Forschungen von West und Schoch darauf hin, daß es viel ältere Bauwerke gegeben haben könnte, die mit der Großen Sphinx verbunden waren und heute unter den Pyramiden verborgen sind. Jetzt verlegten schon zwei Wissenschaftsgebiete, die Geologie und die Astronomie, Höchstleistungen der Menschheit in die Zeit vor allen bekannten Kulturen. Die astronomischen Beweise von Bauval und Gilbert folgen dem gleichen Prinzip wie die Altersbestimmung des Tempels am Titicacasee, und diese Messungen hatten Posnansky zu der Schlußfolgerung geführt, daß es eine frühe Hochkultur gegeben haben muß. Aber wer waren diese unglaublichen Architekten der Sphinx und des Sonnentempels? Wie und warum gingen sie unter?

Die Sage darüber erzählen die Aymara, die noch heute am Ufer des Titicacasees leben. Sie sind ein sehr alter und stolzer Stamm. Über zweieinhalb Millionen Menschen sprechen die Aymara-Sprache, züchten Lamas und bauen an den Seeufern Kartoffeln an, genau wie ihre Vorfahren es seit Jahrtausenden tun. Selbst das angesehene Inkareich übernahm viel von ihren Sitten der Sonnenanbetung, der Landwirtschaft und der Verwendung von Lamas.[17]

Die Aymara berichten von seltsamen Ereignissen, die sich nach der Großen Flut am Titicacasee abspielten. Fremde kamen und versuchten, am Ufer des Sees eine große Stadt zu bauen. Nach einem Mythos des Stammes, der von einem der ersten spanischen Besucher nacherzählt wurde, überquerten die Vorfahren den Titicacasee, und mit ihren Kriegern ». . . überzogen sie das Volk, von dem ich spreche, mit einem solchen Krieg, daß sie alle töteten.«[18] Nachdem diese Völker so lange und hart darum gekämpft hatten, die durch die Erdkrustenverschiebung hervorgerufenen Widrigkeiten zu überwinden, verschwanden sie nicht durch die Einwirkung der Natur, sondern durch die Speere und Pfeile von Vertretern ihrer eigenen Spezies. Irgend etwas bewegte die Aymara dazu, sich gegen die Fremden aufzulehnen. Vielleicht hatte man sie gezwungen, in der großen Stadt Tiahuanaco zu arbeiten? Entdeckten sie vielleicht, daß die Fremden doch keine Götter waren? Waren die Aymara aufgebracht gegen die Vorstellung, für einfache Sterbliche zu schuften?

Der Beitrag der Aymara zur Archäologie beschränkt sich aber nicht nur auf einen uralten Mythos, den die Wellen zwischen den Schilfrohren am Rand des Titicacasees flüstern. Wenn der Computer, jener einzigartige Zauberstab des 20. Jahrhunderts, sich auf die Aymara-Sprache richtet, enthüllt er ein verblüffendes Geheimnis.

1984 gelang dem bolivianischen Mathematiker Ivan Guzman de Rojas eine bemerkenswerte Pionierleistung bei der Softwareentwicklung: Wie er zeigen konnte, läßt sich die Aymara-Sprache als Zwischenstufe für die gleichzeitige Übersetzung des Englischen in mehrere andere Sprachen verwenden. Guzmans »Atamiri« (das Aymara-Wort für »Übersetzer«) wurde zu diesem Zweck von der Panamakanal-Kommission und den Wang Laboratories in einem kommerziellen Test eingesetzt. Wie meisterte Guzman mit einem einfachen Personalcomputer eine Aufgabe, an der Fachleute von elf europäischen Universitäten mit leistungsfähigeren Computern gescheitert waren?

> ... Das Geheimnis seines Systems löste ein Problem, das die Fachleute für automatisches Übersetzen auf der ganzen Welt zur Verzweiflung gebracht hatte: Die Aymara-Sprache hat eine starre, logische und eindeutige Struktur, die sich ideal für die Umsetzung in einen Computeralgorithmus eignet.[19]
>
> Das Aymara ist streng und einfach – das heißt, seine syntaktischen Regeln gelten immer, und man kann sie zusammengefaßt in der Form algebraischer Kurzschrift schreiben, die ein Computer versteht. Sie ist sogar so rein, daß manche Historiker glauben, sie habe sich nicht wie andere Sprachen allmählich entwickelt, sondern sei in Wirklichkeit von Grund auf konstruiert worden ...[20]

Die Aymara waren produktive Landwirte, aber ist es wahrscheinlich, daß sie ihre Freizeit dazu benutzten, eine Sprache zu konstruieren? Eine solche Entwicklung ist eher das Produkt einer fortgeschrittenen Zivilisation, die auch in der Lage war, den Sonnentempel und die Große Sphinx zu errichten. Wäre es denkbar, daß die Überlebenden des verlorenen Inselparadieses den Aymara eine so genaue, grammatikalisch reine Sprache vermittelten, daß sie zum Hilfsmittel für die fortschrittlichste Technologie unseres Jahrhunderts werden konnte? Gibt es andere wissenschaftliche Fortschritte, die wir vielleicht einer Sprache entnehmen können, die von den Bauern im Hochland am Titicacasee gesprochen wird?

Nachdem Arthur Posnansky die Mythologie der Aymara studiert und die Überreste ihres Sonnentempels erforscht hatte, gelangte er zu dem Schluß, Tiahuanaco, die verlassene Stadt am Titicacasee, sei ursprünglich von dem Volk aus »Aztlan« bevölkert gewesen, dem verlorenen Inselparadies der Azteken.[21]

Die Azteken beherrschten ein riesiges Reich, das sich über die ganze Länge und Breite Mittelamerikas erstreckte. Im Frühjahr 1519 gerieten sie auf einmal in Angst, das Ende der Welt stehe bevor.

Man stelle sich folgende Szene vor: Es ist kurz vor Sonnenuntergang.[22] Montezuma, Priester, Krieger, Astronom und höchster Adliger der Azteken, bereitet sich gewissenhaft auf die abendliche Anbetung der Sonne vor. Während dieser wenigen Augenblicke herrscht Frieden in dem unruhigen Aztekenreich. Die Sonne geht hinter den Bergen unter, die sich um die Stadt Teotihuacan in Mexiko drängen, und schnell sinkt die Dunkelheit herab. Montezuma versenkt sich in den Trost der alten Rituale und macht sich bereit, die Nacht zu begrüßen.

Man bringt zwei ärmliche Fischer in den Saal, um sie dem angebeteten Herrscher zu zeigen. Das Schlurfen ihrer Schritte stört das Schweigen des Tempels, als sie auf ihn zugehen; sie meiden seinen Blick und sehen statt dessen das Geschöpf an, das sie hinter sich herziehen.

Montezumas Augen richten sich auf das unhandliche Bündel, das sie ihm so nervös anbieten. Es ist ein großer grauer Vogel, dessen aschfarbene Schwingen sich im Netz der Fischer verfangen haben. Montezuma erkennt dieses wichtige Symbol der

Azteken. In der Spannung am Morgen vor einer Schlacht steckte man nach einer alten Tradition jedem Krieger zwei Federn des Silberreihers ins Haar – sie waren das Symbol für die Bereitschaft, bis zum letzten Blutstropfen zu kämpfen. Aus dem Kopf des Vogels ragt ein seltsamer, stumpfer Spiegel. Die Fischer zittern – sie rechnen mit dem Schlimmsten, falls Montezuma das Zeichen als schlechtes Omen deuten sollte.

Aber über seine Lippen huscht ein Lächeln; der Herrscher der Azteken lehnt sich zurück und rafft sein Priestergewand um sich zusammen. Er entläßt die Fischer, nachdem er sie mit Lob und Schätzen überschüttet hat, weil sie diesen herrlichen Vogel gefangen haben. Montezuma hofft, dieses Omen könne bedeuten, daß Blauer Kolibri, der Kriegsgott, sich in einen Silberreiher verwandelt hat. Nach der Sage der Azteken werden sie an dem Tag, da sich der Kolibri in einen heiligen Reiher verwandelt, alle Feinde besiegen.

Während der letzte heiße Staub des mexikanischen Tages durch die Lücken zwischen den behauenen Steinen des Tempels treibt, lähmt plötzlich Angst Montezumas erwartungsvolles Schauern.

> Als er den magischen Obsidianspiegel betrachtete, wandelte sich das Bild. Es war jetzt heller Tag an einem Sandstrand am Meer. Aus dem Wasser kamen die seltsamen, bärtigen Männer auf ihren geweihlosen Hirschen. Sie zogen weiter, und vor ihnen kamen Feuer und Zerstörung.[23]

Montezuma starrt auf eine Vision von der Vernichtung seiner Welt.

In ihm nagt die Furcht, denn er erinnert sich an andere böse Vorzeichen, die das Reich in den vorangegangenen Jahren heimgesucht haben. 1509 war am östlichen Horizont ein großes Licht aufgetaucht.[24] Später hatten drei Kometen[25] und drei entsetzliche Erdbeben das Aztekenreich ins Chaos gestürzt. Auf die Wutausbrüche der Natur folgte eine seltsame Vision, die

Montezumas Schwester heimsuchte. Sie sah, wie ihre kostbare Hauptstadt von bärtigen Männern aus grauem Stein zerstört wurde, die aus dem Meer stiegen.[26] Und, was vielleicht am unheimlichsten war: Der große See, an dessen Ufer die Aztekenhauptstadt ruhte, begann überzufließen.

Montezuma hat nicht vergessen, was 1508 geschehen war, im Jahr bevor das große Licht über dem Ozean im Osten erschien: Der Planet Venus, das Symbol für die Gefiederte Schlange Quetzalcoatl, hatte die Sonne herausgefordert, indem er ihren Weg kreuzte. Konnte das bedeuten, daß der verhaßte Feind des Blauen Kolibris zurückkehren würde? Quetzalcoatl war der König der Vorfahren und der große Gott der alten Tolteken, jener glanzvollen Herrscher, die Mexiko vor den Azteken regiert hatten. Montezuma führt seine eigene Abstammung auf die herrischen Tolteken zurück. Er ist aufgewühlt von der Bedeutung der Vorzeichen. Wie kann er den Feind des Blauen Kolibris willkommen heißen?

Gedämpft wird seine Angst vor der Katastrophe durch das Wissen, daß die Gefiederte Schlange in dem Ruf steht, ein wohlwollender Gott zu sein. Montezuma hat die Pflicht, die Vorzeichen richtig zu deuten und entsprechend zu handeln. Davon hängt alles ab. Auch die blutigsten Schlachten haben seine Seele nicht so beunruhigt wie das Flüstern des Zweifels, das diese Dämmerung mit sich gebracht hat. Und jetzt hat man ihm diesen Reiher zu Füßen gelegt, mit einem seltsam trüben Spiegel, der die Katastrophe zeigt. Die Menschen im Aztekenreich sind unruhig und nervös. Überall schwirren wilde Gerüchte umher – von schwimmenden Bergen, auf denen seltsame Fremde leben.

Montezuma ist sich schmerzlich bewußt, daß die Parallelen aus der Vergangenheit gegen ihn sprechen. Unter ihm, dem neunten Herrscher, steht das Aztekenreich auf dem Höhepunkt seiner Macht, und in dieser ehrenvollen Stellung sollte er eigentlich triumphieren. Statt dessen ist er von Zweifeln und Ängsten zerrissen. Auch die Tolteken hatten neun Herrscher, aber dann wurden sie von der Gefiederten Schlange verlassen, und ihre

Macht zerfiel. Wird er der neunte und letzte Herrscher der Azteken sein? Er wird die Götter befragen.

Er wendet sich dem Himmel und den Sternen zu. Aus seinen astronomischen Berechnungen und seiner Kenntnis der alten Mythen zieht Montezuma den Schluß, die Gefiederte Schlange müsse in einem Jahr Rohr wiederkehren.[27] Ein Jahr Rohr kommt alle zweiundfünfzig Jahre vor, und das nächste wird 1519 sein.

Montezuma wartet. Immer wieder überprüft er seine Berechnungen. Er ist jetzt überzeugt, er habe den Zeitpunkt für die Rückkehr der Gefiederten Schlange auf den Tag genau bestimmt. Mit Sicherheit, so überlegt er, wird der Gott an seinem Namenstag, dem Tag der Neun Winde, in die Heimat zurückkehren. Nach dem europäischen Kalender ist das der 21. April 1519. Montezuma schickt Kundschafter an die Ostküste, die beobachten sollen, ob der Gott an seinem geheiligten Tag kommt.

Am 21. April 1519 zerriß das Klirren von Schwertern und das Stampfen marschierender Stiefel die Ruhe an der mexikanischen Karibikküste. Der bärtige Eroberer Hernando Cortez stieg aus seinem Schiff, den Helm verziert mit einem »Federbusch«.[28] Zu Ehren seines Glaubens rammte der Spanier ein großes Kreuz in den Sand, ohne zu wissen, daß das Kreuz auch das Symbol der Gefiederten Schlange war.[29]

Die aztekischen Späher sahen verblüfft und entsetzt zu; dann eilten sie zu Montezuma, um seine Vorhersage zu bestätigen. Es war vielleicht die folgenschwerste Verwechslung in der Geschichte der Menschheit. An diesem Tag begann Cortez, dem das Glück hold war, mit einem blutigen Eroberungszug, der mit der Vernichtung des Aztekenreiches enden sollte.

Die spanischen Eroberer waren überzeugt, Mexiko sei einst eine ägyptische Kolonie gewesen. Das ist kein Wunder, denn die Azteken hatten in ihrer Mythologie zum Teil dieselben Themen wie die Ägypter. Am Nil glaubte man zum Beispiel, die Erde sei auf allen Seiten, auch am Himmel, von Wasser umgeben. Bei den Azteken hieß es:

> Man dachte, das Meer erstrecke sich nach außen und oben, bis es sich – wie die Mauern eines kosmischen Hauses – mit dem Himmel vereinigte ... Deshalb wußte man, daß der Himmel Wasser enthielt, das in Gefahrenzeiten als Große Flut herabkommen und die Menschen vernichten konnte.[30]

Wie die Ägypter, so hatten die Menschen auch in diesem Reich große Pyramiden gebaut; sie symbolisierten das Land, das die Vorfahren vor der Flut bewahrt hatte.[31] Und wie in Ägypten waren die Megalithen nach der aufgehenden Sonne ausgerichtet. Auf der Spitze des Sonnentempels trafen Montezuma und Cortez zusammen. Der Spanier berichtete später in einem Brief an seinen König über die Begegnung. Montezuma erzählte ihm von der Inselheimat der Vorfahren seines Volkes: »Unsere Vorväter lebten an einem glücklichen, wohlhabenden Ort, den sie Aztlan nannten, das heißt ›die Weiße‹.«[32]

Der Beschreibung zufolge war Aztlan ».. . ein helles Land mit leuchtendem Licht und Weiße, in dem sieben Städte einen heiligen Berg umgaben.«[33] Vielleicht war damit das gleißende südliche Licht gemeint, das über die Antarktis fiel, bevor das Land in die Umgrenzung des Polarkreises geschoben wurde. Aztlan, so hieß es, liege ».. . jenseits der Wasser, oder es war von Wasser umgeben; und die erste Etappe der Reise sollen sie mit dem Boot zurückgelegt haben.«[34] Wieder begegnet uns eine vertraute Geschichte:

> Sie glaubten, zwei Menschen hätten die Flut überlebt: ein Mann namens Coxcox und seine Frau. Ihre Köpfe sind in alten Malereien zusammen mit einem Boot dargestellt, das am Fuß eines Berges auf dem Wasser schwimmt.[35]

Francisco Lopez de Gomara, Sekretär und Biograph von Cortez, zeichnete ebenfalls Berichte über Aztlan auf. In seinem Buch *Historia general da las Indies* (1552) berichtet er, die ursprüngliche Heimat der Azteken sei »Aztlan«, gewesen, eine weiße Insel im Ozean. Gomara setzte Aztlan mit Atlantis gleich und berief sich dabei auf die Erwähnung durch Platon. Zu der gleichen Schlußfolgerung gelangte der Historiker Pedro Sarmiento 1572 aufgrund der amerikanischen Mythologie. Drei Jahrzehnte lang herrschte allgemein die Ansicht, Atlantis sei das Ursprungsgebiet der amerikanischen Ureinwohner.[36]

In ganz Amerika geistert der Mythos von einem verlorenen Inselparadies durch die Erinnerungen der Einheimischen. Aber sie waren nicht die einzigen, die einem untergegangenen Land nachtrauerten. Jenseits des Ozeans, in Indien, im Iran, im Irak und in Japan, erzählte man die gleiche Geschichte.

Als Mahatma Gandhi 1922 zu sechs Jahren Gefängnis verurteilt werden sollte, sagte er zum Richter:

> »Da Sie mir die Ehre erwiesen haben, den Prozeß des verstorbenen Lokayama Gangadhar Tilak anzuführen, möchte ich nur sagen, daß ich es als höchstes Vorrecht und große Ehre ansehe, mit seinem Namen in Verbindung gebracht zu werden.«[37]

Bal Gangadhar Tilak hatte sich die Taktik des passiven Widerstandes ausgedacht, um die britische Herrschaft in Indien abzuschütteln. Er stand in so hohem Ansehen, daß Gandhi von ihm stets als vom »Lokayama« (»geliebter Führer des Volkes«) sprach. Diesen Titel erhielt Tilak, als er 1897 wegen des Verfassens aufrührerischer Schriften im Gefängnis saß. Die Briten hofften, sie könnten auf diese Weise seine wachsende Bedeutung für den aufkeimenden indischen Nationalismus zurückdrängen. Die schlimmen Bedingungen in seiner Zelle in Bombay forderten ihren Tribut, Tilaks Gesundheit verschlechterte sich. Aus Angst, sein Tod während der Haft könne einen allgemeinen Aufstand auslösen, brachten die Briten den »geliebten Führer des Volkes« nach Poona in ein sichereres Gefängnis. Mit Hilfe von Obst und Gemüse, das seine Anhänger ihm schenkten, konnte Tilak seine Gesundheit teilweise wiederherstellen. Bald aber befiel ihn ein neuer Hunger – das Bedürfnis nach geistiger Anregung. Die Linderung kam aus einer unerwarteten Richtung: aus England.

Tilak hatte ein vielbeachtetes Werk über die Weden verfaßt, die ältesten Texte Indiens, und die Sanskritgelehrten in Oxford und Cambridge waren erzürnt darüber, daß man ihn gefangengenommen hatte und schlecht behandelte. Professor F. Max Muller, der weltweit führende Fachmann für die Weden, konnte erreichen, daß Königin Victoria sich persönlich um den Fall Tilak kümmerte. Sie sorgte für eine Verkürzung der Haftzeit und verschaffte ihm eine Leselampe für seine Zelle. Da man Tilak den Zugang zu Zeitungen und anderen aktuellen Druckerzeugnissen verweigerte, nutzte er sein »Privileg«, um sein Studium der Weden fortzusetzen.

Nach seiner Entlassung zog sich Tilak ins Gebirge zurück, um sich auf dem Lieblingslandsitz seiner Familie zu erholen. Im Jahr 1903 erschien sein großes Werk *The Arctic Home in the Vedas*. Darin behauptete er, man könne am Boden des Nordpolarmeers die Überreste eines Inselparadieses finden: »Die beginnende Eiszeit zerstörte das milde Klima der ursprünglichen Heimat und machte sie zu einem eisbedeckten Land, das sich nicht für die Besiedelung durch Menschen eignete.«[38]

Eine entscheidende Passage aus dem *Zend-Avesta*, der ältesten persischen Sage, faßte Tilak so zusammen:

> Ahura Masda warnt Yima, den ersten König der Menschen, vor einem nahenden *schrecklichen Winter*, der alle Lebewesen zerstören wird, weil er *das Land mit einem dicken Eismantel überzieht*, und rät

Yima, ein Vara zu bauen, ein geschlossenes Gebäude, in dem die Samen aller Tier- und Pflanzenarten aufbewahrt werden sollen. Das Treffen soll im Airyana Vaêjo stattgefunden haben, dem Paradies der Perser. (Hervorhebung hinzugefügt.)[39]

Den nördlichen Polarkreis wählte Tilak als Ort für den verlorenen Kontinent von Airyana Vaêjo, nachdem er das Buch *Paradise Found: The Cradle of the Human Race at the North Pole* gelesen hatte. Der Verfasser des 1885 erschienenen Werkes war Dr. William Fairfield Warren, der Gründer der Universität von Boston. Warren war aufgefallen, wie oft man auf die Geschichte von einem herabfallenden Himmel und einer großen Flut in Verbindung mit Berichten über ein verlorenes Inselparadies trifft. Außerdem erkannte er, daß das verlorene Land viele Eigenschaften eines Polargebietes besaß. In Warrens Augen ließ die Tatsache, daß es solche Beschreibungen auf der ganzen Welt gab, auf eine gemeinsame reale Grundlage schließen. Ein Teil seiner Antwort ergab sich aus der reizvollen neuen Idee von den Eiszeiten:

Wenn nun die Überlebenden der Flut während der Überschwemmung oder später infolge der nahenden Eiszeit aus ihrer vordiluvianischen Heimat in die große zentralasiatische »Hochebene von Pamir« vertrieben wurden, die vermutlich nach dem Diluvium der Ausgangspunkt der Menschheit war, dann hätte der Himmel in dieser neuen geographischen Breite genau den gleichen Anblick geboten, als ob sich das Firmament selbst bei der großen Zuckung der Erde verschoben hätte. Die Polarkuppel wäre um mehr als ein Drittel der Strecke vom Zenit zum Horizont geneigt worden. Mit ihrem astronomischen Wissen waren diese Überlebenden wahrscheinlich in der Lage, den wahren Grund des veränderten Anblicks zu erkennen, aber ihre unzivilisierten Nach-

> fahren, die nicht mit den Schätzen der vordiluvianischen Wissenschaft gesegnet waren und in ihrer neuen, unwirtlichen Heimat in ein Leben als Wilde oder Nomaden hineingeboren wurden, könnten die Erklärung ohne weiteres vergessen haben. Im Laufe der Zeit könnten diese Kindeskinder sich leicht die seltsame Geschichte zu eigen gemacht haben, in der von den ursprünglichen Tatsachen nichts mehr vorhanden war außer einem rätselhaften Bericht über eine geheimnisvolle Verschiebung des Himmels, die sich angeblich in ferner Vergangenheit in Verbindung mit einer schrecklichen Natur- oder Weltkatastrophe ereignet haben soll.[40]

Warren vermutete, die Mythen vom Inselparadies mit ihren dramatischen Berichten von einem herabfallenden Himmel und einer weltweiten Überschwemmung gehörten zur tatsächlichen Geschichte der zutiefst verunsicherten Völker, die durch geologische Umwälzungen ihre Heimat verloren hatten. In den allerältesten Aufzeichnungen fand Warren immer wieder Hinweise, daß das verlorene Land sich in der Nähe eines Poles befunden hatte.

Im Jahr 681 n. Chr. beispielsweise befahl der japanische Kaiser Temnu dem Mann mit dem besten Gedächtnis im Land – sein Name war Hieda no Are –, sich zu einem Schreiber zu begeben. Hieda no Are war der angesehenste Vertreter aus der »Gilde der Erzähler« (*Kataribe*), und er nahm seine Aufgabe sehr ernst. O no Yasumaro, der Schreiber, zeichnete Hieda no Ares Worte originalgetreu auf. Die Sammlung wurde unter dem Namen Kojiki (»Berichte über alte Begebenheiten«) bekannt und erschien 712. Nach Warrens Überzeugung enthielt der erste Teil des Buches die Vorstellung von einer ursprünglichen Inselheimat in der Nähe der Erdachse.[41] Das *Kojiki* beginnt mit den »Sieben Generationen im Zeitalter der Götter«. Jede dieser »Generationen« bestand aus einem Bruder und einer Schwester. Nachdem alle sieben Geschwistergenerationen erschaffen waren, entstanden noch zwei weitere Götter, nämlich Izanagi und seine Frau und Schwester Izanami. Die beiden wurden mit der Aufgabe betraut, aus dem breiähnlichen Durcheinander der Urerde eine geordnete Welt zu schaffen. Den Augenblick, als die beiden himmlischen Gottheiten die erste Welt entstehen ließen, beschreibt Warren so:

> ... Sie standen auf der Brücke des Himmels, steckten einen Speer in die grüne Fläche des Meeres und rührten immer wieder um. Als sie ihn herauszogen, verfestigte sich jeder Tropfen, der von der Spitze herabfiel, zu einer Insel. Das sonnengeborene Paar stieg auf die Insel herab, stieß die Spitze eines Speeres in die Erde und baute einen Palast darum herum, dem der Speer als mittlerer Dachpfeiler diente. Der Speer wurde zur Erdachse, die sich durch das Rühren ständig drehen muß.[42]

Warren zog daraus den Schluß, Onogorojima (die »Insel des festgewordenen Tropfens«) müsse irgendwo in der Nähe eines Pols gelegen haben. Auf der Insel wurde ein großer Palast gebaut, ein Motiv, das in der Sage von Atlantis ebenfalls auftaucht. (Später schuf Izanagi noch andere Inseln, darunter die acht Hauptinseln Japans.)

Aber warum sollten diese Menschen ihre Heimat an einen unwirtlichen Pol verlegt haben? Darauf antwortet Warren: Die Erde war damals viel wärmer und hat sich erst in jüngerer Zeit abgekühlt. Hitze aus dem Erdinneren ließ im Zusammenhang mit den Oberflächentemperaturen in tropischen und sogar gemäßigten Breiten ein Klima entstehen, das für Lebewesen viel zu heiß war. Nur in den Polargebieten war es zu jener Zeit so kühl, daß sie sich für die Besiedelung durch Menschen eigneten.

Nach Warrens Ansicht wurde dieses Polarparadies zerstört, als ein entscheidender Temperatursturz zu weltweiten geologischen Umwandlungen führte. Im Erdinneren stürzten große Mas-

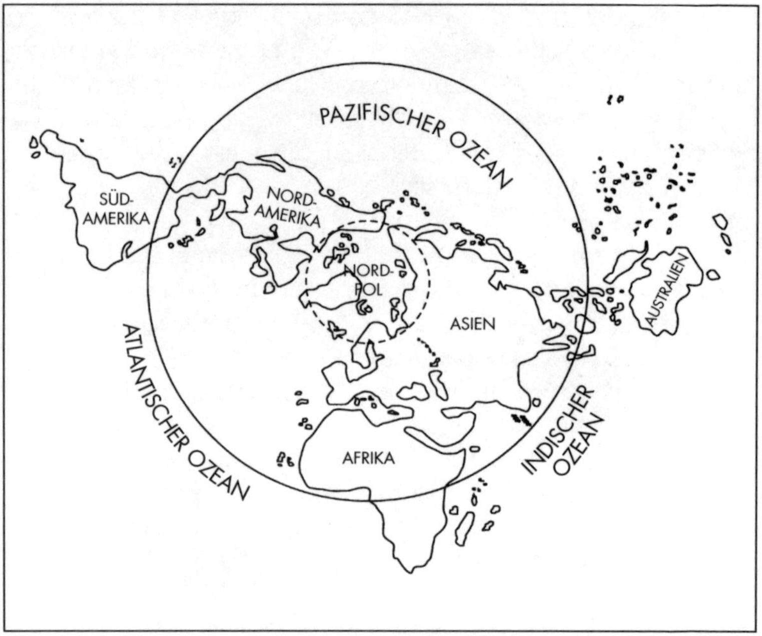

Karte 7: Dr. William Fairfield Warren verlegte den mythischen »Nabel der Welt« in das Nordpolarmeer. Dort lag nach seiner Überzeugung das verlorene Inselparadies.

sen nach innen zusammen, und dabei rissen sie Teile der Erdkruste mit. In die eingesunkenen Gebiete brach das Meer ein. Anschließend kühlte sich die Erde ab – und das frühere Inselparadies erstickte unter Schnee und Eis.

Da Warren glaubte, die gesamte Insel sei in einem Polarmeer verschwunden, lehnte er den Südpol als möglichen Ort für ihre Lage ab, denn die Antarktis ist noch heute eine Landmasse. Statt dessen konzentrierte er sich auf das Nordpolarmeer, das in seinen Augen den »Nabel der Welt« darstellte:

> Jeder, der sich mit der Antike beschäftigt, muß sich schon oft darüber gewundert haben, daß man in den alten Schriften fast immer auf den seltsamen

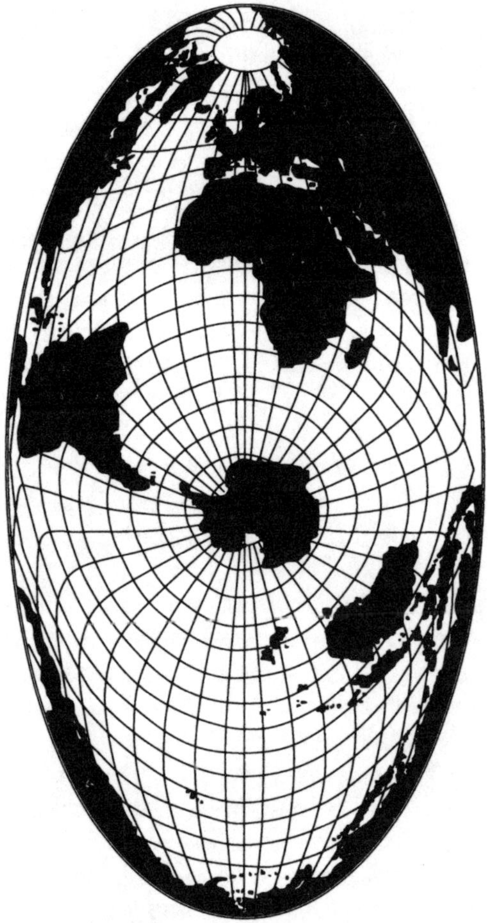

Karte 8: Weltkarte der US-Marine mit der Antarktis in der Mitte. Man erkennt, daß der Inselkontinent der natürliche »Nabel der Welt« ist.

> Ausdruck »Nabel der Erde«« trifft. Und noch unerklärlicher muß die Feststellung erschienen sein, daß die alte Mythologie vielfach *einen Zusammenhang zwischen diesem Nabel und dem Ursprung der Menschheit herstellt*. Die Vertreter der verschiedenen Ansichten über die Lage von Eden haben kaum einmal der Tatsache Beachtung geschenkt, daß man keine Hypothese zu diesem Thema als glaubwürdig ansehen kann, die nicht diese seltsame Annahme über die Urheimat der Menschen mit irgendeinem natürlichen Zentrum der Erde gleichsetzt. (Hervorhebung im Original.)[43]

Nach Warrens Überzeugung war mit dem »Nabel der Welt« die Erdachse gemeint. Seine Karte mit der Lage des verlorenen Paradieses zeigt die Erde mit dem Nordpol als Zentrum (siehe Karte 7).

Wäre Warren nicht so stark auf den Norden fixiert gewesen, hätte er vielleicht stärker nach Süden geblickt und gesehen, daß die Antarktis einen viel natürlicheren »Nabel der Welt« darstellt; auf der Karte der US-Marine (siehe Karte 8) ist das sehr deutlich zu erkennen.

Die Antarktis liegt wie die mythologische Heimat der Okanagan in der »Mitte des Meeres«. Wie das Aztlan der Azteken ist die Antarktis »weiß«. Wie das verlorene Paradies der Perser ist sie »von einer dicken Eisschicht bedeckt«. Und wie das »erste Land« der japanischen Mythologie liegt es in der Nähe eines Pols. Dieser am wenigsten erforschte Kontinent könnte durchaus das verlorene Inselparadies in der Mythologie der Welt sein. Aber wie kamen die ersten Menschen in die Antarktis, und wie wurde sie zu einem vergessenen Land?

6

Ein vergessenes Land

Vom Weltraum aus gesehen ist unser Planet ein winziger bläulicher Edelstein vor einem pechschwarzen Hintergrund. Eine Landmasse fällt dabei stärker auf als die meisten anderen: der glitzernde, eisbedeckte Kontinent der Antarktis. Er ist ein geheimnisvolles, unwirtliches Gebiet, und nur wenige Menschen wagen sich dorthin. Auf kalte Sommer ohne Nacht folgen noch kältere Winter ohne Tag. Und dann ist da der ständige Wind, der über dieses vergessene Land heult.

Die gewaltige Landmasse der Antarktis hat eine größere Fläche als die 48 zusammenhängenden Staaten der USA. Das Süßwasser der Erde ist zum größten Teil in der antarktischen Eiskappe gebunden. Diese riesige gefrorene Schicht verbirgt ein Rätsel und liefert gleichzeitig einen Hinweis auf Umwälzungen, die auf der Erde manchmal das Unterste zuoberst kehren.

Die Geographen unterscheiden zwischen West- und Ostantarktis (siehe Karte 9).

Die Westantarktis, der nach Südamerika weisende »Schwanz« des Kontinents, ist von Gebirgen, einer dünnen Eisschicht und starkem Schneefall geprägt. Die Ostantarktis dagegen, der Hauptteil des Kontinents, beherbergt den größten Teil aller Eismassen der Erde und ist eine gefrorene Wüste. Hier ist die Eisschicht über drei Kilometer dick, obwohl es dort kaum schneit. Dieser Widerspruch zwischen der heutigen jährlichen Schneefallmenge in der Ost- und Westantarktis und der Dicke der Eisschicht ist ein deutliches Zeichen, daß dieser Kontinent früher ein völlig anderes Klima gehabt haben muß (siehe Karte 10a und 10b).

Betrachtet man die nördliche Erdhalbkugel, so findet man ein Spiegelbild des Südens. Die Mitte Grönlands liegt wie die Ostantarktis unter einer dicken Eisschicht.

Zu jedem Punkt der Erdoberfläche gibt es einen »Antipodenpunkt«, der genau auf der entgegengesetzten Seite des Globus liegt. Eine gedachte Linie, die von einem Punkt auf der Erde durch den Erdmittelpunkt verläuft, kommt am Antipodenpunkt wieder zum Vorschein. So ist der Nordpol der Antipodenpunkt des Südpols. England und Neuseeland sind ebenso Antipoden wie Nordamerika und der südliche Teil des Indischen Ozeans.

Karte 9: Der Inselkontinent der Antarktis ist in seiner Größe den 48 zusammenhängenden Bundesstaaten der USA vergleichbar. Die Geographen unterscheiden zwischen West- und Ostantarktis.

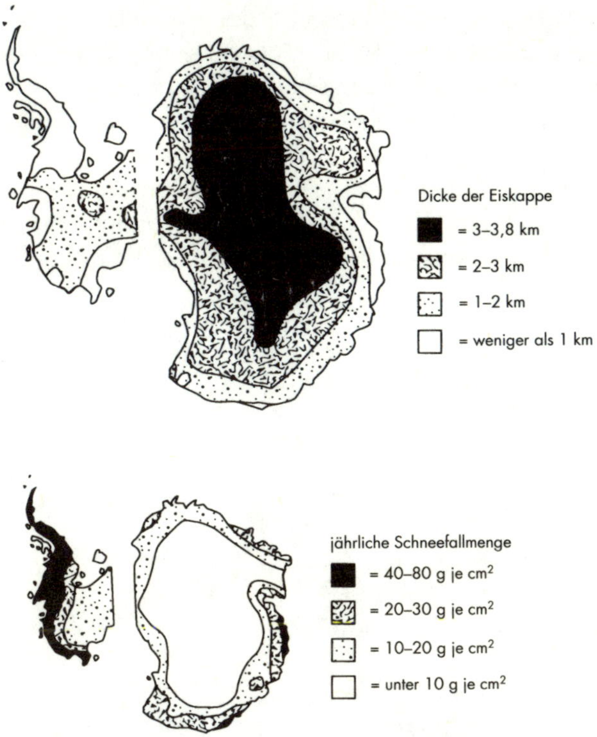

Karte 10a und 10b: Die Form der antarktischen Eiskappe läßt sich mit dem heutigen Klima nicht erklären. In der Westantarktis gibt es weniger Eis und die größte jährliche Schneefallmenge; auf der Ostantarktis liegt mehr Eis, aber es fällt weniger Schnee.

Und Grönland, das auf der Nordhalbkugel die größte Eiskappe besitzt, liegt fast genau auf der entgegengesetzten Seite zur riesigen Eiskappe der Ostantarktis. Wir wollen im folgenden davon ausgehen, daß auf die jeweiligen Antipoden die gleiche jährliche Menge von Sonnenlicht fällt und daß sie ein ähnliches Klima besitzen.

Auch in Grönland entspricht die derzeitige Schneefallmenge nicht der Dicke der Eiskappe, genau wie bei der entsprechenden Gegend im Südpolargebiet (siehe Karte 11a und 11b).

Die Vereisung Grönlands und der Antarktis läßt sich vermutlich mit dem heutigen Klima nicht erklären, und bisher konnte niemand überzeugend angeben, wie es zu dieser »seltsamen« Verteilung der Eisschichten kam. Man nimmt das Problem nicht zur Kenntnis. Die derzeit größten Eismassen liegen auf entgegengesetzten Seiten der Erde, sind aber relativ zur Erdachse verschoben. Das läßt auf eine Verschiebung der Erdkruste schließen: Landmassen bewegen sich in die Polargebiete oder von ihnen weg.

Eine Verschiebung der Erdkruste bietet tatsächlich eine Ant-

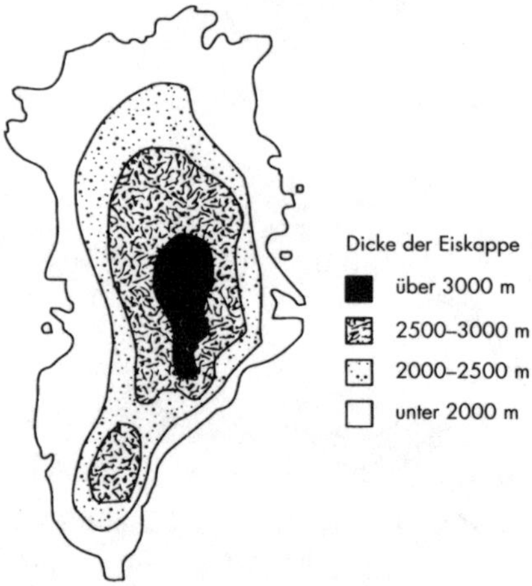

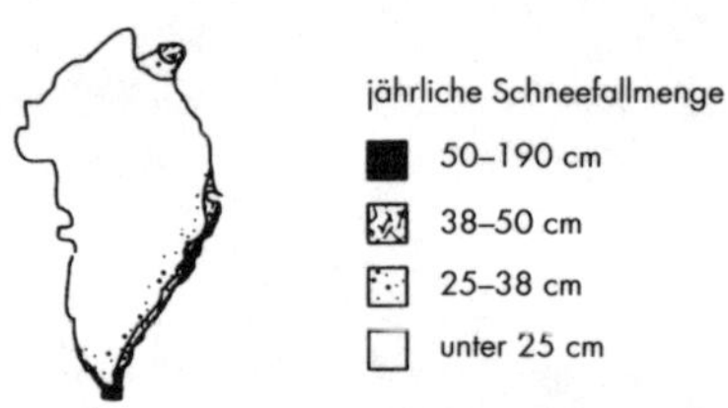

Karte 11a und 11b: Wie in der Antarktis, so läßt sich auch in Grönland die Form der Eiskappe nicht mit dem heutigen Niederschlag erklären. Die grönländische Eiskappe ist so umfangreich, weil sie vor und nach der letzten Erdkrustenverschiebung innerhalb des nördlichen Polarkreises lag.

wort auf diese Frage. Die Erdoberfläche bewegt sich dabei durch die Klimazonen. Manche Gegenden, die sich zuvor eines gemäßigten Klimas erfreuten, wurden in die Polargebiete gedrückt, so daß dort nun mehr Schnee fiel. Andere Gebiete wanderten aus der Polnähe in wärmere Breiten, so daß ihre Eisschichten schmolzen. Grönland und die Ostantarktis befanden sich vor *und* nach der Verschiebung im Polargebiet; sie waren also länger als alle anderen Erdteile den polaren Bedingungen unterworfen, und deshalb sammelten sich dort die dicksten Eisschichten an. Da der alte und der neue Nord- und Südpolarkreis sich jeweils überschnitten (in Wirklichkeit bewegt sich nicht die Polarzone, sondern die Erdkruste), blieben die alten Eiskappen erhalten.

Die Westantarktis lag bis 9600 v. Chr. nicht im Polargebiet. Sie ist bisher kaum erforscht, und zwar aus zwei Gründen. Erstens erheben drei Staaten (Argentinien, Chile und Großbritannien) Ansprüche auf das Gebiet. Es gibt bisher keine juristische Regelung, und man streitet sich um die Grenzziehung. Und zweitens konzentrieren sich die meisten Wissenschaftler auf die Erforschung der gewaltigen Eiswüste in der Ostantarktis. Über den Teil des Kontinents, der für das Rätsel von Atlantis am wichtigsten ist, liegen also nur begrenzte Erkenntnisse vor; deshalb müssen wir das frühere Klima der Westantarktis aus der Analogie mit den Antipoden ableiten.

Wenn man sich einen gläsernen Globus vorstellt, durch den man vom Südpol zum Nordpol blickt, erkennt man die Teile der Erdkruste, die der Antarktis gegenüberliegen. Diese Länder sind eingehend untersucht (siehe Karte 12).

Im Sommer 1993 waren die Zoologen Rolv Lie und Stein-Erik Lauritzen in den Polarregionen Norwegens mit Forschungen beschäftigt. Die beiden norwegischen Wissenschaftler entdeckten an einer Stelle, die 250 Kilometer *nördlich* des Nordpolarkreises lag, Eisbärknochen aus der letzten Eiszeit. Das war ein verblüffender Fund, denn nach den Annahmen der Geologen lag Nordnorwegen in der Zeit vor 80 000 bis 10 000 Jahren unter einer riesigen Eiskappe, auf der kein Leben gedeihen

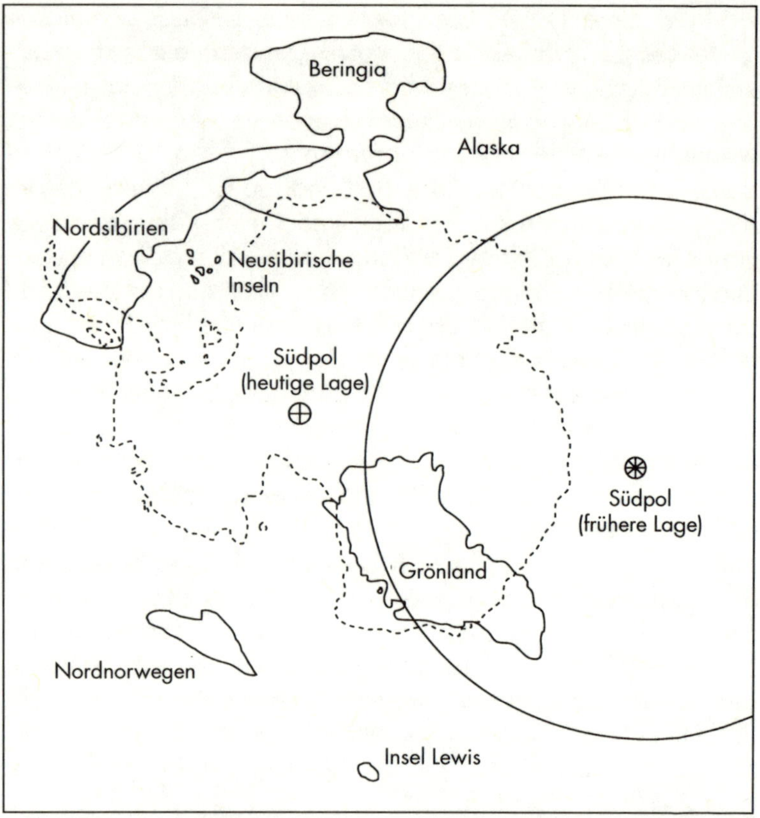

Karte 12: Neue Forschungsergebnisse aus Nordnorwegen, der schottischen Insel Lewis, dem arktischen Alaska, Beringia und Nordsibirien weisen übereinstimmend darauf hin, daß das Klima in der letzten Eiszeit wärmer war. Damit ergibt sich die Möglichkeit, daß sich auch die entsprechenden Gebiete der Westantarktis vor der letzten Erdkrustenverschiebung (9600 v. Chr.) eines milden Klimas erfreuten.

konnte. Die Knochen hätte es dort eigentlich nicht geben dürfen. Messungen von Kohlenstoff-14 und Uran bestätigten, daß die Knochen mindestens 42 000 Jahre alt sein mußten. Bei weiteren Ausgrabungen stieß man auf Überreste von Wölfen, Feldmäusen, Ameisen und Baumpollen.

»Der Wolf braucht große Beutetiere, zum Beispiel Rentiere«,

sagte Lie. Und Rentiere wiederum müssen auf dem kargen Boden etwas zum Fressen finden. »Es muß im Sommer recht warm und im Winter nicht übermäßig kalt gewesen sein . . . Die Gegend lag also nicht unter einer Eiskappe, wie man bisher angenommen hatte . . .«[1]

Die Tatsache, daß es diese Tiere ebenso gab wie die Pflanzen, von denen sie lebten, stellte die allgemeine Annahme über die letzte Eiszeit in Frage. Wie konnte eine Gegend, die angeblich im Polargebiet eingefroren war, Eigenschaften besitzen, die man nur in viel wärmeren Klimazonen findet?

Diese Widersprüche verschwinden, wenn man die Vorstellung von einer unbeweglichen Erdkruste aufgibt. Geht man davon aus, daß die Kruste ihre Lage relativ zu den Polen verändern kann, dann kann man sich leicht ausmalen, wie Rentiere, Wölfe und Ameisen in einem Gebiet lebten, das ihnen heute keine Lebensgrundlage bieten kann.

Aber die Entdeckung in der norwegischen Arktis war nicht das einzige Indiz, das unsere Annahmen darüber, wie es dort um 9600 v. Chr. aussah, in Frage stellte. Vor der Nordwestküste Schottlands liegt die Insel Lewis. Dort machten zwei Wissenschaftler 1984 die überraschende Entdeckung, daß die Insel vor 37 000 bis 23 000 Jahren nicht, wie bisher angenommen, vereist war. Sie schrieben:

> Modelle der letzten Vereisung zeigen Schottland unter einer Eiskappe, die sich bis zum Rand des Kontinentalschelfs erstreckt; der Norden der Insel Lewis ist dabei von einer 1000 bis 1500 Meter dicken Eisschicht bedeckt, aber unseren Befunden zufolge war diese Gegend in Wirklichkeit eisfrei.[2]

Richtet man das Augenmerk auf die arktische Region Amerikas, findet man weitere Mosaiksteine für ein neues Bild der Welt vor 9600 v. Chr. Dr. R. Dale Guthrie vom Institut für Arktische Biologie äußerte 1982 sein Erstaunen über die vielfältige Tierwelt Alaskas vor 9600 v. Chr.:

> Wenn man diese exotische Mischung aus Hyänen, Mammuts, Säbelzahnkatzen, Kamelen, Pferden, Nashörnern, Eseln, Hirschen mit riesigen Geweihen, Löwen, Frettchen, Steppenantilopen und anderen Arten des Pleistozäns kennengelernt hat, drängt sich unvermeidlich die Frage auf, in was für einer Welt sie lebten. Diese Artenvielfalt, die so ganz anders ist als heute, wirft eine naheliegende Frage auf: Ist es nicht wahrscheinlich, daß auch die übrige Umwelt ganz anders war?[3]

Solange wir davon ausgehen, daß die Erdkruste im Verhältnis zur Erdachse immer relativ unbeweglich war, werden wir die einfache Tatsache nicht begreifen, daß sich in der Fauna und Flora Alaskas kein Polarklima, sondern gemäßigte Bedingungen widerspiegeln.

Die archäologischen und geologischen Forschungen spielten sich zum größten Teil im Norden Alaskas, in der Beringstraße und im Nordosten Sibiriens ab. Dieses Gebiet ist von entscheidender Bedeutung für unsere Vorstellungen darüber, wie die ersten Menschen in die Neue Welt gelangten. Die Geschichte dieser Forschungen beginnt 1589 mit Joseph de Acosta, einem Jesuiten, der als Missionar in Peru gelebt hatte. Er schrieb die *Historia natural moral de las Indies* und warf darin die Frage nach dem Ursprung der Menschen und Tiere in Amerika auf. Seine Religion behauptete, die Menschen in der Arche Noah hätten als einzige die Sintflut überlebt, aber die Befunde aus Amerika deuteten auf etwas anderes hin. Offensichtlich waren einige Menschen und Tiere der Flut entgangen und hatten Amerika erreicht. Acoste glaubte so uneingeschränkt an den biblischen Bericht, daß er zu dem Schluß gelangte, einige Nachkommen Noahs müßten entweder ganz im Süden oder ganz im Norden über eine Landbrücke nach Amerika eingewandert sein.[4] Wie wir noch sehen werden, sollte diese Vorstellung im 20. Jahrhundert wieder aufleben.

Ein weiterer Gelehrter namens Gregorio Garcia ging die

Sache 1607 anders an. Er hielt den Schiffbau für eine sehr alte Kunst, die den Untergang Edens durch die Sintflut überlebt hatte: »... Die Kunst der Seefahrt wurde von Noah erfunden und ist demnach so alt wie die Menschheit.«[5]

Wenn die Menschen schon sehr früh zur See fahren konnten, waren die Hochkulturen der Azteken und Inkas vielleicht Abkömmlinge anderer Kulturen. Das beliebteste mutmaßliche »Mutterland« war in dieser Vorstellung Ägypten, denn die Ägypter besaßen Schiffe, bauten Pyramiden und beteten die Sonne an, genau wie die Menschen in Mexiko und Peru. Vielleicht versuchte man so, die brutale Ausplünderung der amerikanischen Kulturen zu rechtfertigen. Wenn die Zivilisation in Mexiko und bei den Inkas ihre Existenz der Alten Welt verdankte, war ihre Zerstörung eine nicht ganz so große Sünde. Was man freiwillig gegeben hatte, konnte man auch nach Belieben wieder nehmen.

Nach einem Jahrhundert der Spekulationen über die »Ausbreitung« der Kultur von der Alten in die Neue Welt geschah etwas, das die allgemeine Vorstellung über die Erstbesiedelung Amerikas grundlegend veränderte. Vitus Bering, ein dänischer Seefahrer im Dienst des russischen Zaren Peters des Großen, erreichte 1728 das nordöstliche Ende des asiatischen Kontinents. Die Entdekkung der Beringstraße zwischen Sibirien und Alaska stellte für die Diskussion über die Herkunft der amerikanischen Ureinwohner eine Revolution dar. Nun konnte man sich leicht vorstellen, wie die Menschen aus Sibirien in ihren Booten den Weg nach Alaska fanden und die Neue Welt besiedelten. Damit war der Atlantik als erster Weg nach Amerika endgültig ausgeschlossen.

Im 20. Jahrhundert entdeckten Anthropologen und Archäologen, daß es früher zwischen Sibirien und Alaska eine Landbrücke gab, die man »Beringia« nannte; sie dürfte der Weg gewesen sein, auf dem die ersten Menschen nach Amerika einwanderten. Boote waren also für den Weg von Sibirien nach Amerika überhaupt nicht notwendig. Acostas Vorstellung von einer Landverbindung hatte sich bestätigt und sollte von nun an die Diskussion um die Besiedelung Amerikas bestimmen.

In der letzten Eiszeit lag der Meeresspiegel viel niedriger als heute, weil das Wasser zu einem großen Teil als Schnee und Eis um die Pole herum gebunden war. Das Kontinentalschelf lag zum größten Teil über der Wasseroberfläche. Ein solcher Bereich war auch Beringia.

Über den Zustand von Beringia vor 9600 v. Chr. streiten sich russische und amerikanische Wissenschaftler schon seit langem. Die Russen behaupten, die Gegend sei eine riesige Steppe gewesen, nach Ansicht der Amerikaner handelte es sich dagegen um Tundra. Eine Steppe ist eine baumlose Ebene, in der zahlreiche Tierarten leben können, zum Beispiel Löwen, Zebras und die ganze Tierwelt, die man heute in Ostafrika findet. Die Tundra dagegen ist kalt und öde, mit schneebedeckten Ebenen; sie bietet nur wenigen Tieren eine Lebensgrundlage, so Füchsen, Eisbären und Polarvögeln. Die Russen vertreten die Meinung, die Steppe habe sich auf dem Weg von Sibirien nach Alaska immer stärker in Tundra verwandelt.[6] Die frühere Graslandschaft im Sibirien des späten Pleistozän wurde mit den heutigen Savannen Afrikas verglichen.[7] Von den 34 Arten, die bekanntermaßen vor 9600 v. Chr. in Sibirien lebten, darunter Mammut, Riesenhirsch, Höhlenhyäne und Höhlenlöwe, waren 28 an gemäßigte Klimabedingungen angepaßt.[8] Wie Cuvier erkannte, muß Sibirien damals ein viel wärmeres Klima gehabt haben, damit diese Tiere dort überleben konnten. Zwei russische Wissenschaftler fanden Überreste der Saiga-Antilope, die als typisches Steppentier gilt, auf den Neusibirischen Inseln, die noch *nördlich* des sibirischen Festlandes liegen.[9] Über diese Inseln, die heute sehr öde sind, schrieb Charles Hapgood:

> Dort sind die Überreste von Mammuts und anderen Tieren am zahlreichsten. Der Polarforscher Baron Toll fand hier die Reste eines Säbelzahntigers und eines Obstbaumes, der stehend 30 Meter hoch war.[10]

Zur gleichen Zeit, als dieses »arktische« Sibirien voller Leben und größtenteils eisfrei war, lag Nordamerika unter zwei riesigen Eisschichten begraben. Der laurentische Eisschild, der seinen Mittelpunkt in der Hudsonbai hatte, war zur Zeit seiner größten Ausdehnung umfangreicher als die heutige Eiskappe der Antarktis. Er bedeckte große Teile Kanadas und die heutigen US-Bundesstaaten um die großen Seen, die sein letztes Überbleibsel darstellen. Im Westen zog sich der Kordilleren-Eisschild an den Rocky Mountains entlang; er bedeckte den Süden Alaskas, fast das gesamte heutige Britsh Columbia und beträchtliche Teile von Alberta, Washington, Idaho und Montana. Als diese beiden Eismassen schmolzen, versank Beringia im Meer. Zur gleichen Zeit diente ein *eisfreier Korridor* den asiatischen Einwanderern als Weg quer durch Amerika (siehe Karte 13).

Daß es diesen eisfreien Korridor gab, ist unter Archäologen anerkannt, aber eine Erklärung dafür fand man nie. Warum lag dieses Gebiet nicht unter Eis? Hapgood gab darauf eine einfache Antwort: Als der Korridor entstand, befand sich die Erdkruste in einer anderen Lage. Die Sonne ging in Richtung des Golfes von Mexiko auf und über dem Yukon unter. Dieser Bogen des Sonnenlichts schnitt einen Weg durch das Eis und ließ den dort fallenden Schnee schmelzen. Damit erscheint der Korridor gar nicht mehr so »seltsam«.

Wie wir gesehen haben, läßt sich mit der Erdkrustenverschiebung auch das Werden und Vergehen der früheren Eisschichten auf der Erde erklären, und gleichzeitig bietet sie (zum erstenmal) eine Erklärung für die heutige Vereisung Grönlands und der Antarktis. Als nächstes wollen wir uns mit der Frage befassen, welchen Einfluß die frühere Lage der Erdkruste auf die Lage der Eisschichten in Vergangenheit und Gegenwart hatte.

Bis 91 600 v. Chr. lag die Erdkruste so, daß das kanadische Yukon-Gebiet sich über dem Nordpol befand. Der nördliche Polarkreis umschloß zu jener Zeit fast die gesamte Nordwest-

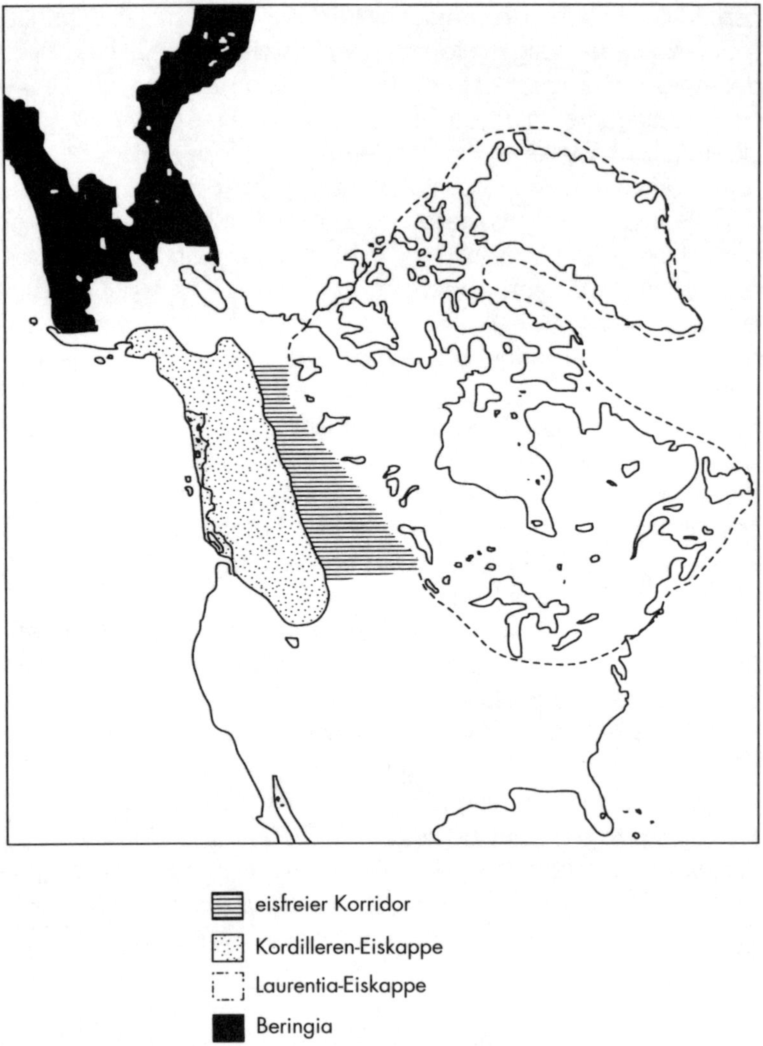

Karte 13: Vor 11 600 Jahren waren große Teile Nordamerikas von Eis bedeckt. Wegen des niedrigeren Meeresspiegels verband eine Landbrücke namens Beringia das weitgehend eisfreie Sibirien mit dem ebenfalls fast eisfreien Alaska. Nach Ansicht der meisten Archäologen wanderten die Menschen über die Landbrücke aus Asien nach Amerika ein und dann durch einen eisfreien Korridor zwischen den beiden Eiskappen nach Süden.

hälfte Nordamerikas sowie ganz Alaska, Beringia und große (aber nicht alle) Teile Nordostsibiriens (siehe Karte 14).

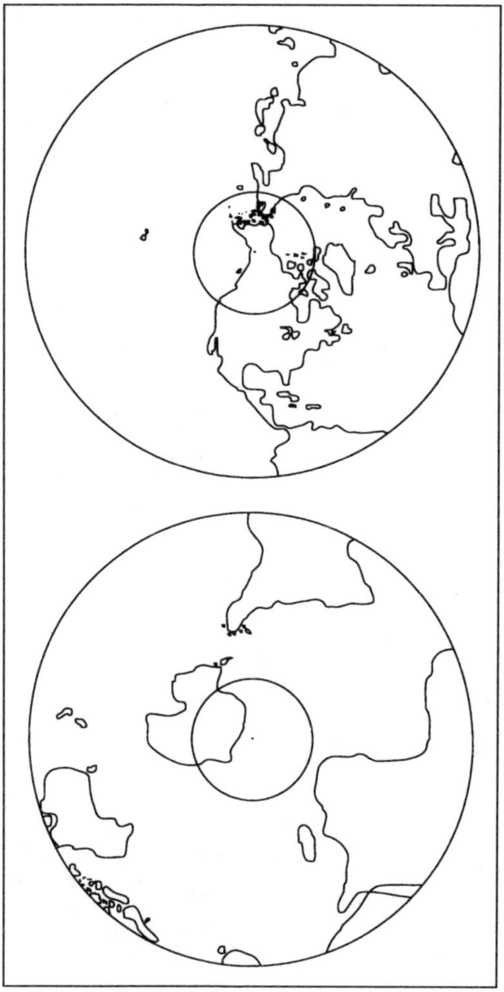

Karte 14: Vor 91 600 v. Chr. hatte der nördliche Polarkreis seinen Mittelpunkt in der Nordwestecke Nordamerikas. Im Süden war der nach Afrika gerichtete Teil der Ostantarktis von Eis bedeckt. Die Westantarktis war größtenteils eisfrei.

Diese Anordnung ist die Erklärung für die Kordilleren-Eiskappe. Der Weg von Asien nach Amerika war damals vollkommen versperrt. Europa war wärmer als heute, und in Grönland gab es kein Eis. Um 91 600 v. Chr. verschob sich die Erkruste so, daß ein Teil Europas nun innerhalb des Polarkreises lag (siehe Karte 15). Von 91 600 bis 50 600 v. Chr. waren Europa und Grönland unter Eis begraben. Im Süden blieb ein großer Teil der Ostantarktis vereist. Irgendwann schmolz die alte Eiskappe

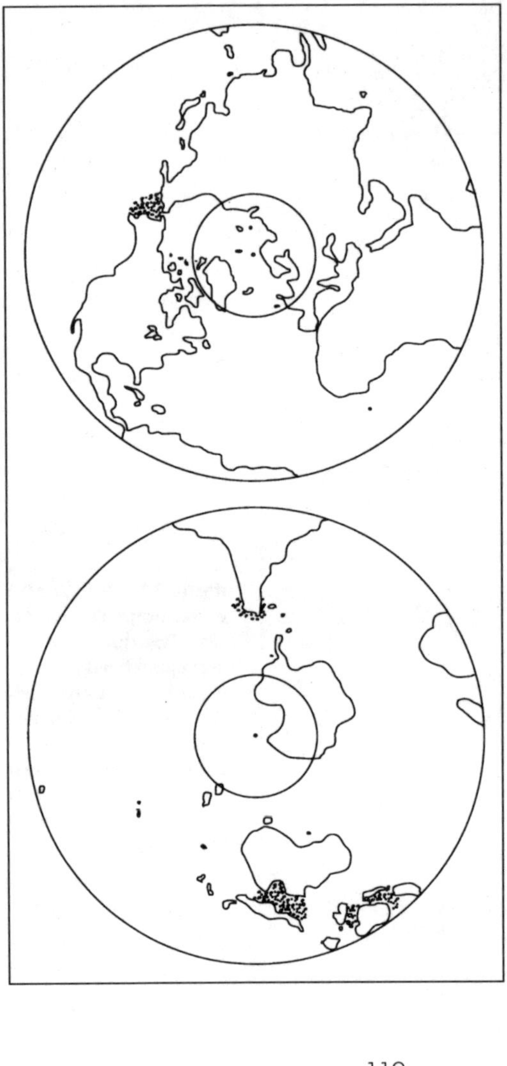

Karte 15: Zwischen 91 600 und 50 600 v. Chr. umschloß der nördliche Polarkreis große Teile Europas und ganz Grönland. Der Weg von Asien nach Amerika war offen. Nordostsibirien, Beringia und Alaska erfreuten sich eines milden Klimas. Im Süden war der nach Neuseeland gerichtete Teil der Antarktis von Eis bedeckt.

über Alaska, so daß der Weg von Asien über Beringia nach Amerika frei wurde.

Das heißt, daß schon vor 50 600 v. Chr. Menschen von Asien nach Amerika gelangt sein könnten, eine Vorstellung, die kürzlich neue Unterstützung aus der Archäologie erhielt.

In der Ausgabe der Zeitschrift *Popular Science* vom März 1994 berichtete Ray Nelson über einen wichtigen archäologischen Fund aus New Mexico. Dr. Richard S. MacNeish und sein Team von der Andover Foundation for Archaeological Research machten Ausgrabungen in Pendejo Cave im Südwesten New Mexicos. In der Höhle, die etwa 100 Meter über der Wüste liegt, fanden sie elf menschliche Haare, die nach der Datierung mit der Radiokarbonmethode etwa 55 000 Jahre alt waren.[11]

Um 50 600 v. Chr. verschob sich die Erdkruste erneut, und diesmal gelangte Nordamerika in Polnähe (siehe Karte 16). Der Mittelpunkt des Polarkreises lag nun nicht mehr über dem »Polarmeer«, sondern über der Hudsonbai.

Menschen und Tiere könnten aus Sibirien über Beringia nach Alaska gelangt sein und wären dann ostwärts an der Pazifikküste entlang bis nach Kalifornien gewandert. Es war ein leicht zu bewältigender, einladender Weg nach Amerika.[12]

Auch auf dem Seeweg konnten die Menschen an der Küste Alaskas und British Columbias entlang bis in den heutigen Staat Washington gelangen, ohne daß sie ihre Lebensweise als Jäger und Sammler hätten ändern müssen. Und nachdem sie in Nordamerika waren, konnten sie sich auch leicht bis nach Südamerika und in die eisfreie Westantarktis ausbreiten. Wenn das stimmt, lebten Menschen schließlich in der Westantarktis (die dem arktischen Norwegen auf dem Globus gegenüberliegt), dem nördlichen Alaska, Beringia und Sibirien. Diese Gebiete waren möglicherweise zwischen 50 600 und 9600 v. Chr. (oder länger) besiedelt (siehe Karte 17).

Nach der Erdkrustenverschiebung von 9600 v. Chr. mußten die Bewohner der Westantarktis (Atlantis) ihre Heimat jedoch verlassen, weil der südliche Polarkreis nun die gesamte Insel umschloß (siehe Karte 18).

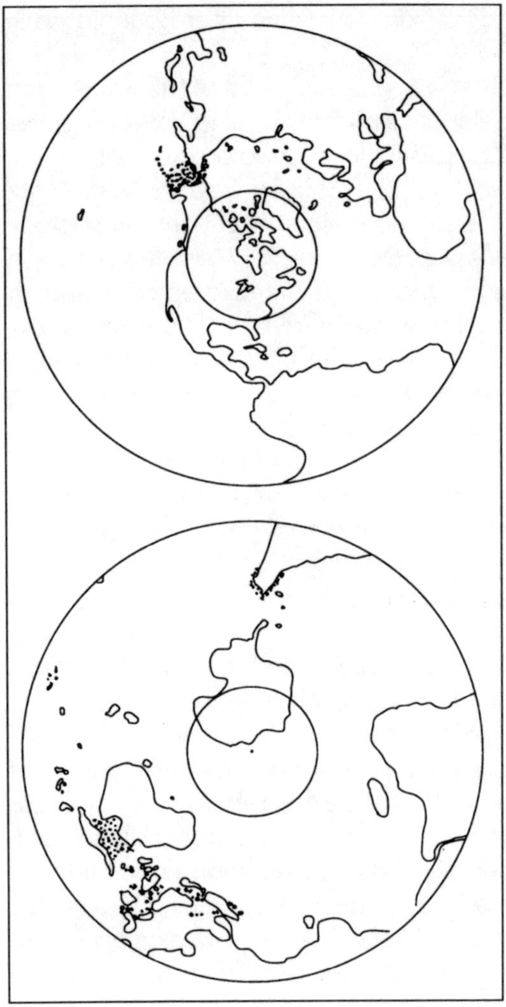

Karte 16: Zwischen 50600 und 9600 v. Chr. stand Nordamerika unter dem Einfluß des Polarkreises. In dieser Zeit entstand die große Laurentia-Eisschicht. Die Westantarktis, Sibirien, Beringia und Alaska waren, abgesehen von den Hochgebirgen, eisfrei. In dieser Zeit konnten die Menschen leicht von Asien nach Amerika gelangen und von dort in die eisfreie Westantarktis wandern.

Nach 9600 v. Chr. begann die Eiskappe, deren Mittelpunkt über der Hudsonbai lag, zu schmelzen. Beringia versank im steigenden Ozean, dessen Wassermenge durch das Schmelzen der alten Eiskappen zunahm. Das Klima in Alaska und Sibirien verschlechterte sich dramatisch.

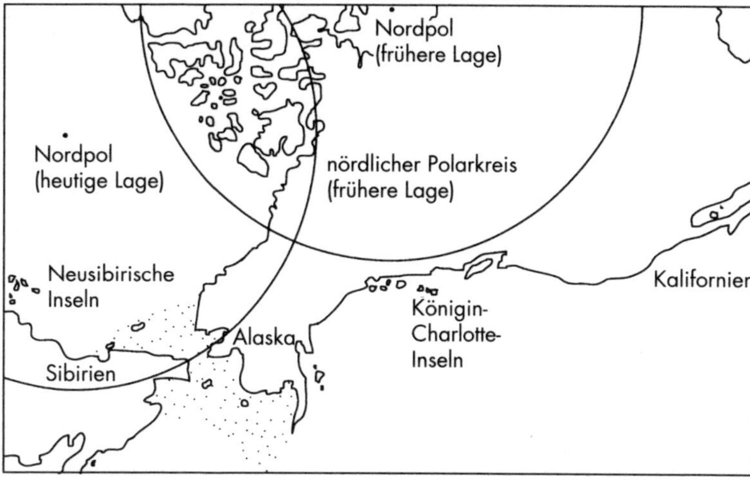

Karte 17: Bei jeder Erdkrustenverschiebung ändern sich die Himmelsrichtungen. Vor der letzten derartigen Katastrophe war die pazifische Seite Nordamerikas die Südküste, und der Mittelpunkt des nördlichen Polarkreises lag über der Hudsonbai. So betrachtet, war die Wanderung der Menschen aus Sibirien über Beringia an der Pazifikküste entlang eine Ost-West-Bewegung.

Den Annahmen zufolge war den Bewohnern Alaskas der Rückweg nach Sibirien abgeschnitten, so daß sie nach Süden wandern mußten. Diese »ersten« Amerikaner kamen nach 9600 v. Chr. durch den »eisfreien Korridor«. Für diese Theorie gibt es kaum archäologische Belege. Unbeachtet blieb bisher eine Möglichkeit, die am ehesten den eigenen Erzählungen der Menschen entspricht: daß sie von einer weißen Insel kamen, die durch eine große Flut zerstört wurde. Sie bezeichneten ihre Insel als »weiß«, weil zwei Drittel der Antarktis unter Schnee lagen.

Die amerikanischen Ureinwohner sind vermutlich von gemischter Herkunft. Einige kamen zweifellos nach 9600 v. Chr. aus Asien. Andere lebten aber vermutlich schon 40 000 oder 80 000 Jahre vor dieser Zeit in Amerika und der Antarktis.

Alle historisch belegten Fortschritte, von den ersten Experimenten mit der Landwirtschaft kurz nach 9600 v. Chr. bis zum

Weltraumzeitalter, haben sich in weniger als 12000 Jahren abgespielt. Demnach waren 40- bis 80000 Jahre mehr als genug Zeit für die Entstehung einer fortgeschrittenen Kultur auf einer Insel mit gemäßigtem Klima, auf der es keine Eindringlinge von außen gab.

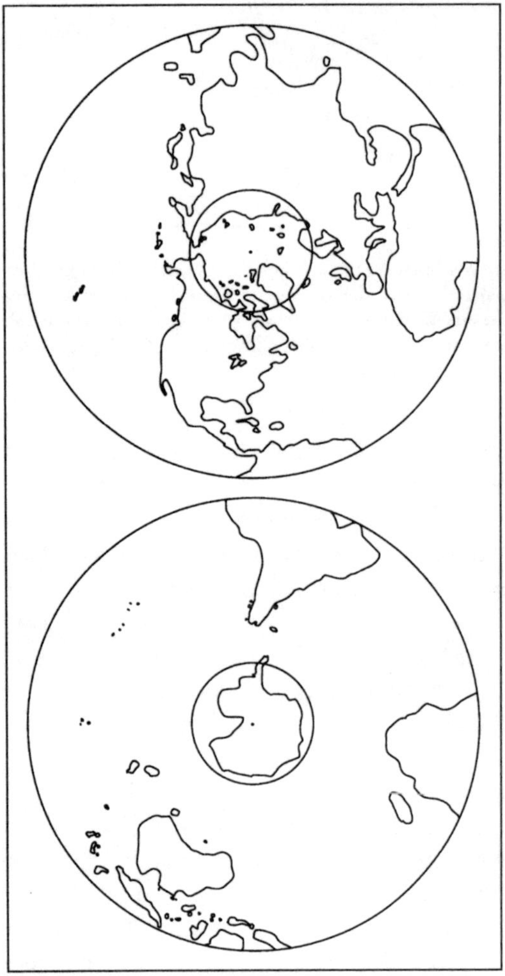

Karte 18: Eine Erdkrustenverschiebung vor 11600 Jahren brachte den nördlichen und südlichen Polarkreis in ihre heutige Position. Jetzt eigneten sich Sibirien, Alaska und Nordnorwegen nicht mehr für die Besiedelung. Die Westantarktis, wo Atlantis lag, wurde nicht nur durch Erdbeben und Überschwemmungen verwüstet, sondern auch von einem ewigen Winter, der die Errungenschaften der verlorenen Kultur völlig verschwinden ließ.

Es wurde bereits erwähnt, was Francisco Lopez de Gomara, Cortez' Sekretär, 1552 über die amerikanischen Ureinwohner schrieb: Sie stammten nach eigenen Angaben von der verlorenen Insel Aztlan, die nach Gomaras Ansicht Platons versunkener Kontinent Atlantis war. Nachdem Acosta 1589 seine Theorie von einer Landbrücke veröffentlicht hatte, verlor die Vorstellung von Atlantis an Glaubwürdigkeit, und nachdem sich bestätigt hatte, daß es Beringia tatsächlich gab, verschwand sie als Erklärung für die Herkunft der amerikanischen Ureinwohner völlig aus der wissenschaftlichen Literatur. Die Archäologen glaubten jetzt, die Besiedelung Amerikas sei ein Prozeß von Entdeckung und Abenteuer gewesen. Sie übernahmen die europäischen Erfahrungen mit Eroberungen und schufen eine erzwungene Theorie über die Vergangenheit der Ureinwohner. Die ursprünglichen Bewohner, so erzählte man uns nun, waren Pioniere, die ein neues, besseres Land suchten. Diese einfache Übertragung der Erfahrungen aus Europa hat nicht einmal entfernt etwas mit den eigenen Sagen der amerikanischen Ureinwohner zu tun.

Ihre Geschichte ist vielmehr die einer katastrophalen Vertreibung aus einem Inselparadies nach einer großen Flut. Eine Geschichte des Überlebens in einem fremden Land.

Eine Geschichte, die nicht nur in Amerika, sondern überall auf der Welt erzählt wird.

Eine Geschichte, die am besten unter dem Namen »Atlantis« bekannt ist.

7

Aus Atlantis

Zuerst war es ein Morgen wie jeder andere. Aus den tropischen Sümpfen und Tümpeln stieg Dunst auf. Nebelwolken lagen über den stillen Seen Afrikas. Nur ein leises Rascheln über den Grasflächen kündigte die erste Morgenbrise an. Aber an diesem Tag sollte ein Lärmen und Beben die Stille zerreißen und die ganze Welt in Angst versetzen. Ein leises Rumpeln schwoll schließlich zu einem Dröhnen an, das die Erde in ihren Grundfesten erzittern ließ.

Der Himmel füllte sich mit dem Geräusch Hunderttausender von Flügeln, als Vögel in riesigen Schwärmen aus ihren Nestern aufstiegen, um Sicherheit zu suchen. Die Tiere in den Herden hoben die gewaltigen Köpfe von der Weide, um unruhig und mit einem seltsamen Unbehagen zu wittern und zu scharren. Als das schreckliche Dröhnen sie fast taub werden ließ und die Wellenbewegungen der Erde eine wilde Panik auslösten, stoben die stampfenden Herden auseinander, verzweifelt auf der Suche nach einer Zuflucht vor der nahenden Katastrophe. Der Schrekken legte sich auf die Herzen der Männer und Frauen, die auf die Knie sanken, um ihre Götter um Gnade anzuflehen. Aber es gab keine Verschonung. Der Aufruhr der Erde sollte sie alle zerschmettern und sämtliche Lebewesen aus ihrer Heimat vertreiben.

Erdbeben von nie erlebter Heftigkeit zerrten an den Fundamenten der Erde. An den Polen begannen Eisberge zu zerbrökkeln und sich aufzulösen. Geradezu unerträglich wurde das Getöse, als große Eislawinen sich aus ihrer instabil gewordenen Lage lösten und in das unbarmherzig ansteigende Meer stürzten.

Der entfesselte Ozean trat über die Ränder seines gewaltigen Beckens. Er sammelte seine riesigen Kräfte und griff allmählich, aber unaufhaltsam die Küsten an. Immer kräftiger und schneller wetteiferten die losgelassenen Wogen mit der berstenden Erde im Angriff auf die schutzlosen Strände. Der Meeresboden war an dieser Tragödie aktiv beteiligt. Der wilde Aufruhr der Ozeane hatte seine unsichtbare Ursache in der Verlagerung der Erdkruste. Unter dem Sand und Fels des Meeresbodens bockte sie wie ein wütendes Pferd, das einen unbequemen Reiter loswerden will.

Flutwelle folgte auf Flutwelle, während die Erdbeben am Meeresboden neue Schichten freilegten. Flüsse traten über die Ufer, weil Sturzbäche von Regen unbarmherzig auf die Erde prasselten. Überschwemmung, Sintflut, Sturm und Hölle, wie noch kein Mensch sie gesehen hatte, brachen über die Welt herein, als das Weltmeer seine Grenzen überschritt.

Langsam beruhigte sich das Wasser, das Dröhnen aus der Erde ließ nach, und über einer schweigenden Welt ging wieder die Sonne auf. Aber es war kein friedliches Schweigen. Es trug in sich die unheimliche Ruhe des langsamen, tödlichen Gefrierens. Eine dritte Katastrophe wartete darauf, über entgegengesetzte Seiten der Erdkugel hereinzubrechen.

In Sibirien ging die Vorherrschaft der zottelhaarigen Mammuts mit ihren gewaltigen Stoßzähnen plötzlich zu Ende. Die üppigen Graslandschaften, die ihnen ein Leben im Überfluß ermöglicht hatten, verschwanden unter dem einsetzenden Schneefall. Als er endlich nachließ, hatte Sibirien sich verwandelt: Konnte es zuvor den unersättlichen Appetit der Mammuts befriedigen, so war es nun ein Land, dessen Name geradezu zum Synonym für Öde und Leere werden sollte.

Die tödliche Veränderung beschränkte sich nicht nur auf die Tiere Sibiriens. Auf der anderen Seite des Globus, in der Westantarktis, legte sich ein Leichentuch aus Schnee und Eis über das Land. Von Jahrhundert zu Jahrhundert kam neuer Schnee hinzu, und die Geschichte der Menschen, die einst dort gelebt hatten, begann zu verblassen.

Die Katastrophe, in der die Atlantiden untergingen, war so gewaltig, daß die Früchte ihrer langen, reichen Geschichte verschwanden, in Stücke gerissen durch den Aufruhr der Erde, verschlungen von der Gewalt des Ozeans und schließlich eingeschlossen in den Tiefen eines eisigen Grabes. Als das Weltmeer um die Erde raste, ging Atlantis verloren. Aber damit begann eine große Legende.

Zum erstenmal erfahren wir in den Schriften Platons von Atlantis. Er versichert, die Geschichte dieses Landes sei ». . . eine gar seltsame, aber durchaus wahre Geschichte, wie sie einst Solon, der Weiseste unter den Sieben, erzählt hat.«[1]

Solon (ca. 638 – 559 v. Chr.) war einer der sieben anerkannten Weisen im antiken Griechenland.

Ruhm erlangte Solon, weil er in Athen die Demokratie begründete, während die Stadt in einer schweren Krise steckte. Die Bevölkerung litt damals an einer ungesunden Spaltung zwischen wenigen Reichen und den völlig verschuldeten Armen. Der berühmte römische Biograph Plutarch (ca. 46 – 120 n. Chr.) beschrieb, wie es dazu kam, daß Solon der Stadt neue Gesetze gab:

> [Die Stadt befand sich] in einer höchst kritischen Lage, und es sah so aus, als ob sie allein durch die Errichtung einer Tyrannis würde aus den Wirren heraus und zur Ruhe kommen können . . .
> Jetzt wandten sich die einsichtsvollsten Athener, da sie sahen, daß Solon allein oder doch am ehesten außerhalb des Streites stand, weder teilhatte an der Ungerechtigkeit der Reichen noch von der Not der Armen mit ergriffen war, an ihn mit der Bitte, dem gemeinen Wohl zu Hilfe zu kommen und den Zwistigkeiten ein Ende zu machen.[2]

Solon nahm den Adligen die alleinige Macht und erließ den Armen ihre Schulden; seither gilt er als Gründer der athenischen Demokratie und damit auch als Ahnherr aller späteren Demokratien. Seine Sorge um die Freiheit und sein Mitleid mit den Armen veranlaßten ihn, seit langem verwurzelte Ungerechtigkeiten in Frage zu stellen. Leibeigenschaft und Sklaverei als Gegenleistung für Schulden wurden abgeschafft, und es wurde verboten, die persönliche Freiheit für Kredite zu verpfänden. Der genaueste Bericht über diese ungewöhnlichen Vorgänge findet sich wiederum bei Plutarch:

> Nachdem die Gesetze in Kraft getreten waren, kamen alltäglich Leute zu Solon, die ihn lobten oder tadelten oder ihm rieten, dies oder das in den Text einzufügen oder daraus zu streichen; die meisten aber befragten ihn, forschten ihn aus und verlangten eine genaue Belehrung und Erläuterung, wie jenes gemeint sei und was es bezwecke. Da er nun erkannte, daß es auffällig und unverständlich sein würde, wenn er das nicht täte, und wenn er es täte, ihm Feindschaft eintragen würde, und da er sich jedenfalls diesen Schwierigkeiten entziehen und der Unzufriedenheit und Tadelsucht der Bürger aus dem Weg gehen wollte – denn »Allen gefallen ist schwer, geht es um wichtige Ding'«, wie er selbst gesagt hat –, so nahm er seinen Seehandel zum Vorwand und segelte davon, nachdem er von den Athenern einen zehnjährigen Urlaub erbeten hatte. Denn er hoffte, daß sie sich in dieser Zeit an die Gesetze gewöhnen würden.
> Zuerst kam er nach Ägypten ...[3]

Warum ausgerechnet Ägypten? Das Land am Nil war für die alten Griechen der Urquell des Wissens, und wie so viele seiner Landsleute dürstete auch Solon nach neuen Kenntnissen. Eine Reise nach Ägypten, so beschwerlich sie auch sein mochte, war für jeden, der nach Weisheit suchte, unabdingbar. Solon war keineswegs der einzige philosophische Pilger, der von den Priestern Ägyptens lernen wollte. In dem sengenden Sand zu Füßen der Pyramiden fanden sich nicht nur die ausgeplünderten Grabkammern der Pharaonen, die uns noch heute magisch anziehen, sondern dort gedieh eine lebendige Gemeinschaft, die weise geworden war durch ihr Alter und durch eine Fülle schriftlicher Aufzeichnungen, die von einer mächtigen Priesterkaste verwaltet wurden.

Von Zeit zu Zeit forderten die Priester sogar den Pharao heraus. Die Religion bestimmte alle Handlungen und Gedanken. Die Priester waren mehr als nur die Ausführenden der Rituale: Sie wirkten als Astronomen, Mathematiker, Beamte und Wächter der antiken Geheimwissenschaften. Nur die klügsten Kinder konnten die Priesterlaufbahn einschlagen, und nur die besonders glücklichen unter ihnen wurden nach einer langen Zeit des Studierens und Betens dazu auserwählt, die heiligsten Texte zu sehen. Diese Priester mit ihrem Zugang zu den Geheimnissen der Vergangenheit suchte Solon auf. Plutarch schreibt darüber:

> Eine Zeitlang lebte er im Gedankenaustausch mit Psenopis von Heliopolis und Sonchis von Sais, den gelehrtesten unter den Priestern. Von ihnen hörte er auch die Geschichte von Atlantis, wie Platon sagt ...[4]

Unsere Kenntnisse über die Lage von Atlantis stammen von dem ägyptischen Priester, der Plutarch zufolge Sonchis hieß. Aber warum gab Sonchis die kostbaren Geheimnisse Ägyptens freiwillig an einen Ausländer weiter, so angesehen er auch sein mochte? Weil Solon und die Griechen nicht als Fremde galten. Sonchis erklärte Solon, Griechen und Ägypter seien einst Brüder gewesen und stammten von derselben Göttin ab. Er sagte:

> Ich will dir nichts vorenthalten, mein Solon, sondern dir alles mitteilen, sowohl dir als eurem Staate, vor allem aber der Göttin zuliebe, welche euren sowie unseren Staat gleichmäßig zum Eigentume erhielt ... Die Zahl der Jahre aber, seitdem die Einrich-

> tung des letzteren besteht, ist in unseren heiligen Büchern auf achttausend angegeben. Von euren Mitbürgern, die vor neuntausend Jahren entstanden, will ich dir also jetzt in kurzem berichten, welches ihre Staatsverfassung und welches die herrlichste Tat war, die sie vollbrachten; das Genauere über dies alles aber wollen wir ein andermal mit Muße der Reihe nach durchgehen, indem wir die Bücher selber zur Hand nehmen.[5]

Dann erzählte der Priester die Geschichte der Hochkultur von Atlantis und ihrer Zerstörung vor 9000 Jahren durch »gewaltige Erdbeben und Überschwemmungen«. Besonders wies er darauf hin, daß die ganze Erde durch diese tiefgreifenden geologischen Vorgänge erschüttert wurde. Die Unterhaltung fand ungefähr 560 v. Chr. statt, daher fällt der Untergang von Atlantis ungefähr auf 9560 v. Chr., also in eine Zeit, die genau mit der der letzten Erdkrustenverschiebung übereinstimmt. Damals war Nordamerika zum größten Teil unter einer riesigen Eisschicht begraben, und in der Antarktis war eine Fläche von der Größe Europas eisfrei. Bevor sich die Erdkruste bewegte, könnten diese eisfreien Gebiete der Ort von Atlantis gewesen sein.

Der ägyptische Priester versuchte, Solon die Eigenschaften und die Lage von Atlantis zu erklären, aber um einen genauen Bericht zu geben, mußte er die Vorstellungen der Griechen von den Grenzen der Welt über den Haufen werfen. Seine Beschreibung enthält 16 Hinweise auf die Lage des verlorenen Landes:

Die Hinweise des ägyptischen Priesters auf Atlantis[6]

1. *9560 v. Chr.*
2. *Veränderung im Weg der Sonne*
3. *außerordentlich heftige Erdbeben auf der ganzen Welt*
4. *riesige Überschwemmungen auf der ganzen Welt*
5. *Insel*
6. *Kontinent (größer als Libyen und Asien)*
7. *hoch über dem Meer*

8. *zahlreiche hohe Berge*
9. *eindrucksvolle Klippen, die hoch aus dem Ozean ragten*
10. *andere Inseln*
11. *reichhaltige Mineralienvorkommen*
12. *jenseits der Säulen des Herakles (d. h. hinter dem Ende der bekannten Welt)*
13. *in einer entfernten Gegend des »Atlantischen« Ozeans*
14. *im »richtigen Ozean«*
15. *Das Mittelmeer ist nur eine Bucht des richtigen Ozeans*
16. *Der richtige Kontinent umgibt den richtigen Ozean völlig*

In seiner Lagebeschreibung zeichnet Platon die Welt so, wie ein Einwohner von Atlantis sie sehen würde. Von der Küste der Antarktis aus gesehen stellt sich die Welt des Jahres 9600 v. Chr. ganz anders dar als für einen Angehörigen des 20. Jahrhunderts. (Jede Kultur sieht die Welt durch eine andere Brille. In China nannte man das eigene Land zum Beispiel Reich der Mitte, während es für die Europäer zum Fernen Osten gehörte. Das Zentrum eines Landes liegt für ein anderes zwangsläufig am Rand.)

Unsere heutige, an Europa orientierte Vorstellung von der Erde ist das unmittelbare Ergebnis des Zeitalters der Entdeckungen. Die Vorurteile der europäischen Seefahrer wurden zu den Vorurteilen der ganzen Welt. Sogar die übliche Einteilung von Westen und Osten stimmt nur im Verhältnis zu Europa. Es gibt aber keinen *geographischen* Grund, Europa in die Mitte der Welt zu verlegen, denn unser Planet ist rund.

Für die Griechen zu Solons Zeit war die Erde eine Insel in einem riesigen Ozean. Diese Weltinsel teilte man in drei wichtige Kulturkreise ein: Europa, Libyen und Asien (siehe Karte 19).

Mit »Libyen« meinten die alten Griechen alle Länder, die wir heute als »Nordafrika« bezeichnen, und ihr »Asien« entspricht unserem heutigen »Nahen Osten«. Nur »Europa« bedeutete damals und heute dasselbe.

An der Westgrenze der griechischen Welt standen die »Säulen des Herakles«. Dieser Ausdruck bedeutet zweierlei: Zum

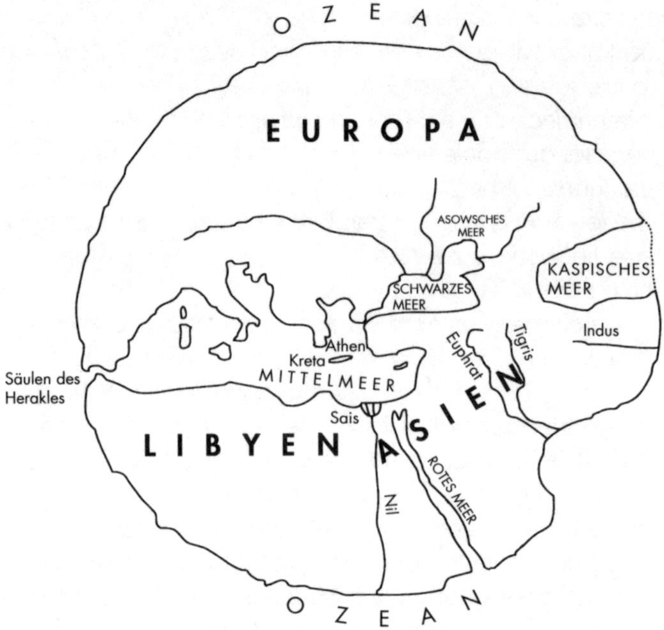

Karte 19: Zu Solons Zeit stellten die Griechen sich die Erde als Scheibe vor, die auf dem Ozean schwimmt. Die Insel war unterteilt in Europa, Libyen (Nordafrika) und Asien (Naher Osten).

einen bezeichnet er die Gegend der Straße von Gibraltar, zum anderen ist damit aber auch der *äußerste Rand der bekannten Welt* gemeint. Der griechische Dichter Pindar (518–438 v. Chr.) schrieb, man betrachte die Säulen des Herakles als »...die am weitesten entfernten Grenzen [der griechischen Welt] ... Was dahinter liegt, können weder Weise noch Toren ermessen.«[7]

Die Säulen des Herakles waren eine psychologische Schranke, ein verbotenes Tor, das zu durchschreiten nur Narren wagen würden. Diese Bedeutung des Begriffes »Säulen des Herakles« wird von denen, die nach Atlantis suchen, oft vergessen oder nicht berücksichtigt; sie interpretieren die Worte im buchstäblichen Sinn und beschränken die Gebiete, in denen der verlorene Kontinent gelegen haben könnte, auf den Nordatlantik. Dieser

Fehler wird offensichtlich, wenn sie sich mit dem »Atlantischen Ozean« beschäftigen.

Platons ägyptischer Priester verlegt Atlantis an ». . . einen weit entfernten Punkt im Atlantischen Ozean«. Aber was bedeutete »Atlantischer Ozean« für die alten Griechen? Aristoteles beschrieb ihn als eine Wassermasse, welche die Weltinsel auf allen Seiten umgibt: »Das Meer, das außerhalb unserer bewohnten Erde liegt und unser Gebiet von allen Seiten umspült, wird ›Atlantik‹ oder ›Ozean‹ genannt.«[8]

Die Sichtweise der alten Griechen, wonach der »Atlantische Ozean« das einzige Weltmeer war, verschwand im 15. und 16. Jahrhundert aus unserer Vorstellung, als die Entdecker ihre ersten großen Reisen machten. Nachdem sie Afrika und Südamerika umsegelt, die unbekannten Meere kartiert und neue Wege zu exotischen Schätzen gesucht hatten, gaben sie auch den verschiedenen Meeren neue Namen. Ferdinand Magellan (ca. 1480–1521) erreichte nach einer gefährlichen Reise durch die tückischen Meeresstraßen vor Südamerika schließlich ein ruhiges, offenes Meer, das er in seiner Erleichterung auf den Namen »Pazifik« taufte, das heißt »friedlicher Ozean«. Und Vasco da Gama (ca. 1460–1524) nannte das Meer, auf dem er nach Indien gesegelt war, »Indischer Ozean«.

Etwas weniger beängstigend wurde die Aussicht, über einen riesigen, unbekannten Ozean zu segeln, wenn man ihn in handliche Abschnitte einteilte (so künstlich diese Einteilung auch sein mochte), denn dann konnten die Entdecker ihn auf ihren neuen Karten einzeichnen. Schon bald entstand durch die Jagd nach Gewürzen, Seide und anderen kostbaren Waren aus Asien ein Bedarf an noch genaueren Karten der Seehandelswege. Diese Karten verstärkten die falsche Vorstellung von getrennten Ozeanen und löschten damit die ursprüngliche griechische Bedeutung des Wortes »Atlantischer Ozean« völlig aus. Als »Atlantik« bezeichnete man nun die Wassermasse westlich von Europa und östlich von Nord- und Südamerika. Wegen der falschen Vorstellung, Atlantis müsse westlich der Säulen des Herakles im Nordatlantik gelegen haben, beschränkte man die

Suche nach dem verlorenen Kontinent auf einen Bruchteil des Bereichs, den die Griechen mit dem Namen »Atlantischer Ozean« meinten.

Im Gegensatz zu unseren Vorfahren, die Stück für Stück um die Erde segeln mußten, können wir heute den ganzen Planeten aus der Satellitenperspektive betrachten. Dieser Anblick aus dem Weltraum bietet eine neue Sichtweise für die geographischen Verhältnisse auf der Erde.

Nach der eurozentrischen Sichtweise gibt es sechs Kontinente und fünf Ozeane. Wie die Aufnahmen aus dem Weltraum jedoch zeigen, hat diese Einteilung nichts mit den wirklichen geographischen Umrissen zu tun. Europa ist nur eine Halbinsel des afro-eurasischen Kontinents, und Nord- und Südamerika sind eine zusammenhängende Landmasse, die nur durch den von Menschen erbauten Panamakanal zerschnitten wird. Nord- und Südamerika wurden aber häufig als getrennte Kontinente betrachtet, weil es für die Könige und Königinnen in Portugal, Spanien und England nützlich war, aber nicht weil die Geographie es verlangt hätte. Und für die »Ozeane« gilt das gleiche wie für die Kontinente. Unsere gewohnte Ansicht der Erde, in der »oben« der Norden liegt, verstärkt den Eindruck, die Ozeane seien mehrere getrennte Wassermassen. Die Meeresforscher wissen aber schon seit langem, daß es auf der Erde nur einen Ozean gibt: das »Weltmeer«.

> Die Meeresforscher haben vom Weltmeer eine etwas andere Vorstellung als der Laie. Jeder von uns lernt in der Schule die Namen und die Lage der Kontinente und Meere. Wie sich dabei zeigt, sind die Landflächen völlig von Wasser umgeben, aber das führt ein wenig in die Irre, denn es erweckt den

> Eindruck, als seien die Ozeane geographisch getrennt. Aus der Sicht des Meeresforschers sollte man von einem Weltmeer sprechen, das ganz und gar zusammenhängt.[9]

Dieses zusammenhängende Weltmeer erkennt man leicht, wenn man die Erde von der Südhalbkugel aus betrachtet, zum Beispiel auf Karten der US-Marine, bei denen der Südpol den Mittelpunkt bildet (siehe Karte 20, vgl. auch Karte 8 von S. 103).

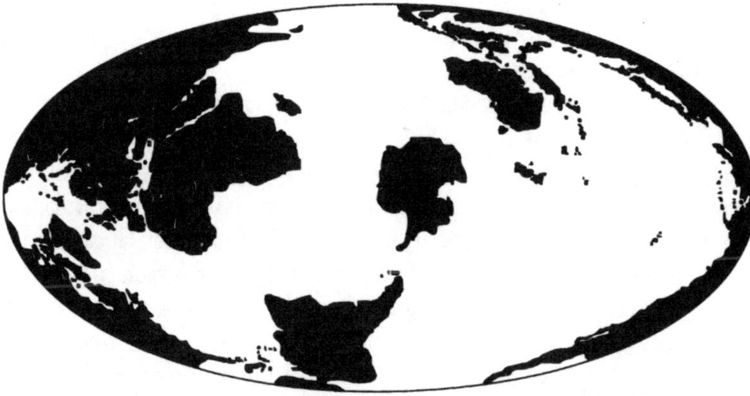

Karte 20: Wenn man die Antarktis in die Mitte einer Weltkarte verlegt, erscheinen Atlantischer, Pazifischer und Indischer Ozean als zusammenhängende Wassermasse, die von den Geographen als »Weltmeer« bezeichnet wird.

Von der Antarktis aus gesehen ist das Weltmeer von einem Superkontinent gesäumt, der aus Afro-Eurasien und der amerikanischen Landmasse besteht. Wie wir gesehen haben, war Amerika zur Zeit von Atlantis über eine Landbrücke namens Beringia mit Afro-Eurasien verbunden. Zusammen bildeten sie einen »Weltkontinent«, der das Weltmeer, von der Antarktis aus gesehen, einschloß.

Sonchis erklärte Solon, die Griechen selbst hätten einen Mythos, der älter sei als die Flut. Er machte sich über die mangelnde Geschichtskenntnis der Griechen lustig:

> O Solon, o Solon, ihr Hellenen bleibt doch immer Kinder, und einen alten Hellenen gibt es nicht... Ihr tragt keine Anschauung, welche aus alter Überlieferung stammt, und keine mit der Zeit ergraute Kunde. [10]

Und dann beschreibt er, was unmittelbar *vor* der Flut geschah:

> Es haben schon viele und vielerlei Vertilgungen der Menschen stattgefunden und werden auch fernerhin noch stattfinden, die umfänglichsten durch Feuer und Wasser, andere, geringere aber durch unzählige andere Ursachen. Und was auch bei euch erzählt wird, daß einst Phaëton, der Sohn des Helios, den Wagen seines Vaters bestieg und, weil er es nicht verstand, auf dem Wege seines Vaters zu fahren, alles auf der Erde verbrannte und selber vom Blitze erschlagen wurde, das klingt zwar wie eine Fabel, doch ist das Wahre daran die veränderte Bewegung der die Erde umkreisenden Himmelskörper und die Vernichtung von allem, was auf der Erde befindlich ist... [11]

Um die Menschheit zu retten, vernichtete Zeus den frevlerischen Phaëton mit einem Blitz, und dann sorgte er für eine Flut, die das Feuer löschte. Diese Geschichte zeichnet genau die Vorgänge nach, die sich bei einer Erdkrustenverschiebung abspielen würden. Auf eine erschreckende Änderung im Lauf der Sonne folgen auf der ganzen Erde heftige Erdbeben und Flutwellen. Der Priester gibt eine verblüffend genaue Beschreibung der geographischen Verhältnisse von Atlantis. Die Antarktis ist etwa ebenso groß wie Nordafrika (»Libyen«) und der Nahe Osten (»Asien«) zusammen. Der Ägypter lebte sechs Jahrhunderte vor Christi Geburt, und doch beschrieb er genau die geographischen Eigenheiten eines Kontinents, der erst im 19. Jahrhundert entdeckt wurde und noch bis zur zweiten Hälfte des 20. Jahrhunderts nicht vollständig erforscht war.

Die Geologen gelangten anhand der Theorie von der Plattentektonik zu dem Schluß, die Antarktis sei früher mit den mineralreichen Gebieten Südafrikas, Westaustraliens und Südamerikas verbunden gewesen, und deshalb müßten in ihrem gefrorenen Boden ebenfalls Mineralvorkommen eingeschlossen sein. Zwei geologische Hinweise konnten erst durch die moderne Wissenschaft bestätigt werden. Wie man 1958 entdeckte, ist die Antarktis im Gegensatz zu der Darstellung auf den meisten heutigen Landkarten keine zusammenhängende Landmasse, sondern eher ein Inselkontinent mit einer Gruppe kleinerer, nicht ohne weiteres erkennbarer Inseln in der Nachbarschaft. Diese Nachbarinseln sind zwar von einer Eiskappe bedeckt, aber mit seismologischen Untersuchungen ist man in die Schneedecke eingedrungen und hat die wirkliche Form des Inselkontinents ermittelt. Stellt man die Antarktis ohne Eis dar, erkennt man die in Platons Bericht erwähnten »anderen Inseln« (siehe Karte 21).

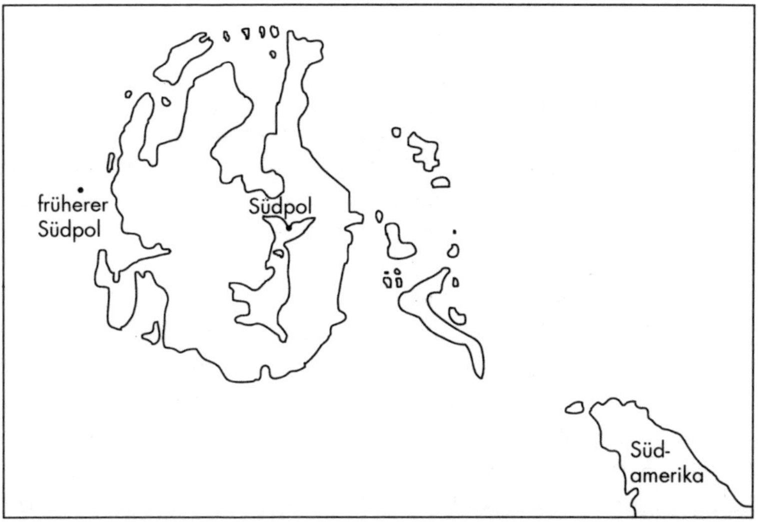

Karte 21: Ohne Eiskappe entpuppt sich die Antarktis als Insel mit mehreren kleinen, vorgelagerten Inseln, die sich in Richtung Südamerika verteilen.

Der Priester erzählte Solon:

> Zunächst nun wurde mir das Land im ganzen als sehr hochgelegen und steil aus dem Meere aufragend geschildert . . . Die Berge aber . . . wurden damals als solche gepriesen, welche an Menge, Größe und Schönheit alle jetzt vorhandenen übertrafen . . .[12]

Whitaker's Almanack von 1992 beschreibt die geologischen Verhältnisse in der Antarktis folgendermaßen:

> Die auffälligsten physischen Merkmale des Kontinents sind die hochgelegene Ebene im Landesinneren (ein großer Teil davon über 3000 Meter hoch), das transantarktische Gebirge . . . und die gebirgige Antarktische Halbinsel mit den vorgelagerten Inseln. Das Kontinentalschelf ist im Durchschnitt 30 Kilometer breit (die Hälfte des weltweiten Durchschnitts, und an manchen Stellen fehlt es völlig) . . .[13]

Wie Atlantis, so liegt auch die Antarktis hoch über dem Meer; sie ist sogar der höchstgelegene Kontinent der Erde:

Durchschnittliche Höhe über dem Meeresspiegel (Meter):[14]

Antarktis	1950
Asien	960
Südamerika	600
Afrika	600
Nordamerika	570
Europa	282
Australien	240

Platons Bericht zeichnet ein genaues Bild von der Welt, wie es einem Griechen mit seinem eingeschränkten Weltbild vermittelt werden kann. Es unterscheidet sich zwar von unserer heutigen

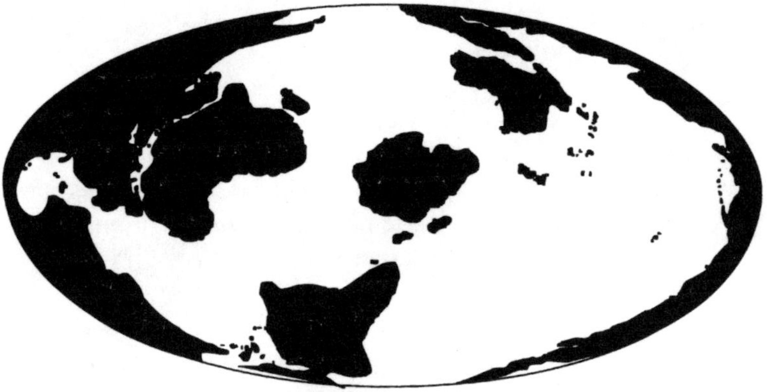

Karte 22: Die Erde um 9600 v. Chr. aus der Sicht von Atlantis. Die Atlantiden sahen die Welt als eine Art Zielscheibe mit Atlantis im Mittelpunkt. Das Weltmeer bildete den inneren Ring, und die übrigen Länder, der Weltkontinent, machten den äußeren Kreis aus. Zu diesem äußeren Kontinent gehörte auch Südamerika.

Sichtweise, aber wenn wir uns in die Lage von Bewohnern der Antarktis versetzen, stimmt sie. Dem Griechen wird Atlantis als jenseits der bekannten Welt (der Säulen des Herakles) liegend beschrieben, und es soll von einer riesigen Wassermasse, dem »wirklichen« Ozean, umgeben sein. Verglichen mit dem wirklichen Ozean ist das Mittelmeer ». . . nur eine Bucht mit einem engen Eingang«. Der wirkliche Ozean ist das Weltmeer. Nach Platons Darstellung schien der »wirkliche Ozean«, von Atlantis aus gesehen, von einer geschlossenen Landmasse umgeben zu sein, die »mit vollem Fug und Recht Festland heißen« kann.[15]

In der Karte 22 ist diese alte Weltsicht wiedergegeben. Sie zeigt die Erde von der Antarktis aus, vor der letzten Erdkrustenverschiebung und der katastrophalen Zerstörung von Atlantis. Da der Meeresspiegel zu jener Zeit niedriger lag, waren Japan und England keine Inseln, und Amerika war über Beringia mit dem afro-eurasischen Kontinent zu einem zusammenhängenden Weltkontinent verbunden.

Nach den Worten des ägyptischen Priesters war Atlantis eine

Insel jenseits der bekannten Welt in einer entfernten Gegend des Atlantiks. Und weiter heißt es:

> [Sie war] größer als Asien und Libyen zusammen, und von ihr konnte man damals zu den anderen Inseln hinübersetzen, und von den Inseln auf das ganze gegenüberliegende Festland, welches jenes recht eigentlich so zu nennende Meer umschließt. Denn alles das, was sich innerhalb der eben genannten Mündung befindet, erscheint wie eine bloße Bucht mit einem engen Eingange; jenes Meer aber kann in Wahrheit also und das es umgebende Land mit vollem Fug und Recht Festland heißen.[16]

Jede Suche nach Atlantis stützt sich auf diese beiden Sätze, die ein ägyptischer Priester vor fünfundzwanzig Jahrhunderten sprach. Der Priester gab an, die Lage von Atlantis sei in den ältesten ägyptischen Schriften aufgezeichnet, und diese wurden vermutlich von einem Überlebenden des verlorenen Landes verfaßt. Wenn man die Karte 22 betrachtet, entspricht die Weltsicht von Atlantis genau der Beschreibung Platons: Sie ist eine exakte Aussage über einen wirklichen Ort zu einer ganz bestimmten Zeit.

Nach der Katastrophe lebte das zerschmetterte, zu einem eisigen Tod verdammte Atlantis überall auf der Erde mit einer seltsamen Faszination im Gedächtnis der Menschen weiter. Überbleibsel der Vergangenheit und Erinnerungsfetzen wurden über Jahrhunderte hinweg miteinander verwoben.

Die Überreste dieser raffinierten historischen Verflechtung gelangten schließlich zur Kenntnis des gebildeten ägyptischen Priesters Sonchis. Durch die Hände dieses angesehenen Geistlichen waren sicher viele seltene Dokumente gegangen, aber die Geschichte von Atlantis hütete er sorgsam und gab sie durch die Stimme von Solon und schließlich von Platon über die Generationen hinweg weiter.

In Platons Schriften finden sich alle Hinweise auf den Verbleib von Atlantis wie auch über die Lage des Kontinents selbst. Versetzen wir uns einmal in die Zeit vor fast 12 000 Jahren, als die Seefahrer des Reiches von Atlantis über das Weltmeer segelten ...[17]

Der kalte Seewind ließ seine Gliedmaßen steif werden. Seine Lippen waren aufgesprungen und wund von den Monaten in der Salzluft. Und doch hatte der Seefahrer ein Leuchten in den blassen Augen, als sein Blick über das Deck schweifte.

Da war sie, nur ein paar Stunden entfernt; sie glitzerte vor dem Horizont, eine Vision, die er nur undeutlich vor sich gesehen hatte in all den Monaten, in denen er sich abgerackert und zur See seine Pflicht getan hatte. Atlantis. Die glitzernde Stadt. Die Hauptstadt eines großen Reiches. Die Heimat.

Trotzig erhoben sich die Berge des Festlandes aus den Wogen und vermittelten ihm die Sicherheit der ewigen Silhouette, die den Himmel, das Meer und das Land beherrschte. Der rauhe Willkommensgruß der schroffen Gipfel wurde durch ihre Schönheit abgemildert; sie ragten so hoch, als wollten sie mit der Sonne in Wettstreit treten.

Die letzten Stunden wollten kein Ende nehmen, aber während die Flotte auf den Hafen zuhielt, trug der Wind den Lärm der Anlegeplätze und der umgebenden Kaufmannsviertel zu den Seeleuten, schon lange bevor sie sich zum Anlegen bereitmachten. Das unaufhörliche Treiben, die Rufe und Forderungen der aufgeregten Händler, Tiergebrüll und das Klirren des Steinguts waren für die Matrosen der gewaltigen Flotte von Atlantis eine süße Melodie. Von ihrem zentralen Ausgangspunkt im Herzen des Ozeans hatten die Seefahrer von Atlantis Zugang zu allen Winkeln der Erde. Aber kein Land, mochte es auch noch so exotisch und fesselnd sein, kam für einen müden Seefahrer der Heimat Atlantis gleich.

Die Gebäude, die sich oben auf der Wehrmauer drängten, waren vom Glänzen des nahenden Sonnenuntergangs überflutet, während Schiff und Besatzung mit den vertrauten Vorbereitungen begannen, um in den ersten jener großen Kanäle einzufahren, die sie über zehn Kilometer hinweg ins Stadtzentrum bringen würden. Allmählich trat der stechende Geruch eng gefüllter Tierstallungen an die Stelle der Meeresluft. Das anschwellende Getöse des Marktplatzes kündigte die Rückkehr in die Zivilisation an, und die Eintönigkeit des Meeres machte der hektischen Betriebsamkeit der Kaufleute Platz, deren Viertel oben auf der großen Mauer lag.

Lärm und Hektik waren etwas Normales im Hafen der Stadt, die unter dem Namen Atlantis bekannt war. Durch die Notwendigkeit, die lebenswichtigen Waren für ein großes Reich zu verteilen, wurde dieser unentbehrliche Teil der Stadt zu einem Ort ständiger Bewegung. Die wohlhabenden Kaufleute, denen das Reich seinen Lebenssaft verdankte, besiedelten drei Viertel der äußeren Stadt. Tausch- und Kaufhandel waren ständig im Gang, und ausländische Schiffe bevölkerten die riesigen Kaimauern, die den Hafen beherrschten.

Diese Kaimauern waren gleichzeitig Bestandteil einer Befestigung, die ihresgleichen suchte. Sie dienten zur Verteidigung der kostbaren Waren und geistigen Schätze von Atlantis und waren aus den weißen, schwarzen und roten Steinen des Landes zusammengesetzt. Ihr Muster, ein Meisterwerk des Erfindungsreichtums, setzte sich in den Türmen und Toren fort, die den Eingang bewachten. Die Geschäfte, die in diesem umfangreichen, geräuschvollen Teil der Stadt abgewickelt wurden, waren zu einem nicht unerheblichen Teil die Ursache für den Wohlstand und die Muße, derer sich alle Bewohner von Atlantis erfreuten.

Als die Flotte den Anfang des Kanals erreicht hatte, ließ der Lärm des Marktplatzes nach. Die heimkehrenden Schiffe wirkten winzig vor den Klippen, die sich beiderseits des Kanals auftürmten. Es war wirklich ein einschüchternder Empfang für jeden Fremden. Das Schiff und seine ungeduldige Mannschaft waren jetzt auf dem Weg zu ihrem endgültigen Bestimmungsort, dem inneren Heiligtum der großen Hauptstadt. Aber um ihren Anlegeplatz zu erreichen, mußten die Schiffe langsam durch ein kompliziertes Kanalsystem steuern (siehe Karten 23a und 23 b). Die Ungeduld des jungen Seemannes, der in dem legendären

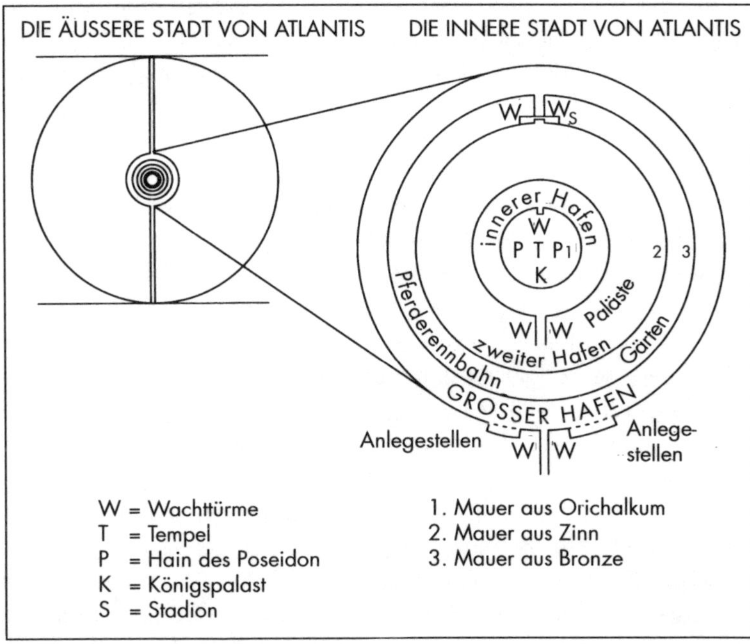

Karte 23a und 23b: Die Stadt Atlantis bestand aus abwechselnd angeordneten Land- und Wasserringen. In der inneren Stadt wohnte die Herrscherfamilie; hier gab es Gärten, Rennbahnen, Paläste und einen Tempel. Die äußere Stadt beherbergte Händler und Kaufleute.

Stadtzentrum ankommen wollte, wurde gedämpft durch den Trost, wieder im Schoß der Heimat zu sein. Seine Vorfahren hatten eine Hauptstadt errichtet, die ihrem Ruhm diente. Atlantis war ein unglaubliches Beispiel für eine Stadtplanung, deren Ausmaße selbst in späteren Jahrhunderten kaum erreicht wurden. Man nutzte das Wasser, die üppigste und naheliegendste Energiequelle, um die wichtigsten Bedürfnisse zu befriedigen.

Aber die Kräfte des Wassers sollten auch ihren Grabstein schreiben. Alle Anforderungen von Handel und Verkehr erfüllte ein raffiniertes Kanalsystem, das sich über die Stadtgrenzen hinaus in die große Ebene und weiter ins Gebirge erstreckte, bis hin zur Quelle des reichlich fließenden Wassers.

Weder Rom noch Alexandria oder Konstantinopel, die Hauptstadt des byzantinischen Reiches, konnten an Größe und Schönheit mit Atlantis mithalten. Allein ihr Durchmesser betrug 23 Kilometer. Eine massive, von Häusern gekrönte Mauer zog sich als 72 Kilometer langer Gürtel um die Stadt. Die meisten Sehenswürdigkeiten Londons hätten bequem im inneren Teil der Stadt Atlantis Platz gehabt. Und anders als der ungeordnete Kern der britischen Hauptstadt war Atlantis ein Meisterwerk der Stadtplanung (siehe Karten 24a und 24b).

Aber die Türme und Tore der äußeren Stadt von Atlantis waren noch ein leicht zu überwindendes Hindernis, verglichen mit dem, was einen Eindringling erwartete, wenn er die Geheimnisse der inneren Stadt lüften wollte. Feind oder Freund – jeder mußte beeindruckt sein, wenn er die einen halben Kilometer breite Wasserstraße entlangsegelte (siehe Karte 23b), welche die innere Stadt von den Vierteln der Kaufleute trennte. Dieser freie Raum führte auf eine glänzende Messingwand zu, den einzigen Zugang zur inneren Stadt.

Wem der Zutritt gewährt wurde, der konnte einen Blick auf die ganze Bandbreite dieser Hochkultur werfen. Der erste Landring beherbergte ein Stadion für Wettrennen, Sportplätze und Gärten voller exotischer Blumen und Bäume aus der ganzen Welt. Hinter diesen Anlagen, die der freien Zeit dienten, wiederholte sich die Anordnung von Wasser und Land. Der nächste Landgürtel lag erhöht und war von einer Wand aus Zinn umgeben. Er schützte die Paläste, Gärten und Brunnen der weniger vornehmen Adligen von Atlantis. Danach schließlich kam der letzte Wasserstreifen in Sicht, der ein noch höher gelegenes Stück Land umschloß. Es war, als hätten die Atlantiden vorgehabt, dem arglosen Reisenden immer schönere Anblicke vorzuführen. Dieser Bereich war wiederum von einer Mauer um-

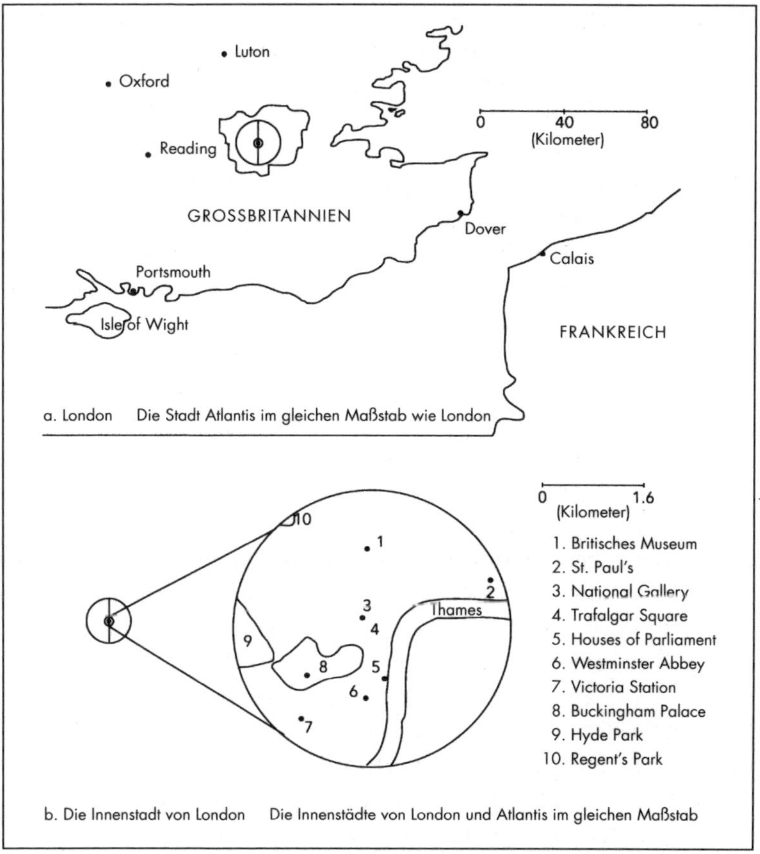

Karte 24a und 24b: Die Hauptstadt von Atlantis war so groß wie das heutige London.

schlossen, die diesmal mit »Orichalkum« verkleidet war, einem Metall, das es nur in Atlantis gab und das »wie Feuer funkelte«. Von dieser zentralen Insel aus, der Spitze der pyramidenförmig angelegten Stadt aus glänzenden Mauern, wurde das Reich von Atlantis regiert.

Auf der Insel stand ein Tempel, der vom »Hain des Poseidon« umgeben war. Durch diesen Garten floß heißes und kaltes Wasser, das im Sommer kühlende Teiche und im Winter wärmende Thermen bildete. Tempel und Palast waren von einer goldverkleideten Mauer geschützt, und der Tempel selbst war mit Silber bedeckt. Sein Inneres war mit Statuen verziert, darunter ein riesenhaftes Standbild des Meeresgottes, der »auf einem Wagen stand«, und mit den Zügeln »sechs geflügelte Rosse« lenkte. Hundert auf Delphinen reitende Seejungfrauen begleiteten den Meeresgott über den Ozean.

Bei dem Altar im Tempel des Meeresgottes wurden die Gesetze aufbewahrt, die den zehn Prinzen der zehn Provinzen von Atlantis als Leitlinie dienten. Sie waren in eine Säule aus Orichalkum eingemeißelt; der König und die Prinzen, so schrieben sie vor, sollten sich ». . . abwechselnd bald jedes fünfte und bald jedes sechste Jahr« versammeln, um an einem alten Ritual teilzunehmen und damit ihre Blutsbande zu erneuern. Der erste Tagesordnungspunkt war immer die Durchsetzung der Gesetze: ». . . und berieten sich in diesen Zusammenkünften teils über die gemeinsamen Angelegenheiten, teils hielten sie Nachforschung danach, ob einer von ihnen irgendeine Übertretung begangen, und saßen darüber zu Gericht.«[18]

Auf die eingehenden Beratungen folgten komplizierte Rituale, die das Ziel hatten, den Gehorsam der Herrscher gegenüber den Gesetzen von Atlantis zu verstärken.

> Sobald es aber dunkel ward und das Opferfeuer verglomm, kleideten sich alle sofort in ein blaues Gewand von der allerhöchsten Schönheit, und so, bei der Glut der Eidesopfer auf der Erde sitzend, indem sie gänzlich das Feuer im Heiligtume auslöschten, sprachen sie Recht bei der Nacht, wenn etwa der eine von ihnen den andern irgendeiner Übertretung anklagte. Nach vollzogenem Urteil aber schrieben sie die Richtersprüche, sobald es Tag ward, auf einer goldenen Tafel auf und weihten diese samt jenen Gewändern zum Denkzeichen.[19]

Atlantis lebte in Frieden und Wohlstand, erfreute sich seines Reiches und profitierte davon: Es bewahrte sich »viele Geschlechter hindurch ... einen Reichtum von solcher Fülle, wie er wohl weder zuvor in irgendeinem Königreiche bestanden hat, noch so leicht künftig wieder bestehen wird ...«[20]

Platon gibt in seinem Dialog *Kritias* die Worte des ägyptischen Priesters wieder, der Solon über die verlorene Stadt Atlantis berichtete. Der Priester gibt fünf konkrete Hinweise auf die Lage von Atlantis:

1. *Es lag in einer großen Ebene;*
2. *in der Nähe des Meeres;*
3. *auf halbem Weg entlang der größten Länge des Kontinents;*
4. *in Richtung der Inseln; und*
5. *von Bergen umgeben.*

Mit diesen fünf Angaben und den klimatischen Gegebenheiten, die sich aus der Theorie von der Erdkrustenverschiebung ergeben, kann man die Lage der Stadt einkreisen (siehe Karte 25a bis 25d).

Karte 25a zeigt den Teil der Antarktis, der zur Blütezeit von Atlantis außerhalb des Polarkreises lag. Über die Hälfte des Inselkontinents war zu jener Zeit von Eis bedeckt. Dort kann die Stadt sich nicht befunden haben. Man kann die Suche also auf die Westantarktis beschränken.

Nach Platons Bericht lag die Stadt in der Nähe des Ozeans, in der Mitte der Längsachse des Kontinents und gegenüber den Inseln von Atlantis (Karte 25b). Sie war allseits von Bergen umgeben und lag auf einem kleinen Hügel in einer großen Ebene. Das antarktische Gebirge zieht sich an der Küste entlang, und zwar auf der Seite, die den Inseln zugewandt ist (Karte 25c). Die Ebene, auf der die große Stadt vermutlich einst lag, ist in Karte 25d dargestellt.

Das waren nach den Angaben des ägyptischen Priesters die äußeren Eigenschaften von Atlantis. Seine Kultur und Zivilisation bleiben jedoch ein spannendes Rätsel. Platon nennt zwar ein

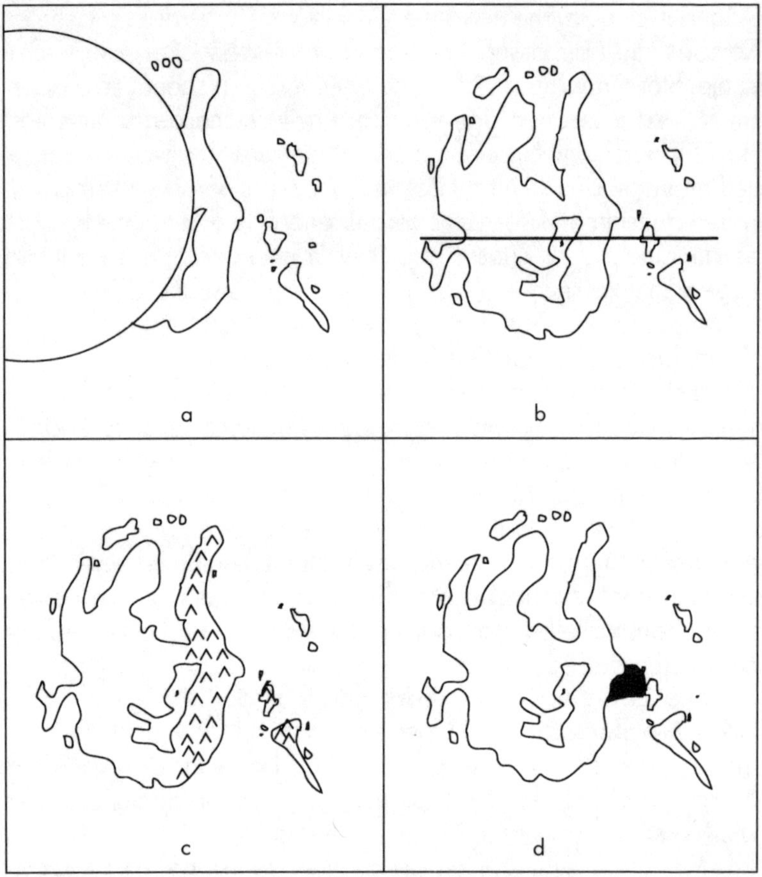

Karte 25a bis 25d: Die Ebene, auf der die Hauptstadt lag, muß sich in einem relativ kleinen Gebiet der Antarktis befunden haben; dies wird deutlich, wenn man sich den Kontinent ohne Eis vorstellt. Hinweise auf die Lage von Atlantis finden sich sowohl in der Geologie als auch bei Platon.

a. Hapgoods Theorie der Erdkrustenverschiebung weist auf die Westantarktis hin, denn der östliche Teil des Kontinents war während der Blütezeit des Reiches von Eis bedeckt.
b. Nach den Berichten des ägyptischen Priesters lag die Stadt Atlantis in der Mitte der Hauptinsel in Richtung der äußeren Inseln.
c. Die Stadt war von Bergen umgeben.
d. In diesem Bereich lag vermutlich die verlorene Stadt Atlantis.

paar aufschlußreiche Einzelheiten, aber es muß der modernen Archäologie überlassen bleiben, dem eisigen Grab der verlorenen Stadt mit ihren Ausgrabungen wieder Leben einzuhauchen. Wir müssen in das eisige, dunkle Wasser der Antarktis blicken, wenn wir Aufschlüsse über die Wurzeln aller Zivilisation gewinnen wollen, Aufschlüsse, die heute wahrscheinlich noch in den gefrorenen Tiefen des vergessenen Inselkontinents verborgen sind.

Aber wir müssen nicht gegen die Schneestürme am Südpol ankämpfen oder unter dem Eis graben, um konkrete Spuren des goldenen Zeitalters der Atlantiden zu finden. Sie haben uns ein reiches Vermächtnis an Landkarten hinterlassen, gerettet von denen, die das Glück hatten, den Tod eines Kontinents zu überleben. Die früheren Umrisse der Erde wurden abgemalt, immer und immer wieder, bis sie schließlich in die Hände der europäischen Entdecker gelangten. Der Einfluß dieser Karten ist ein vergessenes Kapitel in der wechselhaften Geschichte einer Zeit, die man »das Zeitalter der Entdeckungen« nennt. Denn bevor die rauhen, tapferen Entdecker in See stachen, studierten sie die Landkarten der Atlantiden.

8

Die Landkarten der Atlantiden

Im Winter des Jahres 332/331 v. Chr. führte der damals erst vierundzwanzigjährige Alexander der Große ein Heer von 35 000 Mann durch die unbarmherzige Hitze der Sinai-Wüste. Sieben Tage lang marschierte der Heereszug über nackten Fels. Das Geräusch der stampfenden Stiefel, das Klirren der Waffen und das Schnauben der schweißüberströmten Pferde verloren sich in der unendlichen Weite und der unnachgiebigen Hitze. Schließlich führte Alexander seine Leute aus der Wüste in die Oase, die Ägypten hieß. Er war gekommen, um dieses Land zu erobern wie schon so viele Gebiete zuvor.

Der Herrscher Ägyptens hatte ihm kein Heer entgegenzusetzen und ergab sich schnell.

Während Alexanders Soldaten sich dem Wein hingaben und ihre müden Glieder in ägyptischen Bädern ausruhten, dachte Alexander selbst über die Zukunft nach. Sein alter Lehrer Aristoteles hatte ihm immer wieder von reichen Schätzen und ungelüfteten Geheimnissen berichtet, die im Land der Pyramiden zu finden seien. Ägypten grenzte im Westen, Süden und Osten an Wüsten und war deshalb, so sagte ihm sein strategisches Gespür, ein sicherer Zufluchtsort, der sich mit geeigneter Ausrüstung und den richtigen Soldaten leicht verteidigen ließ.

Es war entschieden. Er würde in Ägypten eine große Stadt gründen und sie zur westlichen Hauptstadt seines neuen Reiches machen. Sie sollte Alexandria heißen.

Schließlich verließ Alexander das Land am Nil, um die persische Armee zu schlagen und dann in noch weiter entfernte

Länder zu ziehen. Erst in Nordindien verweigerten seine erschöpften Soldaten das weitere Vordringen. Sie hatten die gesamte bekannte Welt für ihren Herrscher erobert, und jetzt hatten sie genug. Alexander führte sie zurück in seine östliche Hauptstadt Babylon. Dort starb er noch vor seinem dreiunddreißigsten Geburtstag; er hinterließ ein Reich, das von Ost nach West die gleiche Ausdehnung hatte wie die heutigen Vereinigten Staaten.

Ptolemäus, Alexanders Jugendfreund, ließ seinen Leichnam nach Alexandria überführen. Dort begründete Ptolemäus eine griechische Dynastie, die über vierzehn Herrscher hinweg bestehen blieb und erst endete, als Kleopatra, die letzte Königin, angesichts der römischen Eroberung ihres Reiches Selbstmord beging. Ptolemäus ruhte nicht, bis er eine große Bibliothek und ein Museum aufgebaut hatte, in denen alle Geheimnisse und Schätze der von Alexander eroberten Länder aufbewahrt werden konnten. Man unternahm erhebliche Anstrengungen, um alles Wissen an einem Ort zu vereinigen: in Alexandria.

Die Vorbereitungen zu diesem ehrgeizigen Vorhaben waren nicht einfach. In den alten Ländern des Nahen Ostens begann eine intensive Suche, eine Jagd nach lange versteckten Tontafeln, geheimnisumwitterten, faszinierenden Landkarten, den Geheimnissen der antiken Wissenschaft und den Kunstgegenständen, die man in das Museum bringen wollte.

Jahrhundertelang war die große Bibliothek von Alexandria das Zentrum des Lernens für die ganze Welt; sie wurde von allen aufgesucht, die den gewundenen Wegen ihres Geistes und ihrer Neugier folgen wollten. Angezogen wie Eisen von einem Magneten, reisten die Gelehrten nach Alexandria, um die Geheimnisse längst vergangener Kulturen zu lüften.

Eratosthenes (ca. 275 – 195 v. Chr.), einer der ersten Bibliothekare, muß auf einige unglaubliche Werke gestoßen sein. Die Bibliothek beherbergte in ihren Mauern die Geheimnisse der Geographie, alte Landkarten und Berichte über waghalsige Reisen. Sein großes Interesse für ferne Länder führte Eratosthenes in die antike Stadt Syene am Nil. Dort berechnete er mit einer sehr geringen Fehlerspanne den tatsächlichen Umfang der Erde, und das schon zweieinhalb Jahrhunderte vor Christi Geburt.

Euklid, der um 300 v. Chr. lebte und dessen Name geradezu zum Synonym für Geometrie wurde, studierte ebenso in der berühmten Bibliothek wie Archimedes (287–212 v. Chr.), der »Thomas Edison« der Antike, der sich Tag um Tag in den Schriften vergrub und die Geheimnisse alter ägyptischer Schriftrollen erforschte. Nach seinem Tod pflegte man jeden großen Erfinder als »neuen Archimedes« zu bezeichnen. Aber auch dieser begabte Mann war nicht unfehlbar, denn er verunglimpfte eine der bedeutsamsten Entdeckungen der Menschheit.

Die Tatsache, daß die Erde sich um die Sonne dreht, ist heute allgemein bekannt, aber im alten Alexandria hielt man solche Ideen für lächerlich, und Archimedes wies das heliozentrische Weltbild des Aristarchos von Samos geringschätzig zurück. Aristarchos, ein Zeitgenosse Archimedes', war ebenfalls nach Alexandria gekommen, um in der großen Bibliothek auf Schatzsuche zu gehen. Er entwickelte die revolutionäre Idee, die Erde bewege sich um die Sonne – eine Vorstellung, die erst 1900 Jahre später anerkannt wurde. Vielleicht bezog Aristarchos seine Anregung aus wissenschaftlichen Texten der Atlantiden, die sich in den Regalen der Bibliothek fanden.

Nach dem Zerfall des römischen Reiches (476 n. Chr.) und Alexandrias (642 n. Chr.) wurde Konstantinopel zum Weltzentrum für antike Landkarten. Hier setzten sie über Jahrhunderte hinweg Staub an, bis aus dem Norden eine unerwartete Gefahr drohte.

Im 9., 10. und 11. Jahrhundert hörte man immer häufiger das Geräusch von Rudern, die das Wasser der nebligen Fjorde Nordeuropas zerschnitten. Die Skandinavier litten unter den

Spannungen, die durch zu viele Menschen auf zu engem Raum entstanden, und begannen mit einer Invasion, die über ganz Europa hinwegfegen sollte. Schiffe mit Drachenköpfen am Bug und rotbärtigen Männern am Steuer wurden vor den Küsten Englands und Frankreichs gesichtet und gelangten im Süden bis nach Italien. Es waren die Wikinger, und ihren Heldentaten im Südwesten stellten sie ebenbürtige Expeditionen nach Island, Grönland und Nordamerika an die Seite.

Die Berichte von den waghalsigen Reisen der Wikinger im Nordatlantik und ihrer erbarmungslosen Piraterie in Westeuropa überschatten ein noch verblüffenderes Kapitel ihrer Geschichte. Anfang des 9. Jahrhunderts gründeten die östlichen Wikinger, auch Waräger genannt, einen Stützpunkt südöstlich des heutigen St. Petersburg, den sie »Nowgorod« nannten. Von dort aus gelangten sie über die mächtigen Flüsse Wolga und Dnjepr bis ins Schwarze Meer und schließlich nach Konstantinopel.

Konstantinopel, das Juwel des byzantinischen Reiches, die Stadt von Gold und Prunk, war für seine Pracht so bekannt, daß man es einfach die »Große Stadt« nannte. Die Waräger plünderten 860 n. Chr. die äußeren Stadtteile, aber es gelang ihnen nicht, in ihr Inneres vorzudringen. Nachdem ein letzter Eroberungsversuch fehlgeschlagen war, schlossen die Waräger und das byzantinische Reich 941 ein Abkommen. Mitte des 10. Jahrhunderts dienten Waräger in immer größerer Zahl in der kaiserlichen Marine von Konstantinopel. Sie waren die ersten Abenteurer, die nach langer Zeit einen Blick auf die alten Landkarten warfen, die früher in der großen Bibliothek von Alexandria gelegen hatten.

Möglicherweise fanden Kopien dieser Karten den Weg bis in die skandinavische Heimat der Wikinger. Ihre westlichen Stämme zogen jedenfalls aus der Beute großen Nutzen. Als ihnen der kartographische Schatz zugänglich wurde, entdeckten sie die ersten neuen Gebiete jenseits des Atlantiks. Erik der Rote (ca. 1000 n. Chr.), der Entdecker Grönlands, und sein Sohn Leif Eriksson, der als erster Europäer nach Amerika gelangte, waren nur die berühmtesten in einer langen Reihe von Entdeckern, die den wahren Wert der Landkarten aus dem alten Konstantinopel erkannten.

Während der Westen unter dem Pesthauch des Mittelalters litt und die Raubzüge der Wikinger erdulden mußte, blühte die islamische Welt in einem goldenen Zeitalter der Gelehrsamkeit auf. Die Errungenschaften dieser großartigen Zeit kann man zu einem großen Teil dem islamischen Kalifen zuschreiben, der von einem Reich von Spanien bis nach Indien träumte. Der Kalif Abu-l-Abbas Abd-Allah al-Ma'mun beherrschte ein islamisches Großreich, das sich von Bagdad westlich bis Nordafrika und zur iberischen Halbinsel sowie im Osten bis nach Indien erstreckte. Eines Nachts erschien dem Kalifen im Traum ein alter Mann:

> Mir war, als stünde ich vor ihm, wobei ich voller Angst vor ihm war. Dann sagte ich: »Wer bist du?« Er erwiderte: »Ich bin Aristoteles.« Ich war entzückt und fragte ihn: »Weiser Mann, darf ich dir eine Frage stellen?« Er sagte: »Frag nur.« Ich wollte wissen: »Was ist gut?« Er antwortete: »Was gut in der Seele ist.« Ich fragte weiter: »Und was ist noch gut?« Er erwiderte: »Was nach dem Gesetz gut ist.« Ich sagte: »Und was weiter?« Er erwiderte: »Was in der Öffentlichkeit gut ist.« Ich sagte: »Und weiter?« Er antwortete: »Weiter? Mehr gibt es nicht.«[1]

Hundert Jahre nach dem Tod des Kalifen al-Ma'mun berichtete ein islamischer Schriftsteller über die Folgen dieses Traums:

> Dieser Traum war einer der eindeutigsten Gründe für die Herstellung von Büchern. Es kam zu einem Briefwechsel zwischen al-Ma'mun und dem byzantinischen Kaiser, dessen Unterstützung der Kalif gesucht hatte. Dann schrieb er an den Kaiser und bat ihn um eine Reihe alter wissenschaftlicher Schriften, die im oströmischen Reich aufbewahrt wurden.[2]

Auf Befehl von al-Ma'mun wurde 833 eine Bibliothek eingerichtet, die den Beinamen »Haus der Weisheit« erhielt. Sie befand sich in Bagdad und wurde für die arabische Welt das, was Alexandria für die alten Griechen gewesen war. Die griechischen Lehren wurden wiederentdeckt, und die Gelehrten schrieben die Werke nicht nur ab, sondern erzielten weitere Fortschritte in Mathematik und in der Alchemie, der Vorläuferdisziplin der Chemie.

Einige Jahrhunderte später, nämlich 1559, entdeckte man eine arabische Weltkarte. Die »Weltkarte des Hadschi Ahmed« (siehe Karte 26a und 26b) zeigt die Umrisse des gesamten nordamerikanischen Kontinents mit Gebieten, die von den Europäern erst zwei Jahrhunderte später kartiert wurden.[3] Die Darstellung ist bemerkenswert, denn um einen Kontinent von der Größe Nordamerikas zu vermessen, muß man Breiten- und Längengrade genau bestimmen können.

Der portugiesische Prinz Heinrich der Seefahrer (1394–1460), einer der wirklich großen Geister des 15. Jahrhunderts, gilt oft als derjenige, der die Messung der Breitengrade vervoll-

a b

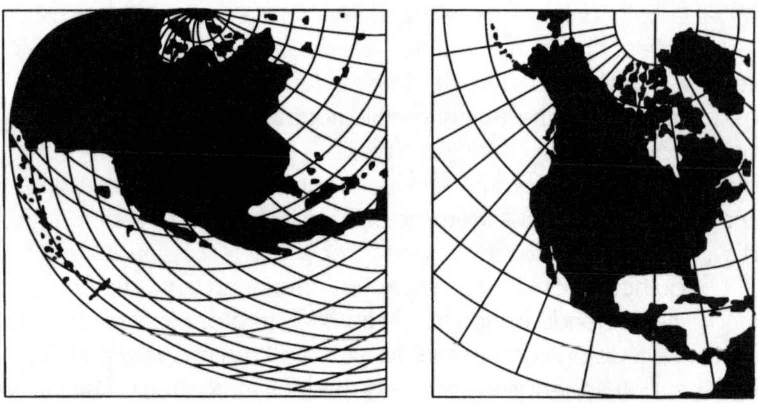

Karte 26a und 26b: Die Weltkarte des Hadschi Ahmed von 1559 zeigt Nordamerika bereits bemerkenswert genau, lange bevor es von den Europäern erkundet wurde. Möglicherweise wurde die Karte ursprünglich von Atlantiden gezeichnet.

kommnete. Wie weit nördlich oder südlich des Äquators lag ein bestimmter Punkt? Seine Kartographen wußten, daß der Abstand des Polarsterns vom Horizont recht genau der geographischen Breite entspricht. Erkennt man ihn 50 Grad über dem Horizont, so befindet sich der Beobachter ziemlich genau auf 50 Grad nördlicher Breite. Auf der Südhalbkugel gibt es keinen »Südpolarstern«; dort mußten die Schiffskapitäne jeden Mittag den Sonnenstand messen und daraus die Breite ableiten. Die Antwort auf die Frage der Breitengrade lieferte also die Astronomie.

Viel schwieriger war die Bestimmung der Längengrade, also die Feststellung, wie weit westlich oder östlich von einem Nullmeridian man sich befand. Die Erdkugel ist in 360 Längengrade eingeteilt. Da sie sich in 24 Stunden einmal um sich selbst dreht, entspricht die »Bewegung« der Sonne in einer Stunde 15 Längengraden (360 durch 24). Ist es an einem Punkt der Erde Mittag, so ist es 15 Grad westlich davon elf Uhr und 15 Grad im Osten 13 Uhr. Um festzustellen, auf welchem Längengrad man sich befindet, muß man also den Zeitunterschied zwischen der Tagesmitte am eigenen Standort und am Nullmeridian ermitteln.

Heute ermöglichen Funk und Satelliten die Kommunikation mit jedem Punkt auf der Erde, aber im 17. Jahrhundert gab es keine Möglichkeit, unterwegs die genaue Uhrzeit am Ausgangsort festzustellen. So kam es immer wieder zu Katastrophen: 1691 verfuhren sich sieben britische Kriegsschiffe, die ihre genaue geographische Länge nicht ermitteln konnten. Sie erlitten Schiffbruch vor Plymouth. Vor Gibraltar lief eine britische Flotte 1694 aus dem gleichen Grund auf die Felsen, und 1707 kamen 200 Menschen auf vier Schiffen vor den Scilly-Inseln ums Leben, weil die britische Marine den Längengrad nicht feststellen konnte.

Daraufhin beschloß das britische Parlament 1714 die Einrichtung einer eigenen Behörde für die Messung der Längengrade; sie bot eine »staatliche Belohnung für die Person oder Personen, welche die Längengrade zur See entdecken können«. Der Preis von 10 000 Pfund wurde ausgesetzt für die Erfindung eines Gerätes, mit dem man die geographische Länge einer Schiffsposition auf ein Grad genau bestimmen konnte. Die doppelte

Summe wurde geboten, wenn die Genauigkeit sich auf ein halbes Grad steigern ließ. Dazu sollte das Gerät auf einer Reise nach Westindien (das heißt in die Karibik) überprüft werden. Zwanzigtausend Pfund waren 1714 ein gewaltiger Anreiz, selbst für eine derart schwierige Aufgabe. Nach heutigem Kurs entspricht die Summe über zwei Millionen Deutsche Mark.

John Harrison (1693 – 1776) baute 1735 den ersten Seefahrtchronometer, eine sehr exakt laufende Uhr. Sie wurde 1737 auf einer Reise nach Lissabon getestet und erwies sich als genau. Die entscheidende Reise nach Westindien stand aber noch bevor. Harrisons viertes, verbessertes Chronometermodell wurde 1762 auf einer Fahrt nach Jamaika erprobt und bestand die Prüfung mit Leichtigkeit. Die Behörde für die Längengrade folgte der Tradition aller selbstbewußten Bürokratien und sicherte sich ihr Weiterbestehen, indem sie Harrison das Preisgeld verweigerte. Er bekam 1763 einen Teilbetrag von 5000 Pfund, aber erst als König George III. zu seinen Gunsten intervenierte, erhielt der kluge Erfinder 1773 – mit achtzig Jahren – den Hauptteil der Belohnung.

In den siebziger Jahren des 18. Jahrhunderts zog Kapitän Cook auf seinen Reisen in die Südsee großen Nutzen aus dem Chronometer. Das Gerät wurde an der königlichen Sternwarte von Greenwich auf Genauigkeit geprüft, bevor die Flotte ihre Anker lichtete. Unabhängig vom Standort zeigte der Chronometer stets die Uhrzeit von Greenwich an. Kapitän Cook brauchte nun nur noch jeden Tag den höchsten Sonnenstand zu beobachten und den Zeitunterschied zur Mittagsstunde in Greenwich zu ermitteln. Mit diesem neuen Hilfsmittel konnten die Europäer zum erstenmal Lage und Form der Kontinente aufzeichnen.

Aber es bleibt die Tatsache, daß manche Karten schon vor dieser Entdeckung die wirkliche Gestalt der Kontinente zeigten. Wie bereits erwähnt, erkennt man auf der Karte von Hadschi Ahmed aus dem Jahr 1559 die allgemeine Form, Größe und Lage Nordamerikas einschließlich der Nordwestküste, die als noch nicht erforscht galt.

Wie konnte es eine solche Karte geben, wenn die Technik,

die zu ihrer Herstellung notwendig war, 1559 noch nicht existierte? Zeichneten vielleicht die Atlantiden eine Vorlage für die Darstellung von Hadschi Ahmed? Für die Bewohner von Atlantis war Nordamerika der unangenehmste Kontinent – ein unscheinbares, gefrorenes Land, das einen ähnlichen Ruf hatte wie heute die Antarktis. Die Karte zeigt Nordamerika nicht mit seiner heutigen Form, sondern mit der zur Zeit von Atlantis.

Als nach dem Zweiten Weltkrieg die Radiokarbonmethode zur Altersbestimmung erfunden war, konnte man feststellen, wie Nordamerika um 9600 v. Chr. aussah. Legt man die Karte von 1559 über eine moderne archäologische Karte der Welt von 9600 v. Chr., erkennt man in der alten Karte eine Darstellung, die dem Anblick Nordamerikas von Atlantis aus entspricht (siehe Karte 27).

Ein Seemann aus Atlantis, dem man eine heutige Weltkarte zeigen würde, wäre verblüfft. In seinen Augen wäre die Antarktis sehr ungenau dargestellt, da ihre Buchten, Meeresarme und Inselgruppen auf unserem heutigen Globus verborgen sind. Er würde fragen, warum der Ozean so viel mehr Land bedeckt. Und warum wurde das Festland in der Gegend mit der Bezeichnung »Alaska« von der übrigen Welt getrennt? Die Hadschi-Ahmed-Karte von Nordamerika würde unser Seemann dagegen sofort als genaue Wiedergabe einer in seinen Augen sehr langweiligen Gegend ansehen.

Daß es den alten Subkontinent Beringia wirklich gab, wurde erst im 20. Jahrhundert bestätigt. Und doch findet er sich bereits auf der Karte von Hadschi Ahmed. Es scheint, als hätten die Araber eine Karte Nordamerikas aus Atlantis in ihren Besitz gebracht, die gezeichnet wurde, als der größte Teil davon unter dickem Eis lag. Und wie sich herausstellen sollte, gab es auch Karten einer eisfreien Antarktis.

Diese Karten aus abgegriffenem Pergament wurden über Generationen hinweg von Hand zu Hand weitergereicht, manchmal von den Weisen der jeweiligen Zeit ehrfurchtsvoll in Verwahrung genommen, manchmal auch zerrissen und zerknüllt durch die zerstörerischen Launen des Krieges. Und schließlich,

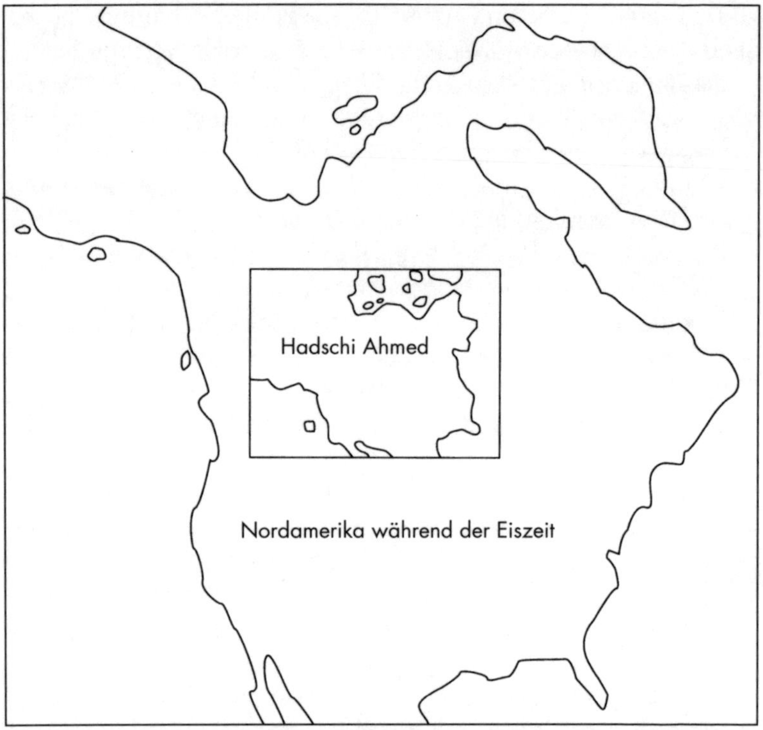

Karte 27: Vergleicht man die Darstellung Nordamerikas in der Karte des Hadschi Ahmed mit der vermutlichen Form des eisbedeckten Kontinents vor 11 600 Jahren, zeigen sich deutliche Übereinstimmungen.

gerade als das »Zeitalter der Entdeckungen« begann, kamen sie wieder ans Tageslicht.

Am 13. Januar 812 ging Venedig aus der Herrschaft des Frankenreichs Karls des Großen an das wohlhabende oströmische Reich über: Es war für die Stadt der Beginn einer Blütezeit, die sich über mehr als ein Jahrtausend fortsetzen sollte. Venedig, eine Gründung versprengter Seeleute aus der Zeit Attilas des Hunnen (5. Jahrhundert n. Chr.), lag an einer besonders günstigen Stelle an der Adria und konnte so von den wachsenden Handelsströmen profitieren. In Europa fand man immer mehr Geschmack an exotischen Gewürzen und den fließenden Seidenstoffen Asiens. Diesen Handel beherrschte Venedig fast vierhundert Jahre lang; gegen Ende dieser Zeit, im 12. Jahrhundert, erkannte man im byzantinischen Reich die Vorteile des Handels mit anderen Städten wie Pisa und Genua. Der Verlust der ergiebigen Märkte war für die Venezianer eine Provokation. Insbesondere einer von ihnen, Enrico Dandolo, rächte sich für die Einbuße mit mehreren Feldzügen, die schließlich zum ersten erfolgreichen Angriff auf die legendäre Stadt Konstantinopel führten.

Im Jahr 1198 wurde in Rom ein neuer Papst gewählt. Innozenz III. war besessen von der Idee, die römisch-katholische und die griechisch-orthodoxe Kirche wieder zu vereinigen. Dies wollte er durch den vierten Kreuzzug erreichen, der das Ziel hatte, Ägypten von der islamischen Herrschaft zu »befreien« und das Heilige Land einer vereinigten Christenheit wiederzugeben. Um seinen ehrgeizigen Plan zu verwirklichen, schickte er Briefe an alle Könige in Europa und verlangte Soldaten und Waffen. Schließlich traf in Venedig ein Kontingent von Kreuzfahrern ein, das Enrico Dandolo, dem Dogen der Lagunenstadt, unterstellt wurde.

Dandolo war von glühendem Haß auf die Byzantiner beseelt. Seine Verbitterung hatte viel mehr mit persönlichen Rachegefühlen als mit dem Verlust der Handelsmärkte zu tun. Er hatte seinen Zorn viele Jahre lang genährt. Dreißig Jahre zuvor hatte man ihn als Geisel genommen, und ». . . während seines Aufenthaltes in Konstantinopel hatten die Griechen ihn mit einem Hohlspiegel, der die Strahlen der Sonne stark zurückwarf, heimtückisch geblendet . . .«[4]

In seiner Geschichte Byzanz' faßt A. A. Wasiliew die Voraussetzungen für den Angriff auf Konstantinopel folgendermaßen zusammen:

> Für die Vorbereitungen zum vierten Kreuzzug waren also zwei Männer von vorrangiger Bedeutung: Papst Innozenz III. als Vertreter der geistlichen Seite wünschte sich sehnlichst, das Heilige Land aus der Hand der Mohammedaner zurückzugewinnen, und war von der Idee der Vereinigung gefesselt; der Doge Enrico Dandolo dagegen verkörperte das weltliche, erdverbundene Element und verfolgte vor allem materielle, wirtschaftliche Ziele.[5]

Nachdem Dandolo das Kommando übernommen hatte, verschob er die Gewichtungen so, daß der Kreuzzug schließlich nichts mehr mit dem Heiligen Land zu tun hatte. Zunächst ließ er seine Krieger auf die Stadt Zara los, die sich kurz zuvor von Venedig losgesagt hatte. Es kam zum Krieg von Christen gegen Christen und zu umfangreichen Plünderungen, und das Ganze nannte sich »Kreuzzug«. Anschließend wandte der »falsche Kreuzzug« sich seinem eigentlichen Ziel zu: der Metropole Konstantinopel. Die Flotte der »Kreuzfahrer« landete im Juni 1203. Ein französischer Soldat beschrieb, wie die riesige Stadt auf Dandolos Soldaten wirkte:

> Man kann sich vorstellen, wie diejenigen, die Konstantinopel noch nie zuvor gesehen hatten, die Stadt sehr ernst betrachteten, denn sie hatten nie gedacht, daß es auf der ganzen Welt eine so reiche Stadt geben konnte; sie sahen die hohen Mauern und großartigen Türme, die sie umgaben, die reichen Paläste und mächtigen Kirchen, die so zahlreich waren, daß niemand es geglaubt hätte, ohne es mit eigenen Augen zu sehen – und die Höhe und Länge einer Stadt, die mächtiger war als alle anderen. Und möge es jeder wissen: Kein Mann hätte einen so standhaften Mut, daß sein Fleisch nicht gebebt hätte; das war kein Wunder, denn noch nie seit der Erschaffung der Welt hatte jemand ein so großes Vorhaben unternommen.[6]

Am 13. April 1204 wurde Konstantinopel erobert. Wasiliew beschreibt die Ereignisse so:

> Nachdem die Latiner die Stadt eingenommen hatten, gingen sie drei Tage lang mit entsetzlicher Grausamkeit vor; sie plünderten alles, was man in Konstantinopel im Laufe vieler Jahrhunderte gesammelt hatte. Kirchen, Reliquien, Kunstwerke und Privatbesitz – nichts wurde verschont oder respektiert ... Viele Bibliotheken würden geplündert, und Manuskripte wurden zerstört.[7]

Dandolo hatte Rache genommen.

Landkarten, Manuskripte, Marmorstatuen und vier lebensgroße Alexandrinerpferde aus Bronze wurden als Kriegsbeute nach Venedig geschafft. Aber ein weiterer, ganz anderer Schatz sollte dort erst kurz vor dem Ende des Jahrhunderts eintreffen. In den letzten Jahren des 13. Jahrhunderts kehrte Marco Polo mit seinem Vater und seinem Onkel nach Venedig zurück; zuvor hatten sie über zwanzig Jahre lang im Herzen des Mongolenreiches von Kublai Khan gelebt. Marco hatte Venedig als Fünfzehnjähriger verlassen, und als die drei Männer nach der langen Abwesenheit nach Hause kamen, erkannten ihre eigenen Angehörigen sie nicht mehr. Die Reisenden veranstalteten zur Feier ihrer Heimkehr ein großes Festessen, das zum Anlaß für vielerlei Gerede wurde; Johann Baptist Ramusio, Marco Polos erster Biograph, berichtete:

> Sie luden eine Reihe ihrer Angehörigen zu einer Gesellschaft ein, die sie in ihrem Haus mit viel Glanz und Prunk ausrichteten; als die Stunde kam, da man sich zu Tische niederlassen sollte, traten alle drei aus ihren Kammern, gekleidet in leuchtendroten Satin, mit langen Gewändern, die bis auf den Boden reichten, wie man sie in jenen Tagen im Hause trug. Und als das Wasser für die Hände aufgetragen war

und die Gäste sich gesetzt hatten, legten sie diese Umhänge ab und zogen andere aus rotem Damast an, während die ersten auf ihren Befehl hin zerschnitten und an die Diener verteilt wurden. Nachdem sie aus einigen Schüsseln gegessen hatten, gingen sie wieder hinaus und kamen in Gewändern aus rotem Samt zurück, und als sie ihre Plätze eingenommen hatten, wurden die zweiten Gewänder aufgeteilt wie zuvor. Als das Essen vorüber war, taten sie mit den Samtgewändern das gleiche, nachdem sie Kleider nach der gewöhnlichen Mode angelegt hatten, wie sie auch die übrige Gesellschaft trug. Diese Vorgänge erregten unter den Anwesenden viel Verwunderung und Erstaunen. Aber als das Tischtuch abgenommen war und man allen Dienern befohlen hatte, sich aus dem Speisesaal zurückzuziehen, erhob sich der Herr Marco als jüngster der drei von seinem Platz, ging in eine andere Kammer und holte die drei abgetragenen Kleider aus grobem Stoff, die sie bei ihrer Rückkehr getragen hatten. Sofort nahmen sie scharfe Messer und begannen, die Säume und Nähte aufzutrennen, und nun kamen daraus Edelsteine von größtem Wert in gewaltiger Menge zum Vorschein, so Rubine, Saphire, Granate, Diamanten und Smaragde, die alle so kunstvoll in diese Kleidungsstücke eingenäht waren, daß niemand sie dort vermutet hätte. Als sie nämlich den Großen Khan verlassen hatten, hatten sie allen Reichtum, mit dem er sie überhäuft hatte, in diese Masse von Rubinen, Smaragden und anderen Edelsteinen umgetauscht, denn sie waren sich sehr wohl bewußt, daß sie unmöglich eine so große Menge Gold auf eine Reise von so gewaltiger Länge und Beschwerlichkeit mitnehmen konnten. Diese Vorführung eines solch gewaltigen Schatzes von Juwelen und Edelsteinen, die sämtlich auf den Tisch rollten,

> erregte bei den Gästen neues Erstaunen, so daß sie ganz verwirrt und sprachlos erschienen. Jetzt erkannten sie, daß diese entgegen allen früheren Zweifeln in Wahrheit jene ehrenhaften, achtbaren Männer von der Ca'Polo waren, die sie zu sein behaupteten; und nun zollten alle ihnen die größte Ehrerbietung und Hochachtung.[8]

Kurz nach diesem aufsehenerregenden Ereignis wurde der junge Marco Polo in einen der vielen Kriege verwickelt, welche die italienischen Städte untereinander ausfochten. Zu seinem Pech, aber zum Glück für Literatur und Geschichtsschreibung geriet er in Genua in Gefangenschaft. Die Zelle teilte er mit Rusticello, einem Schriftsteller aus Pisa, der seine Freiheit ebenfalls dem Krieg geopfert hatte. Während sie in dem düsteren Gefängnis schmachteten, erzählte Marco endlos von seinen wundersamen Abenteuern im Fernen Osten, wo er an Körper und Geist frei war und die Geheimnisse einer alten Kultur erforschen konnte, die so fremd und mit seiner eigenen so wenig vergleichbar war. Damit weckte und fesselte er die schriftstellerische Ader in Rusticello; dieser bedrängte Marco, er möge ihm erlauben, die Abenteuer für die Nachwelt festzuhalten. Aufgeregt kritzelte er Seite um Seite voll, bis er ein Buch geschaffen hatte, das die Phantasie vieler Generationen anregen sollte. Angeheizt von den Eindrücken, die durch die Erzählungen Marco Polos vermittelt wurden, wuchs der Durst nach den Schätzen des Orients immer mehr.

Neben der neu entfachten Leidenschaft der Europäer für Seide, Gewürze, Gold und Edelsteine aus dem Osten wurde unabsichtlich auch ein Juwel anderer Art weitergereicht. Sorgsam zwischen den Edelsteinen versteckt, hatte Marco Polo auch eine Weltkarte mitgebracht, die im Süden einen großen Inselkontinent zeigte. Auf der Karte erkennt man zwei Kreise mitten in einem riesigen Ozean. Der obere stellt die Welt Asiens, Europas und Afrikas dar, die aber ein Gegenstück im Süden hat. Wieder wurde die Vorstellung, es gebe weit im Süden einen anderen Kontinent, zu einem Teil des geographischen Wissens in Europa.

Jahrhundertelang war die Idee von einem Inselkontinent auf der Südhalbkugel mal mehr, mal weniger anerkannt gewesen. Pythagoras sprach im 6. Jahrhundert v. Chr. davon, und sein Lehrer Sonchis beschrieb ihn gegenüber Solon in allen Einzelheiten. Im Mittelalter ging das Wissen über die Insel jedoch in Westeuropa verloren. Dies lag auch daran, daß nach dem Fall Roms dort immer weniger griechisch gesprochen wurde und man sich nur noch an Bücher hielt, die in lateinischer Sprache verfaßt waren.

Das einzige lateinische Werk der Antike über Geographie stammt von dem berühmten römischen Geographen Mela, der um 43 n. Chr. lebte. Nach seiner Lehre aber war die Welt von einer »heißen Zone«[9] umgeben, einem Klimagürtel, der die bewohnbaren Gegenden im Norden von denen des Südens trennte. Er behauptete, dieser Gürtel sei so heiß, daß das Meer siedete, und jeder, der von einer Halbkugel zur anderen gelangen wolle, werde von dem kochenden Wasser verschlungen. Die meisten Priester des Mittelalters hatten an dieser Lehre keinerlei Zweifel.

Nach Ansicht einiger von ihnen warf die Vorstellung, es gebe im Süden Länder, die wegen der heißen Zone völlig unzugänglich waren, ernsthafte Glaubensfragen auf – beispielsweise im Hinblick auf die Erlösung der Menschen, die nach Melas Behauptung auf der anderen Seite der großen siedenden Grenze lebten. Wenn man diesen armen Seelen Jesu Worte nicht verkünden konnte, wie sollten sie dann die Erlösung erlangen? Als Antwort auf diese komplizierte theologische Frage fanden die Geistlichen eine einfache Lösung: Sie verbrannten alle Landkarten, auf denen das Land im Süden zu sehen war. Wie viele Karten von Atlantis auf diese Weise zerstört wurden, werden wir nie erfahren. Wir wissen nur eines: Zu der Zeit, als Marco Polo mit seiner wohlbehüteten Karte aus dem Orient zurückkam, hatte man den großen Inselkontinent im Süden »vergessen«.

Der erste, der es wagte, den »siedenden« Ozean zu erkunden, war der portugiesische Seemann Gil Eannes. Anregung und Geld für das Unternehmen stammten vom Prinzen Heinrich von Portugal.

Heinrich, Sohn des Königs Johannes I. und der Königin Philippa, hatte ältere Brüder und war deshalb von den meisten königlichen Verpflichtungen befreit, so daß er seiner Leidenschaft für Wissen und Entdeckungen nachgehen konnte. Spätere Generationen nannten ihn »Heinrich der Seefahrer«, und dieser Name steht in den Annalen der modernen wissenschaftlichen Erforschung der Erde an herausragender Stelle.

In der portugiesischen Küstenstadt Sagres richtete Heinrich eine Zufluchtsstätte für Gelehrte ein. Hier sammelte er eifrig alle alten Landkarten, Globen und Reiseberichte, die es zu kaufen gab. Als sein älterer Bruder Pedro 1428 nach Venedig gesegelt war, hatte man ihn dort mit großer Hochachtung aufgenommen. Er kam mit zwei kostbaren Geschenken für Heinrich zurück. Das erste war eine Abschrift von Marco Polos Reisebericht. Heinrich war von dem Buch begeistert, aber noch mehr freute er sich über das zweite Geschenk: eine Sammlung von Weltkarten.[10]

Es ist durchaus möglich, daß diese Karten früher in den geheiligten kartographischen Sammlungen in Konstantinopel und davor in der Bibliothek von Alexandria aufbewahrt wurden. Die Umrisse ferner Länder, skizziert auf welligem Pergament, wurden zu Heinrichs Leidenschaft. In seinem Geist waren sie mehr als leblose Linien, die von längst verstorbenen Menschen gezeichnet wurden. Er wollte wissen, wohin sie führten.

Das war keine einfache Sache. Viele der im Umlauf befindlichen Karten waren Arbeiten von Betrügern, die dem jungen Prinzen irgendwelche »Geheimnisse« verkaufen wollten. Um die Widersprüche zwischen den verschiedenen Karten zu bereinigen, versammelte Heinrich so viele Gelehrte um sich, wie er sich leisten konnte, und manchmal auch mehr, als seine Mittel erlaubten.

Schließlich gelangte er zu dem Schluß, man könne das Rätsel nur lösen, wenn man eine Expedition ins Unbekannte unternahm. Also begann er damit, Schiffe und Mannschaften für dieses gewaltige Entdeckungsunternehmen auszurüsten.

In der Überzeugung, die heiße Zone sei keineswegs unpassierbar und es müsse einen südlichen Seeweg nach Indien geben, wies Heinrich seinen Kapitän Eannes an, in südlicher Richtung in See zu stechen. Die Mannschaft teilte Heinrichs Zutrauen in die geheimen Landkarten nicht. Als es unterwegs immer wärmer wurde, waren die Seeleute überzeugt, es sei nur eine Frage der Zeit, bis das Meer zu sieden beginne. Sie kehrten um und behaupteten, die Reise sei gescheitert. Nun entschloß sich Heinrich, selbst mit den Seeleuten zu sprechen. Er beschwor sie, weiter zu segeln als je zuvor, und redete ihnen zu, daß ihre Ängste unbegründet seien, die Geschichten von kochendem Wasser seien Lug und Trug. Er appellierte an ihren Stolz als Seeleute und – was vielleicht noch überzeugender war – an ihr Interesse an materiellen Belohnungen:

> Gäbe es eine maßgebliche Autorität für diese Behauptungen, könnte ich noch eine Entschuldigung für euch finden. Aber in Wirklichkeit werden solche Geschichten von Leuten mit geringem Ruf verbreitet: von Seeleuten, die nur die Küste Flanderns und die Einfahrten in die vertrauten Häfen kennen und zu unwissend sind, um mit Kompaß und Karte zu navigieren. Fahrt also weiter und hört nicht auf ihre Worte, sondern macht eure Fahrt geradewegs. So Gott will, könnt ihr mit dieser Reise nur Geld und Ehre ernten.«[11]

Das spornte die Seeleute an, und die Reise von Kapitän Gil Eannes zerstörte ein für allemal die Vorstellung von einer unpassierbaren heißen Zone. Ein großes Tor war aufgestoßen. Die Welt schien kleiner zu werden.

Im Jahr 1432 schickte Heinrich den Kapitän Goncalo Velho nach Westen, wo er die Inseln finden sollte, die auf den Karten eingezeichnet waren. Velho kehrte zurück, ohne die Azoren gesehen zu haben, und behauptete, es gebe sie nicht. Der Prinz befahl dem widerstrebenden Velho, den gleichen Weg noch einmal zu machen: »Da ist eine Insel, geh hin, und finde sie!«[12] Heinrichs Hartnäckigkeit zahlte sich aus. Die Azoren wurden entdeckt, und damit war der Weg nach Westen ebenso offen wie der nach Süden.

1453 eroberten die Türken Konstantinopel, und viele Gelehrte flohen nach Westen. Daß sie nach Italien kamen, gilt heute als eine wichtige Triebkraft für den Beginn der Renaissance. Andere hörten mit Erleichterung, ein portugiesischer Prinz nehme gern Gelehrte auf. So strömten gebildete Flüchtlinge nach Sagres und überschütteten Heinrich mit Plänen für mögliche Entdekkungen. Durch seinen Einfluß wurde Portugal zum neuen Zentrum für alte Landkarten.

In späteren Jahrhunderten behaupteten mehrere Forscher, darunter auch Charles H. Hapgood, die Portugiesen hätten schon frühzeitig unentdeckte Teile Amerikas[13] und der Antarktis[14] gekannt. Es scheint, als hätten sie genaue Karten von unentdeckten Ländern besessen, lange bevor Kolumbus und die anderen berühmten Entdecker in See stachen. Auf langen, verwickelten Wegen, die von Verfolgung und Barbarei geprägt waren, waren die Karten der Atlantiden schließlich in Heinrichs Hände gelangt. Er erkannte nicht nur ihren Wert und ihre Bedeutung, sondern er war aufgrund seiner Stellung auch in der Lage, entsprechend zu handeln.

Sechzehn Jahre nach Heinrichs Tod – man schrieb das Jahr 1476 – erlitt ein junger italienischer Abenteurer namens Christoph Kolumbus vor der portugiesischen Küste Schiffbruch. Er war in einer Seeschlacht verwundet worden und schwamm zehn Kilometer weit, an eine Planke seines Schiffes geklammert, bis er schließlich an den Strand gespült wurde. Eine Gruppe italienischer Landsleute aus seiner Heimatstadt Genua nahm ihn auf und pflegte ihn, bis er wieder gesund war. Jetzt begann Kolumbus in portugiesischen Diensten eine neue Laufbahn und ließ sich in Lissabon nieder, wo er zusammen mit seinem jüngeren Bruder Bartholomäus als Kartenzeichner arbeitete. Schließlich heiratete Christoph in eine der angesehensten Familien Portugals ein. Sein Stern begann zu steigen.

Kolumbus' Schwiegervater war ein enger Freund des verstorbenen Prinzen gewesen, und die Schwiegermutter soll Christoph einige kostbare Karten gegeben haben, die ihr Mann nach seinem Tod hinterlassen hatte.[15] Kein anderer Ort auf der Erde hätte sich für den jungen Kolumbus besser als Ausgangspunkt für seine berühmte Reise nach Westen geeignet. Welche geheimen Karten er besaß und wie viele es waren, wissen wir nicht. Aber trotz dieses großen Vorteils erreichte er nie sein Ziel, den westlichen Seeweg nach Indien zu finden.

Der Mann, der diese Route schließlich entdeckte und damit bewies, daß die Erde tatsächlich rund ist, war ein portugiesischer Seefahrer, der sein Handwerk in Lissabon gelernt hatte und nun wie Kolumbus in spanischen Diensten unterwegs war. Er hieß Ferdinand Magellan und war 1480 als Sohn einer portugiesischen Adelsfamilie geboren worden. Magellan wurde Page der Königin von Portugal und sollte als Teil seiner Ausbildung alle Künste der Seefahrt erlernen, auch die Kartenkunde. Im Jahr 1496 wurde er Schreiber im Marineministerium des portugiesischen Königs. Dort hatte er noch besser als Kolumbus Zugang zu Prinz Heinrichs herrlicher Sammlung der geheimen Karten von Atlantis.

Bevor Magellan nach Spanien ging, verschaffte er sich Zutritt zum königlichen Landkartenzimmer. Ein Globus, den er dort fand, zeigte eine Meeresstraße an der noch *unerforschten* Südspitze Amerikas. Als er am spanischen Hof ankam, verkündete er seinen Plan, auf der westlichen Route nach Indien zu segeln. Ein Zeuge beschrieb seine Vorstellung vor der königlichen Familie so: »Magellan hatte einen gut gemalten Globus, auf dem die ganze Welt dargestellt war, und darauf zeigte er, welchen Weg er nehmen wollte; nur die Meeresstraße war mit Absicht weiß gelassen worden, damit ihm niemand zuvorkommen konnte.«[16] Er stach 1519 mit fünf Schiffen in See. Nachdem er den Atlantik überquert hatte, folgte er der südamerikanischen Küste und »entdeckte« die Meeresstraße, die heute seinen Namen

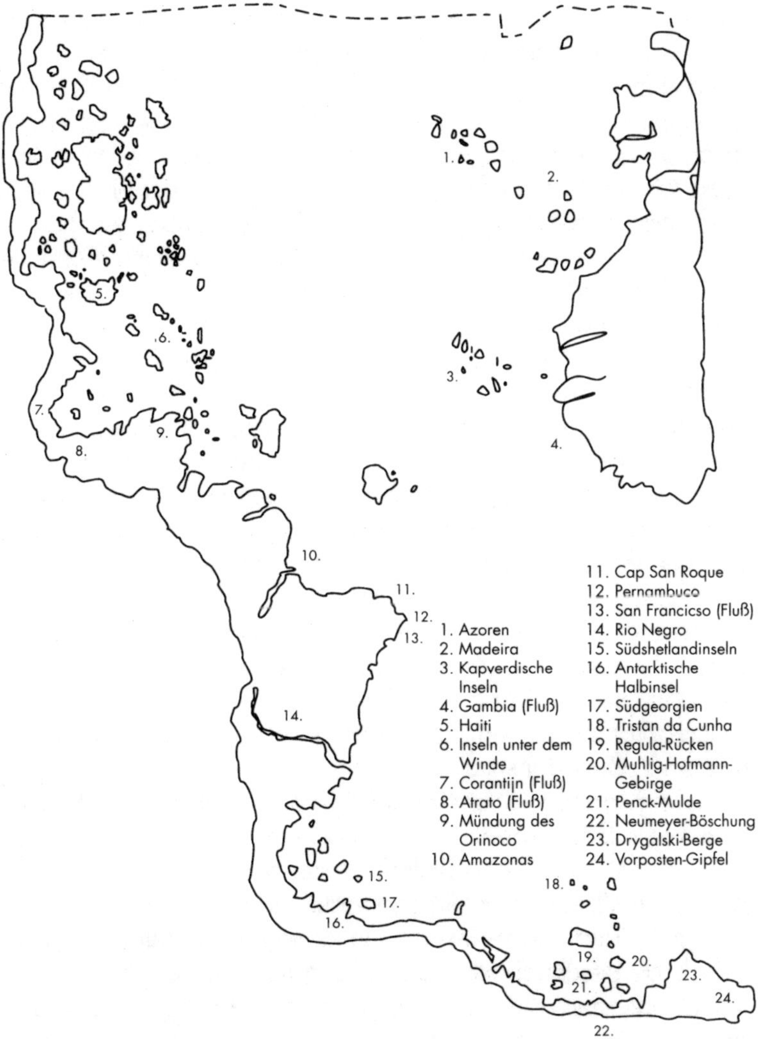

Karte 28: wie Charles H. Hapgood in seinem Buch *Maps of the Ancient Sea Kings* nachwies, zeigt die Karte des Piri Re'is von 1513 eine genaue Kenntnis der eisfreien Teile der Antarktis. Die Längenangaben für 24 Orte stimmen bis auf ein halbes Grad genau. Diese Genauigkeit wurde erst 1735 wieder erreicht, als John Harrison den Schiffahrtschronometer erfand.

trägt. Er benannte auch den Pazifischen Ozean, vollendete aber seine Reise um die Welt nicht: Auf den Philippinen wurde er von Eingeborenen ermordet. Eines seiner Schiffe kehrte 1522 im Triumphzug nach Spanien zurück; es war seit dem Untergang von Atlantis das erste Schiff, das die Erde umrundet hatte.

Machen wir einen Zeitsprung: 1929, ein Jahr bevor die Stadt in Istanbul umbenannt wurde, gab Konstantinopel einen ihrer letzten Schätze preis: Im alten Kaiserpalast entdeckte man eine antike Landkarte, die auf 1513 datiert ist und den Namen des türkischen Admirals Piri Re'is trägt (siehe Karte 28).

Diese Karte fiel schließlich dem amerikanischen Captain Arlington H. Mallery in die Hände. Er untersuchte sie in allen Einzelheiten und gelangte zu der Überzeugung, daß der südliche Teil sehr genau die Umrisse des Landes darstellt, das heute unter der Eiskappe der Antarktis begraben ist. Diese Idee wiederum war eine große Überraschung für Charles Hapgood, der gerade seine Theorie von der Verschiebung der Erdkruste fertigstellte. Hapgood war fasziniert und begann 1956 mit einem umfassenden, zehnjährigen Forschungsprogramm (bei dem ihn seine Studenten des Keene State College unterstützten), das dem gesamten Rätsel der antiken Landkarten gewidmet war.

Einer von Hapgoods Studenten machte ihn mit Captain Lorenzo W. Burroughs bekannt, dem Leiter der kartographischen Abteilung am Luftwaffenstützpunkt Westover in Massachusetts. Nachdem Burroughs die Karte studiert hatte, gelangte er zu dem Schluß, daß ihr südlicher Abschnitt sehr genau die Kronprinzessin-Martha-Küste der Antarktis und die Palmer Halbinsel (Graham Land) darstellte. Das heißt, die Karte, die 1513 entstand, zeigte Abschnitte des Südpolargebiets, die heute unter Eis verborgen sind. Daß es diese Gebiete gibt, ist in unserer Zeit erst seit 1949 bekannt.

Oberstleutnant Harold Z. Ohlmeyer von der 8. Technischen Aufklärungsschwadron schrieb am 6. Juli 1960 an Hapgood:

> Die im unteren Teil der Karte dargestellten geographischen Einzelheiten stimmen bemerkenswert gut

> mit den Befunden des seismischen Profils überein, das die schwedisch-britisch-norwegische Antarktisexpedition 1949 als Querschnitt durch den oberen Teil der Eiskappe erstellte. Dies weist darauf hin, daß die Küstenlinie kartiert wurde, bevor sie von der Eiskappe bedeckt war. Das Eis ist heute in dieser Gegend etwa einen Kilometer dick. Wir haben keine Ahnung, wie sich die Angaben auf dieser Karte mit dem vermutlichen Stand des geographischen Wissens von 1513 vereinbaren lassen.[17]

Hapgood und seine Studenten drangen immer tiefer in die geheimnisvolle Welt der antiken Kartographie ein. Die Karte von Piri Re'is lieferte dazu einige neue Mosaiksteine. Wie sich herausstellte, waren Teile des Amazonas exakt wiedergegeben, lange bevor diese Region Südamerikas umfassend erforscht war. Aber vielleicht das Unglaublichste an der Karte war, daß die Darstellung in einer äußerst raffinierten Projektion erfolgt war: in der »Azimutalprojektion«, bei der die Eigenschaften der Erde von einem Punkt ihrer Oberfläche aus betrachtet werden. Dieser Punkt kann jede beliebige Stelle der Erdoberfläche sein. Vielleicht die bekannteste Azimutalprojektion findet sich auf der blauweißen Fahne der Vereinten Nationen; ihr Zentrum ist der Nordpol. Um nach dieser Methode eine Karte zu zeichnen, braucht man Kenntnisse in höherer Mathematik und geeignete Instrumente. Beides gab es im Europa von 1513 noch nicht.

Wie Hapgood und seine Studenten zu ihrem Erstaunen feststellten, liegt das Projektionszentrum der Piri-Re'is-Karte in der Nähe der alten ägyptischen Stadt Syene am Nil. (Dort hatte auch Eratosthenes, der Bibliothekar von Alexandria, den Erdumfang mit bemerkenswerter Genauigkeit berechnet.)

Nachdem Hapgood sich zehn Jahre lang mit den alten Landkarten beschäftigt hatte, gelangte er im Vorwort seines Buches *Maps of the Ancient Sea Kings: Evidence of Advanced Civilization in the Ice Age* zu folgendem Schluß:

> Dieses Buch enthält den Bericht über die Entdeckung der ersten stichhaltigen Beweise, daß es schon vor allen heute in der Geschichte bekannten Völkern fortgeschrittene Kulturen gab. Auf einem Gebiet, nämlich bei alten Seekarten, wurden offenbar genaue Informationen von einem Volk zum anderen weitergegeben ... Wir haben Belege, daß sie in der großen Bibliothek von Alexandria gesammelt und studiert wurden und daß die dort arbeitenden Geographen sie zusammenstellten. Vor der Katastrophe der Zerstörung der großen Bibliothek müssen viele Landkarten in andere Zentren gebracht worden sein, insbesondere vermutlich nach Konstantinopel, das während des ganzen Mittelalters ein Zentrum der Gelehrsamkeit blieb ... Es wird deutlich, daß die Seefahrer der Antike von Pol zu Pol reisten. Es mag unglaublich erscheinen, aber die Indizien weisen darauf hin, daß manche Menschen schon in der Antike die Küsten der Antarktis erforschten, solange sie eisfrei waren.[18]

Im Jahr 1976 stießen die Autoren auf eine weitere Karte aus Atlantis. Sie war ursprünglich von dem peinlich genau arbeitenden Forscher Athanasius Kircher (1601 – 1680) entdeckt worden; er hatte behauptet, es handele sich um eine genaue ägyptische Darstellung des verlorenen Kontinents Atlantis. Die Römer hatten sie nach der Eroberung Ägyptens gestohlen, und im 17. Jahrhundert hatte Kircher, ein deutscher Jesuitenpater, sie wiederentdeckt.

Er war der Sohn von Anna Gansek und Johannes Kircher, einem Verwalter am Dom von Fulda. Johannes machte sich große Sorgen um die Zukunft seines sechsten Sohnes, denn es sah so aus, als würde er es nicht zu viel bringen. Athanasius war faul und zeigte keine besonderen Begabungen, außer dem Talent, sich in Schwierigkeiten zu bringen. Sein erstes Ersuchen um Aufnahme in die Societas Jesu (den Jesuitenorden) wurde wegen »mangelnder geistiger Fähigkeiten« abgelehnt. Aber durch eine Reihe beinahe tödlicher Unfälle entwickelte sich bei dem Jungen ein neues Bewußtsein für sein Leben.

> Einmal wäre er beinahe ertrunken: Athanasius schwamm in einem verbotenen Teich und wurde von einem Mühlbach bis unter das Mühlrad gerissen; ein anderes Mal entging er wie durch ein Wunder dem Totgetrampeltwerden; er hatte sich durch eine große Zuschauermenge nach vorn gedrängt und wurde auf die Pferderennbahn gestoßen; und schließlich erlitt er einen schweren Unfall, der zu einem Leistenbruch führte, als er vergeblich versuchte, seine Geschicklichkeit im Schlittschuhlaufen unter Beweis zu stellen.[19]

Sein Vater machte dem Jungen eindringlich klar, daß es ein Wink des Schicksals sein müsse, wenn er so viele Unglücksfälle überlebt hätte, und schließlich rang der Mann, der später als »Universalgenie« bekannt werden sollte, sich zu ernsthaften Studien durch. Schließlich, im Jahr 1618, nahmen ihn die Jesuiten auf. Der Orden verlangte körperliche Leistungsfähigkeit. Athanasius hatte Angst, die Verletzung vom Schlittschuhlaufen werde ihn seine Stellung kosten, und versuchte deshalb, sie geheimzuhalten. Aber die Patres bemerkten sein Humpeln:

> ... Die Krankheit, an der ich litt, zwang mich, mit schwankenden Schritten zu gehen. Meine Oberen bemerkten das sofort, und ich konnte nicht umhin, ihnen alles zu berichten. Man rief einen Chirurgen herbei. Er war entsetzt über den Zustand meiner Beine ... und bezeichnete mich als unheilbar ... Man sagte mir, da medizinische Behandlung mir nicht helfen könne, werde man mich aus dem Novizenstand nach Hause schicken, wenn es mir nicht innerhalb eines Monats besserginge.[20]

Zum erstenmal in seinem Leben betete Kircher um ein Wunder. Nach wenigen Tagen konnte er gerade gehen. Damit war ihm sein Platz im Orden sicher.

Die Wissenschaftler im Jesuitenorden gehörten zu den gebildetsten Menschen in Europa, und Kirchers Aufnahme in ihre Reihen verschaffte ihm die beste Ausbildung, die im 17. Jahrhundert möglich war. Schließlich stieg er »in eine höchst ehrenvolle Stellung unter diesen Wissenschaftlern der Societas Jesu« auf.[21] Aber bis dahin hatte er noch einen langen Weg vor sich. Als in Deutschland der Dreißigjährige Krieg ausbrach, spielte das Schicksal ein weiteres Mal mit Kircher. Er und seine Jesuitenbrüder mußten mit unzureichender Bekleidung und ohne Nahrung vor den heranrückenden Truppen in den tödlichen Winter fliehen. Sein Biograph Conor Reilly schrieb dazu:

> Er sollte die Entbehrungen dieser Reise nie vergessen. Auf den Straßen lag hoher Schnee, und in den vom Krieg verwüsteten ländlichen Gebieten fanden die jungen Jesuiten kaum Nahrung oder Unterkunft. Erschöpft und hungrig gelangten sie schließlich an den Rhein. Der Fluß war zugefroren. Auf den Rat der örtlichen Bevölkerung hin, die sie für Deserteure aus einer der kriegführenden Armeen hielten, machten sie sich an die Überquerung der Eisfläche. Sie schien recht fest zu sein, aber plötzlich sah Kircher, der voranging, vor sich offenes Wasser. Er wandte sich um, aber zwischen ihm und seinen Begleitern hatte sich ein Riß aufgetan, so daß er auf einer Eisscholle gefangen war. Die Strömung ergriff das schwankende Floß und riß es in die Mitte des Stroms. Seine Kameraden konnten ihm nicht helfen: Sie flehten Gott und die Jungfrau Maria an, ihn zu retten; gleichzeitig mußten sie zusehen, wie er abgetrieben wurde, bis er außer Sichtweite war. Anschließend überquerten sie den Fluß an einer ande-

> ren Stelle und gelangten am Westufer des Rheins zu einem Jesuitenkolleg.
> Stunden später taumelte Kircher zur Tür des Kollegs herein – steifgefroren, blau und voller Blutergüsse. Zur Freude seiner Mitbrüder, die schon um sein Seelenheil gebetet hatten, berichtete er, sein eisiges Floß sei zwischen anderen Schollen steckengeblieben, so daß er über diese in Richtung des Ufers klettern konnte. Bevor er das trockene Land erreichte, hatte er aber noch eine weite Strecke schwimmen müssen.[22]

Damit war Kircher zur Legende geworden. Mit noch größerer Begeisterung nahm er seine Studien wieder auf, wobei besonders die Astronomie ihn fesselte. Nachdem er lange mit dem Fernrohr den Himmel beobachtet hatte, verkündete er die damals recht verblüffende Idee, die Sonne bestehe aus dem gleichen Material wie die Erde. Als erster vermutete er, die Sonne sei ein entstehender Stern.

1628 wurde Kircher zum Priester geweiht. Bald darauf zog ein neues Gebiet sein Interesse an: die Archäologie. Eines Tages stieß er in einer Bibliothek der Jesuiten auf Bilder von ägyptischen Obelisken. Die Hieroglypheninschriften fesselten ihn. Später erteilten ihm mehrere aufeinanderfolgende Päpste den Auftrag, die Obelisken zu studieren und wieder aufzurichten. Wegen der engen Verbindung zwischen Ägypten und der Bibel war die Entzifferung dieser Bilderschrift für die Kirche von entscheidender Bedeutung, und man hatte für diese Aufgabe einen mehr als gut qualifizierten Mann gewählt.

Seine anderen Interessen richteten sich nicht nur auf die makroskopische Welt der Astronomie und Geologie, sondern auch auf das schweigende Universum des Allerkleinsten unter den Linsen eines Mikroskops. Aus diesen ersten Forschungen leitete er die für damalige Zeiten revolutionäre Vorstellung ab, Mikroorganismen seien die Ursache von Krankheiten. Als echter Renaissancemensch suchte er das Wissen, wohin es ihn auch führen mochte. Nach einem Ausbruch des Vesuvs ging er sogar so weit, in den dampfenden Krater hinabzusteigen, um die gewaltigen Umwälzungen aus nächster Nähe zu sehen. Außerdem unterrichtete er an dem angesehenen Kolleg in Rom Physik, Mathematik und orientalische Sprachen. Diese Stellung gab er jedoch 1643 auf, um sich ganz dem Studium seiner wahren Liebe, der Archäologie, zu widmen.

Bis 1665 hatte er den ersten Band seines enzyklopädischen Werkes *Mundus Subterraneus* fertiggestellt. Es war ein umfangreiches Buch, bis zum Bersten gefüllt mit Ideen, Zeichnungen und den Ergebnissen seiner eingehenden Forschungen über die Geheimnisse der Alchemie. Kircher behauptete darin, die Überreste von Atlantis lägen in der Tiefe des Nordatlantiks, und er gab die geheimnisvolle Karte der Insel wieder, die nach seinen Angaben von den Römern in Ägypten gestohlen worden war (siehe Karte 29).

Die Inschrift auf der Karte lautet: »Lage der Insel Atlantis, die

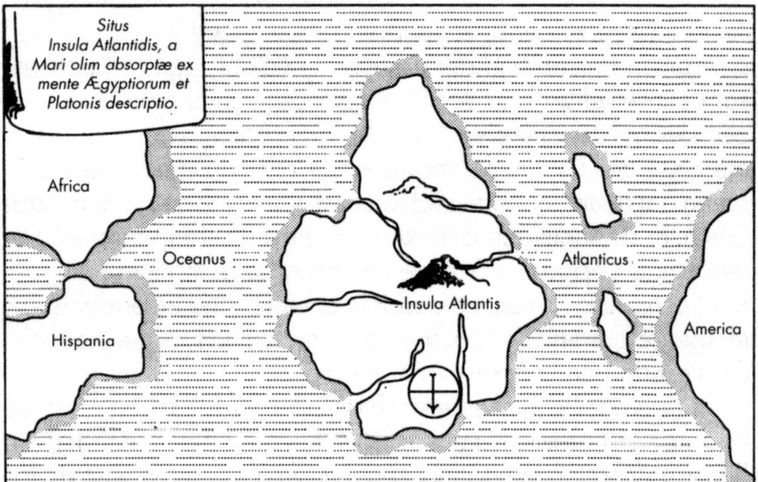

Karte 29: Die ägyptische Karte von Atlantis, die Athanasius Kircher 1665 veröffentlichte. Norden ist unten. Generationenlang haben die Wissenschaftler diese Karte fälschlicherweise umgedreht, so daß Amerika links und Spanien rechts liegt. Es gibt aber auch eine andere Deutung.

einst vom Meer verschlungen wurde, nach dem Glauben der Ägypter und der Beschreibung Platons.« Für heutige Verhältnisse sieht die Karte auf den ersten Blick merkwürdig aus, weil sich der Norden, wie man an dem eingezeichneten Kompaßpfeil erkennt, am unteren Ende befindet. Aber in der Vorstellung der alten Ägypter lag der Süden in Richtung der Quellen des heiligen Flusses Nil. Deshalb mußte der Süden »oben« sein. Und diese Vorstellung gab Kircher wieder.

Viel vertrauter wirkt die Darstellung für uns, wenn wir sie auf den Kopf stellen. Dann liegt Amerika links, während Spanien und Nordafrika rechts zu erkennen sind – genau wie wir es von den Karten des 20. Jahrhunderts gewohnt sind.

Wenn man einen Globus aus dem Ständer nimmt und so dreht, daß man unmittelbar auf den Südpol blickt und Südamerika zur Rechten sowie Südafrika und Madagaskar zur Linken hat, sieht man sofort, daß die ägyptische Karte von Atlantis nach Größe, Form und Lage eine eisfreie Antarktis zeigt (siehe Karte 30). Die heutige Form der Antarktis, wie sie im unteren Teil der Abbildung dargestellt ist, entspricht dem derzeitigen Meeresspiegel und nicht dem der Zeit vor 11 600 Jahren. Atlantis versank eigentlich nicht in den Fluten, sondern durch das Abschmelzen der alten Eiskappen stieg der Meeresspiegel, so daß sich die Form des Kontinents veränderte. Weitere Unterschiede zwischen der heutigen Karte und Kirchers Darstellung sind durch das Gewicht der heutigen antarktischen Eisschicht entstanden. Die gewaltige Kappe aus Schnee und Eis drückte manche Teile des Kontinents nach unten, so daß immer mehr Land unter den Meeresspiegel geriet. Dennoch erkennt man auch in der heutigen Darstellung der Antarktis noch den Schatten von Atlantis.

Würde der Schrecken einer Erdkrustenverschiebung über die heutige, eng verflochtene Weltkultur hereinbrechen, würden die Errungenschaften von Jahrtausenden der Zivilisation wie ein feines Spinnennetz zerrissen. Wer in der Nähe hoher Gebirge lebt, könnte den weltweiten Flutwellen vielleicht entgehen, aber man müßte die mühsam aufgebauten Früchte der Zivilisation in den Niederungen zurücklassen. Nur die Handels- und Kriegs-

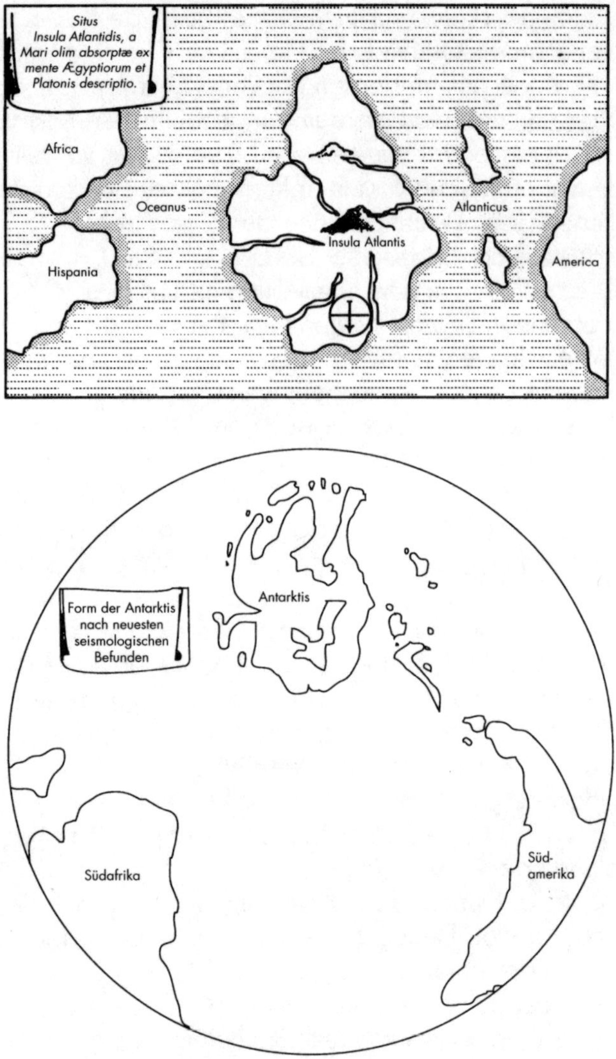

Karte 30: Vergleicht man Kirchers ägyptische Karte von Atlantis mit einer modernen geophysikalischen Darstellung, bei der Süden oben ist, ändert sich der Blickwinkel. Von Süden gesehen, handelt es sich bei den von Kircher als »Hispania« (Spanien) bezeichneten Teilen um Südafrika. »Africa« wird zu Madagaskar, und Südamerika ist »America«. Atlantis ist dann die Antarktis. Kirchers Karte erschien fast drei Jahrhunderte bevor man die Form der Antarktis ohne Eis kannte.

flotten der Erde könnten Hinweise auf eine Zivilisation hinterlassen. Die rostenden Rümpfe der Schiffe und U-Boote würden sich irgendwann auflösen, aber die kostbaren Karten, die sich darin befinden, würden von den Überlebenden gerettet – vielleicht über Hunderte oder Tausende von Jahren hinweg –, bis man sie wieder verwenden kann, um über die Weltmeere zu fahren und verlorene Inseln wiederzuentdecken.

Und vielleicht haben die Überlebenden irgendwann auch die Zeit und den Willen, ihre verlorene Vergangenheit zurückzuverfolgen. Vielleicht werden sie eine Expedition in Marsch setzen, um die eisbedeckten Überreste einer verlorenen Stadt zu enthüllen.

9

Mythologie ohne Maske

Die Suche nach Wissen hat sich im Kreis gedreht. Wir haben demütig begonnen und die Götter angefleht, uns vor dem Unbekannten zu schützen. Später stellten wir uns eine Welt vor, die nach Gottes Willen vollkommen geordnet ist. Erst das Vertrauen in die Vernunft verwandelte uns von Menschen, die an übernatürliche Eingriffe glaubten, in Anhänger der Lehre vom Fortschritt. Jetzt haben wir den Kreislauf vollendet und stehen wieder demütig vor der Unendlichkeit des Universums. Wir schicken dem Unbekannten keine Zaubersprüche mehr entgegen; wir schicken Raumschiffe in die Leere.

Die Geschichte unserer Suche nach Ordnung und Gesetzmäßigkeiten ist in der schweigenden, ungeschriebenen Vergangenheit verlorengegangen. Denn vor der Wissenschaft war die Magie. Magie war das Hilfsmittel des Jägers, der einfache Bilder von Tieren an vom Feuer beleuchtete Höhlenwände malte. Durch Magie wollte der Schamane die Zukunft sichern, aber in dieser Zukunft würde er es niemals wagen, die Mythen der Vorväter in Frage zu stellen. Zweifel an den Göttern waren tabu. Dieses Verbot war der tödliche Fehler in den Plänen, welche die ersten Zauberer erdachten. Die Macht der Magie mußte untergehen, denn ohne die Freiheit, Zweifel an einer Idee anzumelden, kann es kein echtes Forschen geben. Und ohne Forschen konnte sich die Magie nicht zur Wissenschaft wandeln.

Das Bedürfnis, zu bestimmen und unser Schicksal selbst zu lenken, ist eine der ältesten Eigenschaften der Menschen. Die Wissenschaft hat helles Licht auf diesen dunklen Weg geworfen, aber es war ein mühsames Vorankommen. Anders als Schamanen oder Priester müssen Wissenschaftler bereit sein, Tabus zu brechen, das liegt im Wesen ihrer Tätigkeit. Nur aus solchen Auseinandersetzungen konnte eine neue Sichtweise für die Welt erwachsen, aber auch eine neue Art des Lernens und Wissens.

Jahrtausendelang verdüsterte der Nebel von Magie und Mythen unseren Blick auf die Welt. Aber dann, sechs Jahrhunderte vor Christi Geburt, kam plötzlich die große Klarheit. Im östlichen Mittelmeerraum machten sich die Ionier eine frische, energische Weltsicht zu eigen. Sie verkündeten den Tod der Magie und die Geburt der Wissenschaft.

Der erste »Unsterbliche«, der dem neuen Schwert der Wissenschaft zum Opfer fiel, war der Meeresgott Poseidon. Als Herrscher des Meeres verlangte er von allen Griechen, die zur See fuhren, Respekt, Ehrfurcht und Anbetung. Poseidon war ein gewalttätiger Gott, in seinem Arsenal hatte er auch die gefürchtete Waffe der Erdbeben. Da das Land der Griechen häufig unter Erdbeben zu leiden hatte, betete man Poseidon nicht nur an, man fürchtete ihn auch. Deshalb ist es kein Wunder, daß die Griechen beunruhigt, waren, als Thales (ca. 636–546 v. Chr.), einer der sieben Weisen, die Ansicht vertrat, das angsteinflößende Rumoren der Erde werde nicht von dem mächtigen Gott verursacht.

Seine materialistische Erklärung für die Erdbeben hatte Thales möglicherweise aus Ägypten mitgebracht. Uns wird berichtet, er sei nach Ägypten gegangen und habe dort einige Zeit bei einem Priester verbracht.[1] Thales setzte seiner Neugier keine Grenzen und vertiefte sich in die Rätsel der Seele ebenso wie in die Geheimnisse des Universums. Einen Hauch von der Tiefe seines Geistes spürt man in einigen Zeilen, die ihm zugeschrieben werden:

> Das älteste Wesen ist Gott, der unerzeugte; das schönste die Welt, das Werk Gottes; das größte der Raum, der allumfassende; das schnellste der Geist, der alles durchdringende; das stärkste die Notwendigkeit, die alles beherrschende; das weiseste die Zeit, die alles erfindende.[2]

Vor allem aber wagte Thales zu zweifeln. Er meinte, die Erdinsel sei wie ein großes Schiff auf dem Meer, und wenn es auf dem Wasser umhergeworfen werde, entstünden die Erdbeben.

Damit hatte er das Undenkbare verkündet. Er hatte sich die Rolle eines Gottes angemaßt, indem er eine materielle Ursache für eine Naturerscheinung unterstellte. So wurde Thales der erste Wissenschaftler der Welt. Er begann jenen langen, unbarmherzigen Kampf zwischen Glauben und Vernunft, Mythos und Wissenschaft, der auch heute noch tobt.

Heute hat sich die Ansicht durchgesetzt, daß Mythologie und Wissenschaft sich wie Öl und Wasser verhalten: Sie vermischen sich nicht. Aber wie Thales sollten wir immer bereit sein, an allgemein anerkannten Meinungen zu zweifeln. Mit der Wissenschaft als Fackel können wir einen Weg durch die Dunkelheit der Mythologie finden: Mythos und Wissenschaft müssen nicht immer aufeinanderprallen.

Thales fand Ordnung im Universum: Plötzlich brauchte man keine Götter und Göttinnen mehr, um die Kräfte der Natur zu erklären. Das konnten die Menschen jetzt allein. Bis diese umwälzende Vorstellung allerdings ihren Platz in der Geschichte fand, sollten noch Jahrhunderte vergehen. In der Zwischenzeit brauchte man eine andere Erklärung für die Geheimnisse göttlichen Handelns.

Im 4. Jahrhundert v. Chr. schrieb ein Sizilianer namens Euhemerus ein Buch mit dem Titel *Heilige Geschichte*. Darin vertrat er die Ansicht, die Taten der Götter und Göttinnen aus alter Zeit seien schlicht übertriebene Erzählungen über die wirklichen Handlungen früherer Könige und Königinnen. Damit war die erste Schule der Mythenforschung geboren.

Die Idee war einfach, aber aufsehenerregend. Mythen galten als Wegweiser zur Vergangenheit, mit deren Hilfe man vergessene historische Abläufe nachzeichnen konnte. Sie waren maskierte Wahrheiten, die zu verborgenen Schätzen, verlorenen Städten und vielleicht sogar zu vergessenen Kontinenten führten. Aber diese mythologische Schule der »verlorenen Geschichte« wurde nie allgemein anerkannt. Die Römer glaubten lieber an die wirkliche Existenz ihrer Götter und Göttinnen. Die Christen suchten das Paradies nicht auf Erden, sondern im Jenseits. In jüngerer Zeit wurde der Gedanke der verlorenen Geschichte in der Mythologie durch die Schriften von Erich von Däniken und Immanuel Welikowsky (1895–1979) in Mißkredit gebracht. Diese beiden Autoren benutzten Mythen als *Beweise* für Ereignisse, die nach ihrer Ansicht in der entfernten Vergangenheit stattgefunden haben. Diese Vorgehensweise öffnet wilder Spekulation stets Tür und Tor. Ohne wissenschaftliche Grundlage ist die Interpretation von Mythen ein riskantes Unterfangen.

Der erste große Mythenforscher der Neuzeit war Giambattista Vico (1668–1744), Sohn eines Buchhändlers und autodidaktisch ausgebildeter Gelehrter. Er sah in den Mythen einen wertvollen Schlüssel zum Verständnis der menschlichen Kultur und der Funktionsweise des Geistes. Diese beiden Ansätze, der kulturelle und der psychologische, entwickelten sich später zu eigenständigen Denkschulen.

Nach Vicos Auffassung macht jede Gesellschaft verschiedene Entwicklungsstadien durch, und jedes dieser Stadien bringt eine zugehörige Mythologieebene hervor: ». . . Die Fabeln der ersten wilden, rohen Menschen waren sehr rauh, wie es sich für die Gründerstämme ziemt, die sich aus einem Zustand der wilden tierischen Freiheit erheben.«[3]

Nach dieser anthropologischen Betrachtungsweise sind Mythen entscheidende Schlüssel zum Verständnis der Kultur. Jede Kultur ist demnach eine einzigartige, in sich geschlossene Einheit. Vico erkannte die Grenzen dieser Interpretation und ergänzte sie durch den Vergleich der Mythen aus der ganzen Welt. »Gleichartige Ideen, die bei ganzen Völkern entstehen, welche einander unbekannt sind, müssen eine gemeinsame Grundlage der Wahrheit haben.«[4]

Anders als die Vertreter der Theorien von verlorener Geschichte und voneinander getrennten Kulturen ging Vico davon aus, daß man im Wesen des menschlichen Geistes gemeinsame Grundlagen finden kann. »Es muß in der Natur des Menschen eine geistige Sprache geben, die allen Nationen gemeinsam ist und das Wesen der Dinge in immer gleicher Weise begreift . . .«[5]

Nachdrückliche Unterstützung fand diese Denkrichtung durch die Schriften des englischen Anthropologen Sir Edward Burnett Tylor (1832 – 1917) sowie der Psychiater Sigmund Freud und C. G. Jung. In jüngerer Zeit entwickelten der französische Anthropologe Claude Lévi-Strauss (geb. 1908) und der amerikanische Mythologieforscher Joseph Campbell (1904 – 1987) diese Sichtweise für die Mythen weiter.

Für Tylor war das Faszinierende die Übereinstimmung der Mythen auf der ganzen Welt:

> Die Behandlung ähnlicher Mythen aus verschiedenen Gegenden durch Einordnung in große vergleichbare Gruppen macht es möglich, in der Mythologie das Wirken jener Phantasievorgänge nachzuvollziehen, die mit der offenkundigen Regelmäßigkeit eines geistigen Gesetzes wiederkehren; damit nehmen Geschichten, die bei einmaligem Vorkommen nur eine isolierte Kuriosität wären, ihren Platz unter den gut gekennzeichneten und einheitlichen Strukturen des menschlichen Geistes ein.[6]

Sigmund Freud meinte, der Geist filtere Erinnerungen, damit sie zu seinem gegenwärtigen Zustand paßten. Deshalb mißtraute er Mythen als genauer Wiedergabe tatsächlicher Ereignisse:

> Man wird so von verschiedenen Seiten her zur Vermutung gedrängt, daß wir in den sogenannten frühesten Kindheitserinnerungen nicht die wirkliche Erinnerungsspur, sondern eine spätere Bearbeitung derselben besitzen, eine Bearbeitung, welche die Einflüsse mannigfacher späterer psychischer Mächte erfahren haben mag. Die »Kindheitserinnerungen« der Individuen rücken so ganz allgemein zur Bedeu-

> tung von »Deckerinnerungen« vor und gewinnen dabei eine bemerkenswerte Analogie mit den in Sagen und Mythen niedergelegten Kindheitserinnerungen der Völker.[7]

C. G. Jung trieb die Vorstellung, Mythen seien ein Zugang zum Geist, noch weiter als Freud. Wie Vico, so war auch Jung fasziniert davon, daß überall auf der Welt die gleichen Mythen auftauchten. In seinem Buch (gemeinsam mit Károly Kerényi verfaßt) *Einführung in das Wesen der Mythologie* spricht er von einem »kollektiven Unbewußten«, das für dieses parallele Erscheinen von Mythen mitverantwortlich sei. Jung geht zwar auch davon aus, daß die Weitergabe von mythischen Vorstellungen auch durch Völkerwanderungen beeinflußt wird, betont aber, daß dies in sehr vielen Fällen als Erklärung unzureichend ist und daher von einem »kollektiven psychischen Substrat« in den Menschen ausgegangen werden müsse, das die Herausbildung von Mythen bestimme.[8]

Wie Freud und Jung, so suchte auch Claude Lévi-Strauss in den Mythen nach Hinweisen auf die Wirkungsweise des Geistes: Seiner Meinung nach hat ein Mythos den Zweck, ein logisches Modell zu schaffen, das einen Widerspruch überwinden kann.[9]

Joseph Campbell faßte den Beitrag dieser Denkrichtung so zusammen:

> Die gewichtigen und wirklich epochemachenden Schriften der Psychoanalytiker sind für jeden, der sich mit Mythologie beschäftigt, unentbehrlich; denn was man auch im einzelnen über die manchmal widersprüchlichen Interpretationen bestimmter Fälle und Probleme denken mag, in jedem Fall haben Freud, Jung und ihre Nachfolger unwiderleglich gezeigt, daß die Logik, die Helden und die Taten der Mythen bis zur heutigen Zeit überlebt haben. Da es keine wirksame allgemeine Mythologie gibt, hat je-

der von uns seine eigene, unerkannte, bruchstückhafte und doch heimlich machtvolle Welt der Träume.[10]

Für Campbell bieten die Mythen einen Weg zu ethischer Weisheit, und sie sind Leuchtfeuer der spirituellen Führung. Wenn man sie als Ausdruck einer vergessenen Vergangenheit betrachtet, verkennt man nach seiner Auffassung völlig ihre spirituelle Dimension.

Die Mythologieforscher von Vico bis Campbell haben versucht, die Frage nach dem Wesen von Phantasie und Denken zu beantworten. In diesem Buch haben wir viele Mythen untersucht, die von dem verlorenen Inselparadies berichten, und wir haben uns mit der Bedeutung der Motive von Überschwemmung und Sonne beschäftigt. Wir halten die Mythen aber nicht für konkrete Belege; allerdings sind diese alten Geschichten nach unserer Auffassung mehr als nur ein Indiz für die ähnliche geistige Ausstattung aller Menschen.

Wir nehmen an, daß manche Mythen tatsächlich auf vergessene Geschichte zurückgehen, aber diese Vermutung gründet sich auf die Theorie von der Verschiebung der Erdkruste, die bekannte, seit langem bestehende wissenschaftliche Probleme zu erklären vermag.

Der anerkannte Wissenschaftstheoretiker Thomas S. Kuhn nennt fünf entscheidende Merkmale für eine gute wissenschaftliche Theorie: »... Genauigkeit, Widerspruchsfreiheit, Geltungsbereich, Einfachheit und Nützlichkeit – all das sind Standardkriterien zur Beurteilung der Eignung einer Theorie.«[11] Die »Einfachheit« der Theorie von der Erdkrustenverschiebung machte Hapgoods Idee für Einstein anziehend. An die Stelle der Annahme, die Kruste sei relativ stabil, setzte Hapgood die Vorstellung von ihrer Beweglichkeit. Mit dieser einfachen Unterstellung kann die Theorie ein breites Spektrum anerkannter Probleme genau und widerspruchsfrei erklären. Sie bietet den Rahmen, in dem wir die rätselhaften Mythen vom verlorenen Inselparadies und das weltweit auftauchende Motiv von Sonne und Überschwemmung begreifen können. Und sie bietet auch eine Erklärung, warum manche alten Karten so seltsam genau sind – Karten, die offenbar aus einer unbekannten Hochkultur stammen. Außerdem weist die Theorie auf die Westantarktis als Ort von Atlantis hin.

Aber was dachten andere über den verlorenen Kontinent?

Als Solon, dem die Theorie von Atlantis noch im Kopf herumschwirrte, aus Ägypten nach Athen zurückkehrte, war Pythagoras (ca. 582–507 v. Chr.) ein junger Mann, der auf der Insel Samos wohnte. Wie Solon war auch er gefesselt von den Gerüchten, die er über die Geheimnisse der Vergangenheit gehört hatte. Seine Suche führte ihn von den üppigen Olivenhainen auf Samos an die Gestade des legendären Nils. Einer der Priester von Sais namens Sonchis wurde Pythagoras' Lehrer. Vielleicht war es derselbe Sonchis, der schon Solon in die Geheimnisse von Atlantis eingeweiht hatte.

Seine Lehrer schärften Pythagoras das Gebot der Geheimhaltung gut ein. Aus diesem Grunde wissen wir nicht, was er im einzelnen über den verlorenen Kontinent erfuhr. Auch alle unsere Kenntnisse über seine weiteren Lehren stammen aus zweiter Hand. Immerhin behauptete er aber als erster, die Erde sei »kugelrund und bewohnt. Auch Antipoden gibt es, denen unser Unten das Oben ist«.[12]

Als erster lehrte Pythagoras auch, daß sich fünf Klimazonen um die Erde ziehen und daß es im Süden tatsächlich einen Kontinent gibt. Sechs Jahrhunderte nach seinem Tod veröffentlichte der römische Geograph Mela, der in Europa die Vorstellung von einer unpassierbaren heißen Zone verbreitete, eine Landkarte der Erde, die auch den von Pythagoras erwähnten südlichen Inselkontinent der »Antichtones« zeigte (siehe Karte 31).

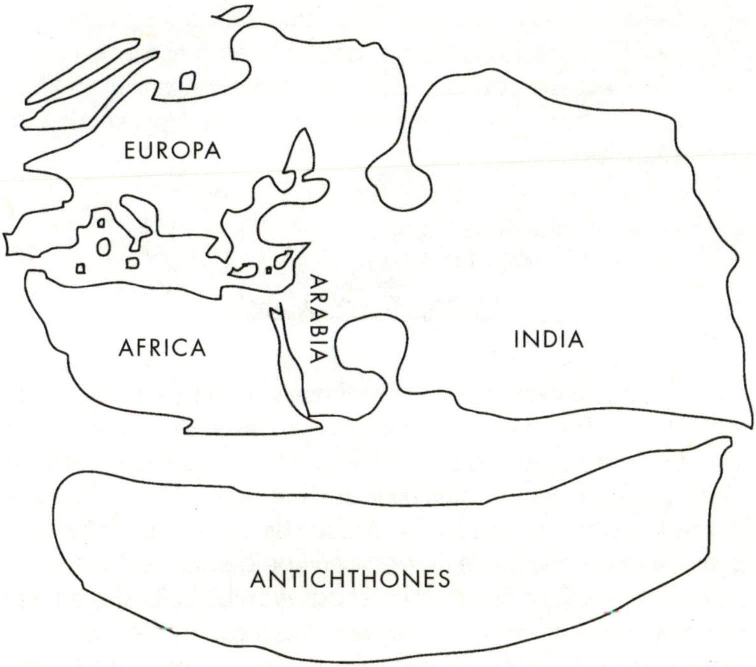

Karte 31: Der römische Geograph Mela griff die Idee von Pythagoras von einem großen Inselkontinent im Süden auf und nannte ihn »Antichtones«. Der Priester Sonchis, der Solon von Atlantis erzählte, könnte derselbe gewesen sein, der auch zu Pythagoras' Lehrer wurde. Kamen so beide Griechen in den Besitz von Teilen des großen Puzzlespiels?

Pythagoras gründete in der italienischen Stadt Croton eine Schule. Dort kam es später zu einer Revolte, die den Lehrer vermutlich das Leben kostete. Der römische Dichter Ovid (43 v. Chr. – 18 n. Chr.) behauptete, er besitze den Text einer Rede, die der große Philosoph vor den Bürgern von Croton gehalten habe:

> Nichts, so möchte ich glauben, verharrt auf lange im gleichen Zustand. So seid ihr Zeiten vom Gold auf das Eisen gekommen. So hat oft sich Geschick und Stand eines Ortes gewandelt. Was da festes

> Land vorzeiten gewesen, das hab' als Meer ich gesehn, gesehn, daß Land aus Wasser entstanden. Weit entfernt von der See sind Meeresmuscheln gelegen, hoch in den Bergen ward ein alter Anker gefunden.[13]

Wie Sonchis, so glaubte auch Pythagoras, das Älteste sei das Vollkommenste. Diese Einstellung ist für uns am Ende des 20. Jahrhunderts schwer zu begreifen. Anders als die Kinder im alten Ägypten und Griechenland, die mit den Mythen von vollkommenen Geschöpfen vergangener Zeiten aufwuchsen, starren unsere Kinder heute auf unglaubliche Science-fiction-Geschichten über die Zukunft. Unser Vertrauen wankt zwar manchmal, aber es richtet sich weiterhin auf die Zukunft und nicht auf die Vergangenheit, wenn wir nach Vervollkommnung suchen.

Die Idee vom »Fortschritt« hat unser heutiges Denken so stark durchdrungen, daß es eine unbestimmte Unruhe und gleichzeitig eine unendliche Faszination bedeutet, etwas über die Errungenschaften der Antike in Ägypten, Mexiko oder Peru zu erfahren. Die eindrucksvollen Ruinen erschüttern unseren Glauben an den unaufhaltsam voranschreitenden Fortschritt und werfen neue Fragen über unsere eigene Zukunft auf. Daß eine hochentwickelte Zivilisation in der entfernten Vergangenheit gedieh und unterging, ist eine unbequeme Erkenntnis für jeden, der an die Zwangsläufigkeit des Fortschritts glaubt.

Nach Platons Tod wurde sein Schüler Aristoteles zum führenden Philosophen in Athen. Er soll Homers berühmtem Bericht über Troja sehr skeptisch gegenübergestanden haben. »Er, der sie entstehen ließ, kann sie auch verschwinden lassen ...«[14]

Diese Worte wurden später fälschlicherweise auf Platons Bericht über Atlantis bezogen und gaben Anlaß zu der Vorstellung, der Inselkontinent sei ausschließlich ein Produkt von Platons lebhafter Phantasie. Wie wir jedoch gezeigt haben, wurde die Geschichte von Atlantis unter verschiedenen Namen immer wieder niedergeschrieben, und zwar in den Mythen von Völkern, mit denen Platon aller Wahrscheinlichkeit nach keinerlei Kontakt hatte. Die Mythen der Haida und Okanagan über ein verlorenes Land und die Vorstellung der Cherokee von einer schwimmenden Insel auf der südlichen Erdhalbkugel sind keine Ideen, die Platon übernommen haben könnte. Ebensowenig kannte er wahrscheinlich das eisbedeckte Inselparadies Airyana Vaêjo des alten Iran und Indien oder das japanische Onogorojima. Und Aztlan, die verlorene weiße Insel der antiken Völker Mexikos, hatte ebenfalls nichts mit Platon zu tun.

Einer der ersten, der ausführlich über Platons Dialog *Timaios* schrieb, war Crantor (ca. 300 v. Chr.) Er war vom Wahrheitsgehalt des Berichtes über Atlantis völlig überzeugt und ging sogar so weit, Abgesandte nach Ägypten zu schicken, um die Geschichte zu untermauern. Als die Botschafter zurückkehrten, bestätigten sie, die Legende sei »auf Säulen geschrieben, die noch erhalten sind«.[15]

Crantor hielt Atlantis für ein reales Land, das im Nordatlantik gelegen hatte. Im Laufe der Zeit wurde dies die beliebteste Deutung für die Lage des verlorenen Kontinents – eine Idee, die sich, wie wir gesehen haben, auf eine falsche Interpretation des Begriffs »Atlantischer Ozean« gründet. Das Zeitalter der Entdekkungen machte die Länder im Westen zugänglich und eröffnete reizvolle neue Möglichkeiten für die Lage von Atlantis. Jetzt verlegte man den verschwundenen Kontinent nach Mittelamerika, Nordamerika oder Brasilien. Als man weitere Länder entdeckte, kamen Südafrika, Ceylon, Grönland und andere hinzu. Schließlich kristallisierte sich aber wieder der Nordatlantik als beliebtester Ort heraus. Auch Athanasius Kircher, der Jesuit, der die ägyptische Karte entdeckt hatte, war überzeugt, Atlantis habe dort gelegen. Er hatte großen Einfluß, weil man ihn allgemein für den gelehrtesten Menschen der Welt hielt. Nach seinem Tod (1680) beschränkte sich die Diskussion auf die Meinungsverschiedenheit zwischen denen, die wie Kircher dachten, Atlantis sei im Meer versunken und für immer verloren, und anderen, nach deren Hoffnungen sich ein bisher noch nicht entdecktes Land als das verlorene Paradies entpuppen würde. Die nächste grundlegende Veränderung trat 1882 ein, als das

Buch *Atlantis: The Antediluvian World* von Ignatius Donnelly erschien.

Ignatius Donnelly (1831 – 1901) ist eine der farbigsten Gestalten in der Geschichte der Suche nach Atlantis. Er wurde in Philadelphia geboren, studierte Jura und zog dann nach Minnesota, wo er mit 28 Jahren zum Vizegouverneur gewählt wurde. Später wählte man ihn in den Kongreß, wo er einen großen Teil seiner Zeit in der reichhaltigen Bibliothek zubrachte. Dabei fesselten ihn vor allem zwei Themen. In seinem Buch *The Great Cryptogram* beschrieb er, wie er durch seine Analysen zu dem Schluß gelangt war, der wahre Autor der Stücke Shakespeares sei Sir Francis Bacon. Zu einem der bekanntesten Dozenten Amerikas wurde er aber durch seine Schriften über Atlantis. Donnelly glaubte wie Kircher, daß Atlantis am Boden des Atlantischen Ozeans lag. Er war begeistert von der Idee, durch die großartige neue Erfindung des U-Bootes könne die Stadt wiederentdeckt werden.

In seinem beliebten Buch behauptete er nachdrücklich, Platons Beschreibung von Atlantis sei kein Märchen, wie man lange angenommen hatte, sondern echte Geschichte. Weiter schrieb er:

> Atlantis wurde im Laufe langer Zeit zu einer dicht bevölkerten, mächtigen Nation, aus deren Überfluß heraus die Küsten am Golf von Mexiko, der Mississippi, der Amazonas, die Pazifikküste Südamerikas, der Mittelmeerraum, die Westküsten Europas und Afrikas, die Ostsee, das Schwarze und das Kaspische Meer von zivilisierten Völkern besiedelt wurden.[16]

Die Idee, daß Atlantis Kolonien hatte, war im nun unabhängigen Amerika populär. Aber selbst wenn sie stimmte, wären die Überreste solcher Kolonien schon vor langer Zeit untergegangen. Selbst aus Sumer, der ältesten bekannten Hochkultur, besitzen wir kaum genügend Fundstücke, um ihre Geschichte zu rekonstruieren. Die meisten Überbleibsel sind zu Staub zerfallen. Die Kolonien von Atlantis müßten mindestens doppelt so alt sein wie Sumer, und es ist höchst unwahrscheinlich, daß sie 12 000 Jahre in Wind und Wetter überleben konnten. Nach Donnellys Annahme »befand sich die älteste Kolonie der Atlantiden vermutlich in Ägypten, dessen Zivilisation ein Abbild derer auf der Atlantikinsel war.«[17] Das kürzlich festgestellte hohe Alter der Großen Sphinx, das durch John Anthony West und Dr. Robert Schoch belegt wurde, verleiht dieser Behauptung neue Glaubwürdigkeit.

Donnellys Buch löste in den USA geradezu ein »Atlantis-Fieber« aus. New Orleans widmete 1883 seinen Karneval dem Thema Atlantis.[18] Donnelly wurde in die American Association for the Advancement of Science gewählt. Bis 1890 hatte das Buch bereits 23 Auflagen erlebt. Es ist auch heute noch im Handel.

Drei Jahre nach Donnellys Buch erschien *Paradise Found: The Cradle of Human Race at the North Pole* von William Fairfield Warren (1833 – 1929), dem Gründungspräsidenten der Universität von Boston. Darin ging er mit vergleichender Mythenforschung und den neuesten geologischen Theorien die Frage nach dem verlorenen Paradies an, von der die Geschichten über Atlantis nur ein Teil sind. Wie wir gesehen haben, konnten seine geologischen Überlegungen sich nicht durchsetzen, und später ignorierte man seine gesamten Untersuchungen, obwohl sie viel umfassender waren als die von Donnelly. Da Warren annahm, das Paradies habe früher am Nordpol gelegen, beschränkte er seine Forschungen nicht auf die Gebiete beiderseits des Nordatlantiks. Er beschäftigte sich mit Mythen aus der ganzen Welt und fand dabei viele Berichte, in denen ein Zusammenhang zwischen dem verlorenen Paradies und dem Pol hergestellt wurde. Die Forschungsrichtung, die er damit begründete, betrachtete das verlorene Land als reales Gebiet in einer abgelegenen Gegend der Erde, das durch eine Naturkatastrophe zerstört wurde.

Im Gegensatz zu dieser Theorie vom abgelegenen Land, die

ihren Antrieb aus einer geologischen Katastrophentheorie bezieht und durch die vergleichende Mythenforschung zusätzliche Farbigkeit erhält, gehen die Forschungen über Atlantis in jüngster Zeit in eine ganz andere Richtung. Die »regionale« Denkschule bezieht ihre Stärke aus archäologischen Hinweisen auf eine verschwundene Zivilisation und aus geologischen Befunden für eine lokale Katastrophe, die in die gleiche Richtung weisen. Ohne sich dessen bewußt zu sein, legte Charles Lyell, der große Geologe, als erster Wissenschaftler die Argumente dar, die schließlich zum Grundgerüst für die »regionale« Betrachtungsweise des Atlantis-Problems wurden. Im ersten Band seiner *Principles of Geology* von 1830 beschäftigt er sich mit den weltweit verbreiteten Geschichten von einer großen Flut. Sein Wunsch nach Vereinheitlichung veranlaßte ihn, sie herunterzuspielen:

> Die wahre Quelle des Systems ist in den übertriebenen Traditionen dieser partiellen, oft aber beängstigenden Katastrophen zu suchen, die manchmal durch verschiedene Kombinationen natürlicher Ursachen hervorgerufen werden.[19]

Die Idee, es handele sich um Übertreibungen, sollte im »modernen« Denken über Atlantis eine wichtige Rolle spielen. Die Idee von einem kleinen, eng umgrenzten Atlantis kam auf, als Sir Arthur Evans (1851 – 1941) auf Kreta die Überreste der minoischen Kultur ausgegraben hatte. Neun Jahre später, am 19. Februar 1909, erschien in der Londoner *Times* ein Artikel mit der Überschrift »The Lost Continent« (Der verlorene Kontinent). Sein Verfasser war K. T. Frost, ein junger Mann aus dem Lehrkörper der Queen's University in Belfast. Wie er darlegte, konnte Evans' Entdeckung bedeuten, daß mit Atlantis in Wirklichkeit Kreta gemeint war. Frost kam im Ersten Weltkrieg ums Leben, aber seine Idee sollte an der Schwelle zum Zweiten Weltkrieg wiederaufgenommen werden.

Professor Spyridon Marinatos, der Leiter der griechischen Archäologiebehörde, äußerte 1939 die Vermutung, es könne auf der Insel Thera unmittelbar nördlich von Kreta einen Vulkanausbruch gegeben haben. In den fünfziger und sechziger Jahren datierte Professor Angelos Galanopoulos den Schutt des Ausbruchs von Thera auf die Zeit um 1500 v. Chr., als die minoische Hochkultur verschwand. War Thera Atlantis?

Der klassische Bericht, wonach Thera/Kreta mit Atlantis identisch war, wurde 1969 von J. V. Luce verfaßt, einem Dozenten für alte Sprachen und Philosophie am Trinity College in Dublin. In seinem Buch *The End of Atlantis: New Light on an Old Legend*[20] stellt er Platons Bericht in vielen Punkten in Frage. Luce sieht in der »Geschichte« eine übertriebene Darstellung des Unterganges von Kreta, der seinerseits auf den Vulkanausbruch auf Thera zurückzuführen war.

Luces Theorie taugt nicht als Bericht über Atlantis. Nach der Beschreibung von Platons ägyptischem Priester war es größer als Libyen (Nordafrika) und Asien (der Nahe Osten) zusammen. Es war ein Inselkontinent. Eine solche riesige Landmasse konnte sich niemals innerhalb des Mittelmeers befinden. Außerdem lenkt Platons Bericht die Aufmerksamkeit auf die Gegend jenseits der Säulen des Herakles (das heißt der Straße von Gibraltar). Atlantis soll danach im richtigen Ozean gelegen haben, von dem das Mittelmeer nur eine kleine Bucht war. Die Kreta-Theorie ignoriert das Motiv von Sonne und Flut, und es verzerrt den Zeitrahmen um das Zehnfache. Auch die Beschreibung großer Berge und Höhen hat darin keinen Platz.

Es mag zwar stimmen, daß Kreta durch einen Vulkanausbruch auf Thera zerstört wurde, aber es besteht kein Anlaß, dies mit der Sage von Atlantis in Verbindung zu bringen. Die Kreta-Theorie über Atlantis betrachtet Platons Bericht bequemlichkeitshalber als unzuverlässig, übertrieben und entstellt. Wählt man jedoch die Antarktis als Bezugspunkt, wird der Bericht sehr genau.

Harald A. T. Reiche, ein Professor für alte Sprachen und Philosophie am Massachusetts Institute of Technology, veröffentlichte 1979 den Artikel »The Language of Archaic Astronomy:

A Clue to the Atlantis Myth?« (Die Sprache der antiken Astronomie: ein Hinweis auf den Atlantis-Mythos?). Die Anlage der Stadt Atlantis, so seine Argumentation, spiegele »Merkmale des Südpolarhimmels« wider. Mit anderen Worten: Die verschiedenen Ringe der Stadt Atlantis entsprechen der Anordnung der Sterne am Himmel der Südhalbkugel. Reiche sieht in Platons Bericht »eine ausgeschmückte Version dessen, was nach der ursprünglichen Absicht eine Himmelskarte sein sollte.«[21]

Immer wieder kehrt man zu Platons berühmter Beschreibung zurück, und jeder sucht sich die passende Interpretation heraus. Warum sind solche Versuche immer gescheitert? Die ursprüngliche Bedeutung der griechischen Begriffe »Atlantischer Ozean« und »Säulen des Herakles« wurden ausnahmslos mißverstanden. Wie wir gesehen haben, beschränkte sich die Suche nach Atlantis wegen dieses Fehlers immer auf den Nordatlantik oder das Mittelmeer. Aber Atlantis lag im »richtigen Ozean«, dem »Weltmeer« der Ozeanographen. Und erst als man die unruhige Vergangenheit der Erde kannte, konnte man auch außerhalb der Nordhalbkugel nach dem verlorenen Land suchen.

Damit ist das Geheimnis aber nicht vom Tisch – es hat nur eine andere Gestalt angenommen. Die aufregenden Fragen liegen noch vor uns. Wie hoch war die Kultur der Atlantiden entwickelt? Was offenbarten ihre Kunst, ihre Wissenschaft und ihre Sitten über ihre Hoffnungen, Träume und Ängste? Das sind die großen Rätsel, die bleiben.

Wenn man die Atlantiden ausschließlich nach ihren technischen Errungenschaften beurteilt, müssen sie ein umfangreiches physikalisches Wissen besessen haben. Im Aufbau der Großen Sphinx in Ägypten[22] und im Sonnentempel am Titicacasee in Südamerika gibt es Anzeichen, daß die Atlantiden offensichtlich mit Leichtigkeit Steine von über 200 Tonnen bewegen konnten.[23] Am Ramesseum in Luxor gibt es einen heute zerbrochenen Stein, der Ramses den Großen darstellt, und der insgesamt über 1000 Tonnen wog.[24]

Wenn die alten Karten, die Hapgood und seine Studenten in den sechziger Jahren studierten, ein Anhaltspunkt sind, hatten die Atlantiden die ganze Erde kartiert, eine Leistung, die wir erst im 20. Jahrhundert mit der Vermessung Grönlands und der Antarktis wiederholt haben.

Manchen Hinweisen zufolge schufen sie eine Sprache, mit der Computer sich fehlerfrei verständigen können und die möglicherweise als universales Kommunikationsmittel diente.[25] Und auf der ganzen Welt fällt der plötzliche Aufstieg der Landwirtschaft genau in das Jahrhundert (9600 v. Chr.), in dem Atlantis nach den Angaben des ägyptischen Priesters unterging.[26]

Wir haben es hier nicht einfach mit einer weiteren antiken Kultur zu tun. Es ist eine verlorene, hochentwickelte Kultur mit wissenschaftlichen Kenntnissen, die wir erst noch begreifen müssen. Wer weiß, welche Probleme sich lösen lassen, wenn man die verlorenen Wissenschaften von Atlantis entdeckt? Und über die Kunstgegenstände, Skulpturen und Bauwerke, die unter dem Eis liegen, kann man nur spekulieren. Wer sich auf eine solche Suche begibt, sollte immer daran denken, daß die Überreste von Atlantis möglicherweise ein unvorstellbares Erbe bergen.

Aber schon heute führen die Aussichten auf einen ganz anderen Schatz – Bodenschätze, Fischgründe und einzigartige Laborbedingungen – an den Verhandlungstischen zu einem Rumoren über die Ansprüche und Gegenansprüche auf Stücke des letzten Kontinents.

Wenn wir uns entschließen, diese unberührte Gegend durcheinanderzubringen, müssen wir sicher behutsam vorgehen. Hinter der trügerisch starren weißen Maske liegt ein Kontinent, dessen viele Lebensformen durch empfindliche Beziehungen verbunden sind und durch brutale Technik leicht Schaden nehmen können.

Es ist schon eine Ironie des Schicksals, daß unter der Antarktis, im Zentrum der heute drastischsten Umweltschäden – der

Zerstörung der Ozonschicht – vielleicht die Hinweise auf eine noch viel größere Umweltkatastrophe verborgen liegen. Im Glanz des Südlichts verunstaltet schon heute menschlicher Abfall den glitzernden Schnee, und vor dem Horizont rosten die Skelette gewaltiger Maschinen. In dem schwarzen Meer schwimmen Plastikkanister, und Dynamitexplosionen zerreißen das ewige Schweigen. Dieser Ort bietet große Versprechen und große Möglichkeiten – vielleicht ist es für die Menschen die letzte Chance, den Geschöpfen, die hier leben, mit einer gewissen Würde und Einfühlsamkeit zu begegnen. Vielleicht läßt sich diese Entdeckung im Gegensatz zu vielen anderen, von denen auf den vorangegangenen Seiten die Rede war, von Barmherzigkeit leiten. Als Anfang könnte man die Antarktis zu einem internationalen Schutzgebiet erklären, für das wir alle verantwortlich sind. Mit den raffiniertesten, am wenigsten schädlichen Geräten könnten wir unter das Eis spähen. Wenn sich dort Anzeichen für eine Hochkultur finden, könnte man eine chirurgische Sonde herstellen. Wir würden den Atem anhalten, während wir auf erste Eindrücke aus der Stadt im Eis warten.

Die Suche würde neu beginnen.

Vergangenheit und Zukunft wären eins.

Wissenschaft und Mythos könnten verschmelzen.

Nachwort

von John Anthony West

Ein Nachwort setzt voraus, daß der Leser das Buch bereits gelesen hat – abgesehen von jener Minderheit, die lieber hier und da ein wenig schmökert und sich erst später in das Ganze vertieft.

Wenn Sie dieses Buch tatsächlich durchgelesen haben, kommen Sie vielleicht zu dem gleichen Schluß wie ich: Die Flem-Aths haben überzeugende Belege zusammengetragen.

Wer sich durch Lesen oder Forschen intensiv mit der entfernten Vergangenheit beschäftigt, dem fallen im derzeit gängigen Bild von der Frühgeschichte schnell krasse Besonderheiten auf: Überall auf der Welt gibt es Mythen von Überschwemmungen, und die Sagenwelt weit voneinander entfernt lebender Völker enthält immer wieder in verschiedenen Variationen die Geschichte von einer weltweiten Katastrophe. Und dann ist da Platons berüchtigte Atlantis-Legende mit all ihren Einzelheiten, die sich allen heutigen Versuchen widersetzt, sie als ein weiteres Beispiel für eine lebhafte, wirre antike Phantasie abzutun.

Angefangen im 18. Jahrhundert bei Cuvier hatte eine ganze Reihe wagemutiger intellektueller Entdecker den Mut, die Ablehnung – manchmal auch die Schmähungen und den Spott – ihrer Akademikerkollegen zu riskieren und diese Auffälligkeiten wissenschaftlich zu erklären, indem sie ein realistisches Bild von den zerstörerischen Ereignissen zeichneten, die den Mythen und Legenden zugrunde liegen.

Das Ganze ähnelte einem riesigen Puzzlespiel, bei dem anfangs die meisten Teile fehlten. Erste Versuche, es zusammenzusetzen, endeten eher mit Löchern als mit einem Bild und waren deshalb recht leicht zu ignorieren oder verächtlich zu machen. Je weiter sich die moderne Wissenschaft jedoch entwickelte, desto mehr neue Puzzlesteine kamen hinzu. Spätere Versuche, das ganze Bild aufzubauen, wurden immer schlüssiger.

Unter den heutigen »Atlantologen« ist das Ehepaar Flem-Ath vielleicht am überzeugendsten und mutigsten. Auf der Grundlage der absolut unleugbaren Tatsache, daß es vor 10 000 Jahren ein Massenaussterben der Säugetiere gab, und mit dem ebenso eindeutigen Zeugnis der Karte von Piri Re'is und anderer Darstellungen der Welt vor der Katastrophe wird das Bild immer deutlicher. Eine ganze Reihe von Fachgebieten – Geologie, Paläoklimatologie, Kartographie, Astronomie und vergleichende Religionswissenschaft – tragen ihre Puzzlesteine bei, und Hapgoods Theorie von der Verschiebung der Erdkruste liefert offenbar den Mechanismus, der das ganze gewaltige, globale Szenario mit einem Schlag erklären kann.

Wird das heute von den Flem-Aths gezeichnete Bild sich letztlich durchsetzen? Das ist eine große Frage. Es geht um die gesamte entfernte Vergangenheit der Menschen, aber auch um die wirkliche Geschichte der Entwicklung menschlicher Zivilisation auf der Erde.

Anhang

Rand Flem-Ath, »A Global Model for the Origins of Agriculture«. In *The Anthropological Journal of Canada,* Bd. 19, Nr. 4 (1981), S. 2–7.

(Zu diesem bereits früher erschienenen Artikel wurden nur die Fußnoten hinzugefügt.)

Zusammenfassung: Ein auf archäologische Befunde gegründetes Klimamodell wird im weltweiten Maßstab auf die Frage angewandt, wie die Landwirtschaft entstanden ist und in welcher Reihenfolge unabhängige Hochkulturen auftauchten.

Warum, so könnte man fragen, wurde die Landwirtschaft nach dem Ende des Pleistozäns für die Menschen zum bevorzugten Mittel, den Lebensunterhalt zu sichern? Und warum dauerte es in der Neuen Welt so viel länger, bis sich Zivilisationen entwikkelten? Die ersten Experimente mit der Landwirtschaft scheinen hier zur gleichen Zeit stattgefunden zu haben wie in der Alten Welt, aber in mancherlei Hinsicht hinkten sie weit hinterher. Ein wenig mehr Klärung liefert möglicherweise das wenig bekannte Klimamodell von Hapgood in Verbindung mit dem Belastungsmodell von Harris.

Wie Cohen zu Recht dargelegt hat, reicht es nicht mehr aus, das Wo und Wann der Entstehung von Landwirtschaft zu erklären. Weit wichtiger ist das Warum. Was veranlaßte die Menschen in der Alten und Neuen Welt fast zur gleichen Zeit, sich von der hergebrachten und erfolgreichen Methode des Jagens und Sammelns abzuwenden?

Zur Beantwortung dieser Frage im weltweiten Maßstab gibt es drei Gruppen von Theorien: 1. Modelle der Diffusion; 2. Modelle der Population und Ökologie; und 3. »traditionelle« Klimamodelle. Keines davon berücksichtigt aber größere und bedeutsame archäologische Befunde.

Die Landwirtschaft entstand vermutlich überall vor 10 000 bis 11 000 Jahren, also lange vor den ersten Hochkulturen. Dies spricht im Zusammenhang mit den Befunden von Vavilov und Harlan, wonach es mehrere Ausgangspunkte landwirtschaftlicher Experimente gab, stark gegen die Vorstellung der allmählichen Ausbreitung, die damit nach meiner Ansicht als globales Modell unhaltbar wird.*

E. Boserup äußerte als erste die Vorstellung, die Bevölkerungsdichte könne die Ursache des technologischen Wandels gewesen sein, womit sie die herkömmliche malthusische Theorie umkehrte. Cohen folgte ihr und argumentierte, die Bevölkerungszahl habe weltweit einen Sättigungswert erreicht, und die daraus erwachsende Belastungssituation habe die Einführung der Landwirtschaft als neue Methode zum Lebensunterhalt erzwungen.

Diese These hat drei schwerwiegende Schwachpunkte: 1. Sie ist ein Schlag ins Gesicht für anthropologische Befunde, wonach Jäger und Sammler normalerweise im *Gleichgewicht* mit ihrer Umwelt leben 2. Wenn man annimmt, daß die Bevölkerungsdichte in der Alten Welt deutlich höher war als in der Neuen, erklärt sie nicht, warum der ökologische Wendepunkt *zur gleichen Zeit* erreicht wurde. Und 3. berücksichtigt sie nicht die Befunde von Vavilov, wonach es einen unmittelbaren Zusammenhang zwischen hochgelegenen Gebieten und den Zentren mit der größten Dichte künstlich angebauter Pflanzen gibt. Kurz gesagt wirft sie kein Licht auf die Aspekte des Wann und Wo.

Die globalen Modelle von Diffusion und Population/Ökologie bieten also keine Erklärung für die archäologischen Befunde. Sehen wir uns als nächstes einmal die »traditionellen« Klimatheorien an. Diese leiden an zwei Schwierigkeiten: Sie be-

* Die Ausbreitung von der Alten in die Neue Welt.

treffen einzelne Regionen und können deshalb die Befunde nicht in größerem Rahmen erklären, und sie gehen von mehrfach wiederholten Vorgängen aus, womit die Frage bleibt, warum ähnliche Ereignisse in weiter entfernter Vergangenheit nicht zur Landwirtschaft führten.

Offensichtlich ist also eine Theorie notwendig, die erklärt, *warum* die Landwirtschaft trotz sehr unterschiedlich fortgeschrittener kultureller Evolution in der Alten und Neuen Welt ungefähr zur gleichen Zeit entstand. Eine solche Theorie muß die lange mißachteten Zusammenhänge zwischen Höhenlage und Ausgangspunkten berücksichtigen und die herkömmlichen Beschränkungen [früherer Klimamodelle mit ihren]* sich wiederholenden und regionalen Effekten [überwinden].** Und sie muß *weltweit* gültig sein.

Meines Erachtens kann ein Klimamodell, das sich auf die geologische Theorie von Charles H. Hapgood und das Belastungsmodell von David Harris gründet, die zuvor gestellten Fragen besser beantworten. Vor diesem Hintergrund ist es eine traurige Feststellung, daß Hapgoods geologische Arbeiten schlicht nicht zur Kenntnis genommen wurden – obwohl Albert Einstein das Vorwort zur ersten Veröffentlichung Hapgoods verfaßte:

> Ziemlich viele empirische Daten weisen darauf hin, daß an jedem sorgfältig untersuchten Punkt der Erdoberfläche viele Klimaveränderungen stattgefunden haben, und zwar offensichtlich sehr plötzlich. Das ist nach Mr. Hapgoods Ansicht durchaus erklärlich, wenn die eigentlich starre äußere Erdkruste von Zeit zu Zeit über den viskosen, verformbaren und möglicherweise flüssigen inneren Schichten umfangreiche Verschiebungen durchmacht. Solche Verschiebungen können ... die Lage der Erdkruste relativ zur Erdachse verändern.

* Gegenüber dem Artikel von 1981 korrigiert.
** Gegenüber dem Artikel von 1981 korrigiert.

Die Erdkrustenverschiebung, von der Einstein hier spricht, ist der Lagewechsel verschiedener Teile der Erdkruste zu verschiedenen Zeiten gegenüber der Erdachse.

Hapgood ging von der Annahme aus, daß die Magnetpole der Erde in der Regel in der Nähe der Rotationspole liegen, und sammelte geomagnetische Gesteinsproben. Dabei fand er Hinweise, wonach die letzte Erdkrustenverschiebung vor 17 000 bis 12 000 Jahren stattgefunden haben muß. Dabei hätte sich der Nordpol von dem Gebiet der Hudsonbai in Nordkanada zu seiner jetzigen Lage im Nordpolarmeer verlagert. In jüngerer Zeit sammelten Langway und Hansen Klimadaten, die auf eine tiefgreifende Klimaveränderung vor 12 000 Jahren schließen lassen. In die gleiche Zeit scheinen auch das Aussterben im Pleistozän, ein Anstieg des Meeresspiegels, das Ende der Eiszeit und die Entstehung der Landwirtschaft zu fallen.

Eine Verschiebung der Erdkruste wäre zwar ein dramatisches Ereignis, aber sie würde sich in verschiedenen Gegenden unterschiedlich auswirken. Manche Teile der Erde, die vor der Erdkrustenverschiebung vor 12 000 Jahren in den Tropen lagen, blieben auch danach in warmen Regionen. Diese Gebiete habe ich »Mikrozentren« genannt (Abbildung 1).

Vavilov fand einen unmittelbaren Zusammenhang zwischen der Entstehung der Landwirtschaft und Gebieten, die mehr als 1500 Meter über dem Meeresspiegel liegen. Dies läßt sich vermutlich mit der Erdkrustenverschiebung erklären, die mit Sicherheit unvorstellbare Flutwellen auslöste. Überlebende hätten ein starkes Motiv gehabt, in Gebirgsregionen zu bleiben. Die Mikrozentren (Abb. 1) liegen deutlich über der angenommenen Höhe.

In drei der vier Mikrozentren wurde die Entstehung der Landwirtschaft auf die Zeit vor 12 000 Jahren datiert. Mehrere Studien aus Peru, dem Hochland von Thailand und der Gegend um die äthiopische Hochebene legen für mich die Vermutung nahe, daß weitere Ausgrabungen im Hochland des Nordostens von Borneo sehr lohnend wären.

Nach Hapgoods Ansicht ergab sich durch die Erdkrustenver-

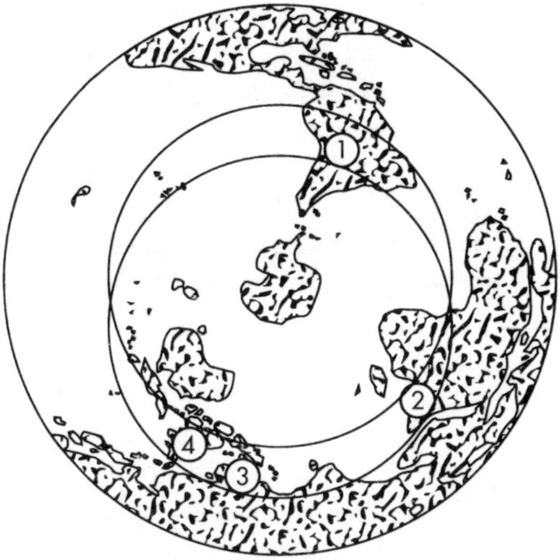

Zonen der Erdkrusten-verschiebung	vor über 12 000 Jahren	vor weniger als 12 000 Jahren	Gegend
Mikrozentren	tropisch	tropisch	1. Zentralanden 2. Äthiopisches Hochland 3. Thailändisches Hochland 4. Hochland im Nordosten Borneos

Abbildung 1

schiebung eine Einschränkung der Wanderungsmöglichkeiten, weil große Teile der Erde eine Zeitlang unbewohnbar wurden. Harris vertritt die Auffassung, wenn Jäger und Sammler ihre Mobilität einschränkten, schüfen sie zwangsläufig die Voraussetzungen für die Landwirtschaft. Nach dieser Theorie entsteht durch die mangelnde Mobilität ein Bevölkerungsdruck. Damit wächst die Schwierigkeit, sich von wildwachsenden Pflanzen zu ernähren, was zu einer stärkeren jahreszeitlichen Planung führt. Die Aufteilung der Ressourcen in Verbindung mit verbesserter Technik und der künstlichen Auswahl bestimmter Pflanzen oder Tiere kann schließlich ein echtes Nahrungsmittelproduktionssystem entstehen lassen. Umgekehrt kann es durch Wiedergewinnung der Mobilität zur Wiederaufnahme des Jagens und Sammelns kommen.

Das von Harris entwickelte Modell läßt sich auch auf hochgelegene Gegenden anwenden, die vor und nach der Erdkrustenverschiebung vor 12 000 Jahren in gemäßigten Klimazonen lagen (Abbildung 2).

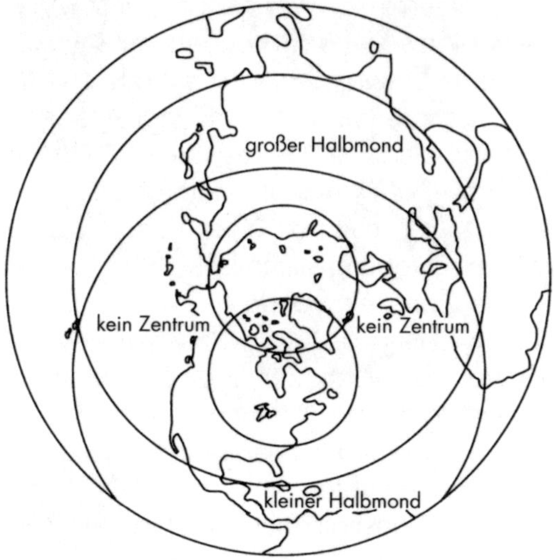

Zonen der Erdkrusten-verschiebung	vor über 12 000 Jahren	vor weniger als 12 000 Jahren	Gegend
großer Halbmond	tropisch	gemäßigt	Gebiete der Alten Welt nördlich des heutigen und früheren Wendekreises des Krebses
kleiner Halbmond	gemäßigt	tropisch	Nordamerika südlich des heutigen und nördlich des früheren Wendekreises des Krebses
kein Zentrum	gemäßigt	gemäßigt	Nordamerika nördlich des Wendekreises des Krebses, Europa (ohne Kreta und Südgriechenland), Nordwestafrika und Asien nördlich des Wendekreises des Krebses

Abbildung 2

Dies war in den Gegenden der Fall, die in der Karte als »kein Zentrum« bezeichnet werden. Dort erfolgte eine schnelle Rückkehr zur Mobilität und damit auch zur Lebensweise der Jäger und Sammler.

Der als großer Halbmond gekennzeichnete Bereich eignete sich nach dieser Vorstellung zu jener Zeit am besten für landwirtschaftliche Experimente. Er war zuvor tropisch gewesen und hatte jetzt gemäßigtes Klima. Besonders günstig waren die Bedingungen für eine Einwanderung aus anderen Bereichen der Alten Welt. Menschen, die in den Hochgebirgen rund um das Schwarze Meer in einer Zeit des Bevölkerungsdruckes fast den gesamten Weg bis zur Nahrungsmittelproduktion hinter sich gebracht hatten, konnten nun von einer Zone, die vor und nach der Erdkrustenverschiebung klimatisch gemäßigt war, in eine *neue* gemäßigte Zone einwandern. Diese Ausbreitung dürfte Einsatz und Entwicklung der Landwirtschaft begünstigt haben. Völlig anders war die Situation im Kleinen Halbmond der Neuen Welt. Hier erfolgte die Ausdehnung nach Süden in ein Gebiet, das zuvor gemäßigt gewesen war und jetzt zu den Tropen gehörte. Die Menschen trafen auf ganz andere Klimabedingungen und wanderten deshalb nur langsam ein. Genau dieser Umstand ist die Ursache für die verzögerte Entwicklung der Zivilisation in der Neuen Welt (Abbildung 3).

Zonen der Erdkrusten-verschiebung	vor über 12 000 Jahren	vor weniger als 12 000 Jahren	Hochkulturen	Zeit
großer Halbmond	tropisch	gemäßigt	Sumer Ägypten Indus minoisch China	3500 v. Chr. 3200 v. Chr. 2600 v. Chr. 2100 v. Chr. 1800 v. Chr.
kleiner Halbmond	gemäßigt	tropisch	Olmeken	1200 v. Chr.
Mikrozentrum	tropisch	tropisch	Chavin	900 v. Chr.
kein Zentrum	gemäßigt	gemäßigt	keine	keine

Abbildung 3

In dieser Abbildung erkennt man, wie sich die Reihenfolge der frühen, unabhängig entstandenen Hochkulturen mit der Erdkrustenverschiebung erklären läßt. Die ersten fünf, so stellen wir fest, tauchten im Makro-Halbmond auf, während spätere sich entsprechend den beschriebenen Klimabedingungen entwickelten. Die ersten vier Hochkulturen waren auf Pflanzen und Tiere angewiesen, die man ursprünglich in Gebirgen oder in ihrem Umfeld sowie in der Nähe des Schwarzen Meeres domestiziert hatte. China wird dabei als Abkömmling des Mikrozentrums im Hochland von Thailand betrachtet, wobei Pflanzen aus großen Höhen einer tropischen Zone in geringere Höhen einer gemäßigten Region gebracht wurden.

Aber warum führten frühere Erdkrustenverschiebungen nicht zur Landwirtschaft? Nach meiner Vermutung läßt sich dies mit zwei Faktoren erklären: Erstens ereigneten sich in der Lebenszeit des *Homo sapiens* nur zwei Erdkrustenverschiebungen (vor 12 000 und 55 000 Jahren)*, und zweitens erlaubte die geringere Gesamtbevölkerungsdichte in früheren Zeiten die Rückkehr zum Jagen und Sammeln.

Nach meiner Überzeugung stellt die Theorie der Erdkrustenverschiebung eine wissenschaftliche Revolution nach der Definition von Kuhn dar. Man kann sie auf verschiedene hartnäckige Probleme in mehreren Fachgebieten anwenden. In der Archäologie erlaubt sie ein Ordnen der Befunde in *weltweitem* Maßstab, und sie legt neue Forschungsrichtungen nahe. Hapgood wandte die Theorie auf die Fragen der Eiszeiten, der Gebirgsentstehung und der Evolution an. Jüngere Entwicklungen in der Solarphysik geben Hinweise auf einen möglichen Mechanismus der Verschiebung.**

Ich habe hier versucht, die Theorie auf das Warum, Wo und Wann der Entstehung der Landwirtschaft und auf die Reihenfol-

* Wie wir heute wissen, gibt es den Jetztmenschen schon länger, als man 1981 glaubte (nämlich möglicherweise schon seit über 120 000 Jahren).

** Diese Mechanismen wurden mittlerweile zugunsten des Modells von Croll und Milankovitch in Verbindung mit dem Gewicht der Eiskappen verworfen.

ge der frühen Hochkulturen anzuwenden. Ich möchte das Modell weiterentwickeln und damit auch andere Probleme der Archäologie erklären.

Eingegangen am 15. Mai 1981.

Literatur zum Anhang

Boserup, E., *The Conditions of Agricultural Growth*, Chicago, Aldine, 1965.

Cohen, Mar N., *The Fond Crisis in Prehistory: Overpopulation and the Origins of Agriculture*, New Haven, CT, Yale University Press, 1977.

Eddy, John A., »Historical and Arboreal Evidence for a Changing Sun.« In *The New Solar Physics*, Boulder, CO, Westview, 1978.

Gribbon, John, *The Strangest Star: A Scientific Account of the Life and Death of the Sun*, Glasgow, Fontana, 1980.

Hapgood, Charles H., *The Earth's Shifting Crust*, Philadelphia, Chilton, 1958.

Ders., *The Path of the Pole*, Philadelphia, Chilton, 1970.

Harlan, Jack R., »Agricultural Origins: Centers and Noncenters.« In *Science* 174 (1971), S. 468–74.

Harris, Jack R., »Alternative Pathways toward Agriculture.« In *The Origins of Agriculture*, hrsg. von C. A. Reed, Den Haag, Mouton, 1977.

Kuhn, Thomas S., *The Structure of Scientific Revolutions*, Chicago, University of Chicago Press, 1962.

Langway, C. C. Jr. & B. Lyle Hansen, »Drilling through the Ice Cap: Probing Climate for a Thousand Centuries.« In *The Frozen Future: A Prophetic Report*, hrsg. von Richard S. Lewis und P. M. Smith, New York, Quadrangle Books, 1973, S. 202.

Vavilov, N. I., »The Origin, Variation, Immunity and Breeding of Cultivated Plants.« In *Chronica Botanica* 13 (1–6, 1950), S. 14–54.

Anmerkungen

Kap. 1 *Anpassen, Wandern oder Sterben*

1. Albert Einstein, Brief an Charles H. Hapgood, 8. Mai 1953. In Charles H. Hapgood, *The Path of the Pole*. Philadelphia, Chilton Book Company, 1970, S. 328.
2. Albert Einstein, in Hapgood, *Path of the Pole*, S. 341, Anm. 5.
3. Albert Einstein, Vorwort zu *The Earth's Shifting Crust; A Key to Some Basic Problems of Earth Science*, von Charles H. Hapgood. New York, Pantheon Books, 1958.
4. Thomas S. Kuhn, *The Structure of Scientific Revolutions*, 2nd ed. (Chicago: University of Chicago Press, 1970). Dt.: Die Struktur wissenschaftlicher Revolutionen, Suhrkamp, Frankfurt/M., 2. Aufl. 1969.
5. John Horgan, »Profile: Reluctant Revolutionary: Thomas S. Kuhn unleashed ›paradigm‹ on the world«. *Scientific American* Nr. 264 (Mai 1991), S. 40.
6. Kuhn, *Structure of Scientific Revolutions*, S. 5.
7. Charles H. Hapgood, *The Maps of the Ancient Sea Kings: Evidence of Advanced Civilisation in the Ice Age*. Philadelphia, Chilton Book Company, 1966.

Kap. 2 *Funken der Menschheit*

1. Platon, *Die Gesetze*, 3. Buch, übersetzt von Eduard Eyth, in: Platon, Sämtliche Werke, Bd. III, Verlag Lambert Schneider, Heidelberg o.J., S. 285ff.
2. Jack R. Harlan, *Crops and Man* (Madison, WI: American Society of Agronomy and Crop Science Society of America, 1975), S. 35.
3. Alphonse de Candolle, *Origin of Cultivated Plants* (1886), Nachdruck New York, Hafner Pub. Co., 1959), S. 8.
4. Nikolai Ivanovich Vavilov, »The origin, variation, immunity and breeding of cultivated plants: Selected writings of N. I. Vavilov«. In *Chronica Botanica* 13, Nr. 1–6 (1951), S. 20.
5. Ibid., S. 45.

6. Platon behauptet in seinem Werk *Die Gesetze*, die Landwirtschaft habe im Hochland nach der Flut begonnen. Die Flut datiert er auf 9600 v. Chr.
7. Rand Flem-Ath, »A Global Model for the Origins of Agriculture«. In *The Anthropological Journal of Canada 19*, Nr. 4 (1981), S. 2–7. (Dieser Artikel ist im Anhang abgedruckt.)
8. Das 10. Jahrtausend v. Chr. gilt allgemein als die Zeit, in der die Landwirtschaft begann. Siehe C. A. Reed (Hrsg.), *The Origins of Agriculture*, Den Haag, Mouton, 1977.
9. Flem-Ath, »A Global Model ...«
10. Ibid.

Kap. 3 *Die launische Sonne*

1. Major J. W. Powell, »Mythologic Philosophy«. In *Popular Science Monthly* Nr. 15 (1880), S. 795–808.
2. Franz Boas, *Kutenai Tales*, Smithsonian Institution; Bureau of American Ethnology, Bulletin 59 (Government Printing Office, Washington, D. C., 1918), S. 281.
3. Ibid., S. 287.
4. Harry Robert Turney-High, *Ethnology of the Kutenai*, Mildwood, NY, Draus Reprint Co., 1974, S. 96.
5. Paul E. Baker, *The Forgotten Kutenai*, Boise, ID, Mountain States Press, 1955, S. 7.
6. British Columbia, *Kootney*, Bd. 8 von *Our Native People*, Department of Education, Division of Curriculum, series 1952–62, Victoria, B. C., 1952, S. 12.
7. Turney-High, *Ethnology of the Kutenai*, S. 11 f.
8. Boas, *Kutenai Tales*, S. 281.
9. Ibid., S. 231.
10. Hubert Howe Bancroft, *The Native Races*, Bd. III, San Francisco, The History Co., 1886, S. 153 f.
11. Robert H. Lowie, *Anthropological papers of the American Museum of Natural History*, Bd. XX, Teil III, New York, American Museum Press, 1924, S. 293.
12. Penelope Farmer, *Beginnings: Creation Myths of the World*, London, Chattoo & Windus, 1978, S. 127.
13. *Dictionary of the Indian Tribes of the Americas*, Bd. 3, Newport Beach, CA, American Indian Publishers, Inc., S. 455–460.
14. Philip Freund, *Myths of Creation*, New York, Washington Square Press Inc., 1965, S. 11.

15. Frederick Dockstader, »Pima«, in *Dictionary of the Indian Tribes of the Americas*, Bd. 3.
16. Raymond Van Over, Hrsg., *Sun Songs: Creation Myths from Around the World*, New York: A Mentor Book of the New American Library, 1980, S. 30 f.
17. Ibid., S. 28.
18. *The Mythology of All Races*, Bd. X, New York, Cooper Square Publishers, Inc., 1964, S. 222.
19. Ella E. Clark, *Indian Legends of the Pacific Northwest*, Berkeley and Los Angeles, University of California Press, 1953, S. 42 f.
20. Ibid., S. 14 f.
21. Ibid., S. 31 f.
22. Roland Dixon, »Achomawial Atsugewi Tales«, *Journal of American Folk-Lore* Nr. 21 (1908), S. 169.
23. Roland Dixon, »Ahasta Myths«, *Journal of American Folk-Lore* Nr. 23 (1910), S. 36.
24. James Mooney, *Myths of the Cherokee*, American Bureau of Ethnology Annual Report Part I (Washington, D. C.: Government Printing Office) 1900, S. 252 ff.
25. William Tyler Olcott, *Sun Lore of All Ages*, New York, The Knickerbocker Press; London, G. P. Putnam's Sons, 1914, S. 60.
26. Bancroft, *The Native Races*, Bd. III, S. 154.
27. Freund, *Myths of Creation*, S. 10.
28. *New Larousse Encyclopedia of Mythology,* London und New York, Prometheus Press, 1968, S. 445.
29. Augustin de Zarate, *The Discovery and Conquest of Peru* (1555), Nachdruck Middlesex, England, Penguin Books, 1968, S. 49.
30. Hartkey Burr Alexander, *Latin America*, Bd. XI von *The Mythology of All Races*, New York, Cooper Square, 1964, S. 202.
31. Pedro de Cieza de Leon, *The Incas of Pedro de Cieza de Leon*, Norman, OK, University of Oklahoma Press, 1959, S. 27.
32. A. F. Banelier, *The Islands of Titicaca and Koati*, nachgedruckt in Thor Heyerdal, *American Indians in the Pacific: The Theory Behind the Kon-Tiki Expedition*, London, George Allen & Unwin, 1952, S. 257.
33. Hiram Bingham, »The Story of Machu Picchu«. In *National Geographic*, Februar 1915, S. 183.
34. Ibid., S. 181.
35. Ibid., S. 185
36. Ibid., S. 183

37. Hiram Bingham, *The Lost City of the Incas*, New York, Duell, Sloan and Pearce, 1948, S. 35.
38. »The Anasazi«. In *National Geographic*, November 1982, S. 580 f. Siehe auch Anna Sofaer, *The Sun Dagaer*, ein Film des Solstice Project, Washington, D. C., 1982, Bullfrog Films, Regie Albert Ihde, Buch Anna Sofaer (Sprecher: Robert Redford).
39. John A. MacCulloch und Jan Machal, *Celtic, Slavic*, Bd. III von *The Mythology of All Races*, New York, Cooper Square Publishers, Inc., 1964, S. 12.
40. Raymond Van Over, Hrsg., *Sun Songs: Creation Myths from Around the World*, New York, A Mentor Book of the New American Library, 1980, S. 165.
41. Uno Homberg, *Finno-Ugric, Siberian*, Bd. IV von *The Mythology of All Races*, S. 312.
42. W. Max Muller, *Egypt, Far East*, Bd. XII von *The Mythology of All Races*, S. 82.
43. Ibid., S. 39.
44. J. M. Plumley, »The Cosmology of Ancient Egypt«, in *Ancient Cosmologies*, hrsg. von Carmen Blacker and Michael Loewe, London, George Allen & Unwin, 1975, S. 25 f.
45. G. S. Kirk und J. E. Raven, *The Presocratic Philosophers*, Cambridge, Cambridge University Press, 1957, S. 13.

Kap. 4 *Warum der Himmel herabfiel*

1. Georges Cuvier, in Robert Silverberg, *Mammoths, Mastodons and Man*, New York, McGraw-Hill Book Co., 1970, S. 101.
2. Georges Cuvier, »Revolutions and Catastrophes in the History of the Earth«. In *A Source Book in Geology*, hrsg. von K. Mather, New York und London, Hafner Pub. Co., 1964, (Faksimile der Ausgabe von Harvard University Press 1939), S. 11.
3. Edward Lurie, *Louis Agassiz: A Life in Science*, Chicago, University of Chicago Press, 1960, S. 63 f.
4. Gordon L. Davies, *The Earth in Decay: A History of British Geomorphology 1578–1878*, London, Macdonald Technical & Scientific, 1969, S. 6
5. James Hutton, *Theory of the Earth with Proofs and Illustrations*, Bd. I, Edinburgh, William Creech; London, Cadell, Junior and Davies, 1795, S. 275.
6. Ibid., S. 273.

7. Ibid., Bd. II, S. 547.
8. Charles Lyell, *Principles of Geology: Being an Attempt to Explain the Former Changes of the Earth's Surface, by Reference to Causes Now in Operation*, Bd. III, London, John Murray, 1830–32, S. 2 f.
9. Stephen Jay Gould, »Is Uniformitarism Necessary?«. In *American Journal of Science 263*, Nr. 3 (März 1965), S. 223–28.
10. Louis Agassiz, zitiert in Ruth Moore, *The Earth We Live On: The Story of Geological Discovery*, 2. überarb. Auflage, N.Y., Knopf, 1971, S. 140.
11. Louis Agassiz, in Edward Lurie, *Louis Agassiz*, S. 98.
12. Louis Agassiz, *Geological Sketches*, Bd. I, Boston, Ticknor & Fields, 1866, S. 210.
13. James Croll, in John Imbrie und Katherine Palmer Imbrie, *Ice Ages: Solving the Mystery*, Short Hills, NJ, Enslow Publishers, 1979, S. 80.
14. J. D. Hays, J. Imbrie und N. J. Shackleton, »Variations in the earth's orbit: pacemaker of the ice ages«, In *Science 194* (1976), S. 1121-32.
15. Albert Einstein, Vorwort zu *The Earth's Shifting Crust*, wiedergegeben in Charles H. Hapgood, *The Path of the Pole*, Philadelphia, Chilton Book Company, 1970, S. XIV.
16. Alfred Russel Wallace, *The World of Life: A Manifestation of Creative Power, Directive Mind, and Ultimate Purpose*, New York, Moffat, Yard, 1911, S. 264.
17. Charles Lyell, zitiert in James J. Hester, »The Agency of Man in Animal Extinctions«. In P. S. Martin und H. E. Wright, Jr., Hrsg., *Pleistocene Extinctions: The Search for a Cause*, New Haven, CT, Yale University Press, 1967, S. 189.
18. Paul S. Martin, »Prehistoric Overkill: The Global Model«, in Paul S. Martin und Richard G. Klein, *Quaternary Extinctions: A Prehistoric Revolution*, Tucson, AZ, The University of Arizona Press, 1984, S. 396.
19. N. K. Vereschagin und G. F. Baryshnikov, »Quaternary Mammal Extinctions in Northern Eurasia«, in ibid., S. 483–516.
20. Anthony Stuart, »Who (or what) killed the giant armadillo?«, In *New Scientist III*, Nr. 1517 (17. Juli 1986), S. 29–32.
21. Paul S. Martin, »Prehistoric Overkill«, S. 396.
22. Vgl. auch Paul S. Martin und Richard G. Klein, Hrsg., *Quaternary Extinctions*.

Kap. 5 *Das verlorene Inselparadies*

1. Hartley Burr Alexander, *North America*, Bd. X von *The Mythology of All Races*, New York, Cooper Square Publishers, Inc., 1964, S. 249 f.

2. Brian M. Fagan, *The Great Journey: The Peopling of Ancient America*, New York, Thames and Hudson, 1987, S. 141.
3. Marius Barbeau, *Haida Myths: Illustrated in Argillite Carvings*, Bulletin Nr. 127, Anthropological Series Nr. 32, Ottawa, National Museum of Canada, 1953, S. 187.
4. Joseph Greenberg, Christy Turner und Stephen Zegura, »The Settlement of the Americas: A Comparison of the Linguistic, Dental, and genetic Evidence«. In *Current Anthropology 27*, Nr. 5 (1986), S. 479.
5. Merritt Ruhlen, »Voices from the Past«, In *Natural History* (März 1987): S. 10.
6. Andrew M. T. Moore, »A Pre-Neolithic Farmer's Village on the Euphrates«. In *Scientific American 241* (August 1979), S. 62–70.
7. *New Larousse Encyclopedia of Mythology*, Einleitung von Robert Graves, London, Prometheus Press, 1968, S. 55.
8. Ibid., S. 62.
9. Louis Robert Gray, *The Mythology of All Races*, Bd. VI, S. 208.
10. *New Larousse Encyclopedia of Mythology*, S. 62.
11. Geoffrey Bibby, *Looking for Dilmun*, New York, Knopf, 1969, Kapitel 2.
12. Arthur Posnansky, *Tihuanacu, the Cradle of American Man*, Bd. I, New York, J. J. Augustin, 1945, S. 11.
13. Ibid., S. 89 f.
14. John Anthony West, *Serpent in the Sky: The High Wisdom of Ancient Egypt*, Wheaton, IL, First Quest Edition, 1993.
15. Paul William Roberts, »Riddle of the Sphinx«, *Saturday Night* (März 1993), S. 27.
16. Robert Bauval und Adrian Gilbert, *The Orion Mystery: Are the Pyramids a Map of Heaven?* Dt: Das Geheimnis des Orion, München, List, 1994.
17. Weston Le Berre, »The Aymara Indians of the Lake Titicaca Plateau, Bolivia«. In *American Anthropologist* 50 (1948), S. 9.
18. Cieza de Leon, zitiert in Thor Heyerdahl, *American Indians in the Pacific: The Theory behind the Kon-Tiki Expedition*, London, George Allen & Unwin, 1952, S. 231.
19. Paul Mylrea, »Computer helps preserve ancient Aymara language«, nachgedruckt in *The Nanaiom Free Press*, 21. November 1991, S. 8.
20. John Barnes, »Ancient Purity and Polyglot Programs«. In *Sunday Times* (London), 4. November 1984, S. 13.
21. Posnansky, *Tihuanacu*, S. 2.
22. Das folgende basiert auf der Grundlage von C. A. Burland, *Montezuma: Lord of Aztecs*, New York, G. P. Putnam's & Sons, 1973, Kapitel 6 und

10; und Maurice Collins, *Cortes and Montezuma*, London, Faber & Faber, 1954, Kapitel 5.
23. Burland, *Montezuma*, S. 183.
24. Ibid., S. 165.
25. Posnansky, *Tihuanacu*, S. 182.
26. Burland, *Montezuma*, S. 169 f.
27. Collins, *Cortes and Montezuma*, S. 56–60.
28. Bernal Diaz del Castillo, *The Discovery and Conquest of Mexico 1517–1521*, New York, Farrar, Straus and Company, 1956, S. 32.
29. Hubert Howe Bancroft, *The Native Races*, Bd. III, San Francisco, The History Co., 1886 (Nachdruck Arno & McGraw-Hill Book Co., New York o. J.), S. 469.
30. Burr Cartwright Brundage, *The Fifth Sun: Aztec Gods, Aztec World*, Austin, TX, University of Texas Press, 1979, S. 6.
31. John L. Sorenson, »The Significance of an Apparent Relationship between the Ancient Near East and Mesoamerica«. In Carroll L. Riley et al., Hrsg. *Man Across the Sea: Problems of Pre-Columbia Contacts*, Austin, TX, University of Texas Press, 1971, S. 239.
32. Ignatius Donnelly, *Atlantis: The Antediluvian World*, New York, Harper, 1882, S. 326.
33. Robin Palmer, *Dictionary of Mythical Places* (1920), Nachdruck New York, Henry Z. Walck, Inc., 1975.
34. Alexander, *North America*, S. 113 f.
35. W. H. Prescott, *History of the Conquest of Mexico and History of the Conquest of Peru* (1843) Nachdr. N.Y., Modern Library, 1936, S. 693.
36. Lee Elridge Huddlesten, *Origins of the American Indians: European Concepts 1492–1729*, Austin, TX, University of Texas Press, 1967, S. 56.
37. William L. Shirer, *Gandhi: A Memoir*, New York, Washington Square Press, 1979, S. 85.
38. Bal Gangadhar Tilak, *The Arctic Home in the Vedas: Being also a new key to the interpretation of many Vedic texts and legends*, Poona City, Indien, Kesari, 1903, S. 419.
39. Ibid., S. 72.
40. William Fairfield Warren, *Paradise Found: The Cradle of the Human Race at the North Pole; A Study of the Prehistoric World*, Boston, Houghton, Mifflin & Co., 1885, S. 193–96.
41. Ibid., S. 141.
42. Ibid., S. 140 f.
43. Ibid., S. 225.

Kap. 6 *Ein vergessenes Land*

1. Associated Press, »Bear-Bones find challenges idea of when Ice Age began in Norway«, 23. August 1993.
2. Donald G. Sutherland und Michael J. C. Walker, »A Late Devensian ice-free Area and possible interglacial site on the Isle of Lewis, Scotland«. In *Nature* 309 (1984), S. 701 ff.
3. R. Dale Guthrie, »Mammals of the Mammoth Steppe as Paleoenvironmental Indicators«. In David M. Hopkins et al., *The Paleoecology of Beringia*, New York, Academic Press, 1982, S. 309.
4. Ibid., S. 41.
5. Ibid., S. 65.
6. Boris A. Yurtsev, »Relicts of the Xerophyte Vegetation of Beringia in Northeastern Asia«. In Hopkins et al., *Paleoecology*, S. 157.
7. J. V. Matthew Jr., *American Quaternary Association Abstracts*, 1976, S. 73–77.
8. A. P. Okladnikov, *Yakutia Before its Incorporation into the Russian State*, hrsg. von H. N. Michael, Montreal, McGill-Queen's University Press, 1970.
9. N. K. Vereschagin und G. F. Baryshnikov, »Quaternary Mammal Extinctions in Northern Eurasia«. In Paul S. Martin und Richard Klein, *Quaternary Extinctions: A Prehistoric Revolution*, Tucson, AZ, The University of Arizona Press, 1984, S. 483–516.
10. Charles H. Hapgood, *The Path of the Pole*, S. 256.
11. Ray Nelson, »Evidence of the Earliest Americans«, *Popular Science* (März 1994), S. 28.
12. Der Weg über den Pazifik stand nach der hier dargestellten Theorie in der Zeit vor 80 000 bis 20 000 Jahren zur Verfügung. In der Zeit vor 20 000 bis 11 600 Jahren verschlechterten sich demnach die Bedingungen durch die Ausdehnung der Eiskappe, deren Zentrum über der Hudsonbai lag. Nach der Zeit vor 11 600 Jahren war der Durchgang noch einmal möglich.

Kap. 7 *Aus Atlantis*

1. Platon, *Timaios*, übers. v. Franz Susemihl. In: Platons Sämtliche Werke, Band 3, Verlag Lambert Schneider, Heidelberg o. J., S. 98.
2. Plutarch, *Große Griechen und Römer*, übers. v. Konrat Zieler, Artemis Verlag, Zürich und Stuttgart 1954, S. 224 f.
3. Ibid., S. 241 f.
4. Ibid., S. 242.

5. Platon, *Timaios*, S. 101.
6. Diese Hinweise wurden den Dialogen *Timaios* und *Kritias* von Platon entnommen.
7. Pindar, in E. H. Warmington, *Greek Geography*, London und Toronto, J. M. Dent & Sons, 1934, S. 208.
8. Aristoteles, *Über den Himmel*. In E. H. Warmington, *Greek Geography*, S. 208.
9. William A. Anikouchine und Richard W. Sternberg, *The World Ocean: An Introduction to Oceanography*, Englewood Cliffs, NJ, Prentice-Hall, 1973, S. 2.
10. Platon, *Timaios*, S. 99 f.
11. Ibid., S. 100.
12. Platon, *Kritias*, übers. v. Franz Susemihl. In: Platons Sämtliche Werke, Band 3, Verlag Lambert Schneider, Heidelberg o. J., S. 210.
13. Joseph Whitaker, *Almanack for the Year of our Lord 1992*, London, J. Whitaker and Sons, Ltd., 1992, S. 1176.
14. *Encyclopedia Americana: International Edition*, Bd. 7, Danbury, CT, Grolier Incorporated, 1986, S. 688.
15. Platon, *Timaios*, S. 103.
16. Ibid.
17. Die im folgenden gegebene Beschreibung der Stadt Atlantis und ihrer Lage gründet sich auf Platons Dialog *Kritias*.
18. Platon, *Kritias*, S. 212.
19. Ibid., S. 213.
20. Ibid., S. 205.

Kap. 8 *Die Landkarten der Atlantiden*

1. Muhammad ibn Ishaq ibn al-Nadim, *The Fihrist of al-Nadim; a tenth century survey of Muslim culture*, Bd. II, hrsg. von Baynard Dodge, New York, Columbia University Press, 1970, S. 583.
2. Ibid., S. 584.
3. Charles H. Hapgood, *Maps of the Ancient Sea Kings*, S. 41 f., 101.
4. A. A. Vasiliev, *History of the Byzantine Empire 324–1453*, Madison, WI, University of Wisconsin Press, 1952, S. 452.
5. Ibid., S. 453.
6. Ibid., S. 459.
7. Ibid., S. 461.
8. Sir Henry Yule, *The Book of Ser Marco Polo*, 2 Bde. (1870), Nachdruck London, John Murray, 1921, S. 5.

9. George Kish, Hrsg., *A Source Book in Geography*, Cambridge, MA, Harvard University Press, 1978, S. 128.
10. Elaine Sanceau, *Henry the Navigator*, New York, Archon Books, 1969, S. 117.
11. Ian Cameron, *Lodestone and Evening Star: The Epic Voyages of Discovery 1493 B.C. – 1896 A.D.*, New York, E. P. Dutton & Co. Inc., 1966, S. 107.
12. Sanceau, *Henry the Navigator*, S. 111.
13. Hapgood, *Maps of the Ancient Sea Kings*, Kapitel 1 bis 3.
14. Ibid., Kapitel 4.
15. Samuel Eliot Morison, *Admiral of the Ocean Sea*, Boston, Little, Brown & Co., 1942, S. 39.
16. Edward Gaylord Bourne, *Spain in America*, (1904); Nachdruck New York, Barnes & Noble, Inc., 1962, S. 119.
17. Lt. Colonel Harold Z. Ohlmeyer (Unites States Air Force), Brief an Charles H. Hapgood, 6. Juli 1960, In Hapgood, *Maps of the Ancient Sea Kings*, S. 243.
18. Ibid., Vorwort.
19. Conor (S. J.) Reilly, »Father Athanasius Kircher, S. J., Master of an Hundred Arts«, *Studies: An Irish Quarterly Review* 44 (1955), S. 459.
20. Ibid., S. 460.
21. Ibid., S. 458.
22. Ibid., S. 460 f.

Kap. 9 *Mythologie ohne Maske*

1. Diogenes Laertius, *Leben und Meinungen berühmter Philosophen*, übers. v. Otto Apelt, Felix Meiner Verlag, Hamburg 1990, Bd. I, S. 15.
2. Ibid., S. 20.
3. Giambattista Vico, *The New Science of Giambattista Vico*, übers. von Thomas Goddard Bergin and Max Harold Fisch, Ithaca, NY, Cornell University Press, 1948, S. 68.
4. Ibid., S. 57.
5. Ibid., S. 60.
6. Edward B. Tylor, *Primitive Culture: Researches into the Development of Mytholoy, Philosophy, Religion, Art and Custom*, 2 Bde., London, John Murray, 1871, S. 255 f.
7. Sigmund Freud, *Zur Psychopathologie des Alltagslebens*, in: Sigmund Freud, Gesammelte Werke, Bd. IV, 6. Aufl. 1973, S. Fischer Verlag, Frankfurt 1973, S. 56.

8. Carl G. Jung und K. Kerényi, *Einführung in das Wesen der Mythologie*, Zürich 1941.
9. Claude Lévi-Strauss, *Strukturale Anthropologie I*, Suhrkamp Verlag, Frankfurt 1978.
10. Joseph Campbell, *The Hero With a Thousand Faces*, Princeton, NJ, Princeton University Press, 1968, S. 4.
11. Thomas S. Kuhn, *The Essential Tension*, Chicago, University of Chicago Press, 1977, Kapitel 1.
12. Laertius, *Leben und Meinungen berühmter Philosophen*, Bd. II, S. 122.
13. Ovid, *Metamorphosen*, Buch XV, 259–265, übers. v. Erich Rösch, Ernst Heimeran Verlag, München 1974, S. 569.
14. Strabo, *The Geography of Strabo*, London, G. Bell & Sons Ltd., 1912, S. 154.
15. Proclus, *The Commentaries of Proclus on the Timaeus of Plato, in Five Books: Containing a Treasure of Pythagoric and Platonic Physiology*, Bd. I, Buch I, London: Autor, 1820, S. 64.
16. Ignatius Donnelly, *Atlantis: The Antediluvian World,* New York, Harper & Brothers, 1882, S. 1.
17. Ibid., S. 2.
18. Time-Life Books, *Mystic Places*, Alexandria, VA, Time-Life Books, 1987, S. 23.
19. Charles Lyell, *Principles of Geology: Being an Attempt to Explain the Former Changes of the Earth's Surface, by Reference of Causes Now in Operation*, Bd. III, London, John Murray, 1830–32, S. 2 f.
20. J. V. Luce, *The End of Atlantis: New Light on an Old Legend*, London, Thames and Hudson, 1969.
21. Harald A. Reiche, »The Language of Archaic Astronomy: A Clue to the Atlantis Myth?« In *Astronomy of the Ancients*, hrsg. von Kenneth Brecher und Michael Feirtag, Cambridge, MA, The MIT Press, 1979, S. 176.
22. Vgl. West, *Mystery of the Sphinx*.
23. Graham Hancock, *The Sign and the Seal: The Quest for the Lost Ark of the Covenant*, a Touchstone Book (New York: Simon & Schuster, Inc., 1992), Foto Nr. 4. (Der Obelisk wurde wahrscheinlich mit Hilfe der Technik aus Atlantis errichtet.) Dt.: Die Wächter des heiligen Siegels, Lübbe-Verlag, Bergisch-Gladbach 1992.
24. John Anthony West, »New Eyes on the Nile«, in *Condé Nast Traveler* (Januar 1994), S. 125.
25. Siehe die Sprache der Aymara in Kapitel 5.
26. Siehe Kapitel 2.

Abbildungs- und Kartennachweis

Abb. 1 u. 2	Frederic Golden, *The Moving Continents* (New York, Charles Scribner's Sons, 1972), S. 70 (© 1972 Frederic Golden).
Abb. 3	Thomas Y. Canby, »The Anasazi: Riddles in the Ruins«, *National Geographic* (November 1982), S. 580 (© National Geographic Society).

Karten

1 a und 1 b	Nikolai Ivanovich Vavilov, »The origin, variation, immunity and breeding of cultivated plants; Selected writings of N. I. Vavilov«, übers. v. K. Starr Chester, *Chronica Botanica 13,* Nr. 1–6 (1951).
7	William Fairfield Warren, *Paradise Found: The Cradle of the Human Race at the North Pole; A Study of the Prehistoric World* (Boston, Houghton, Mifflin & Co., 1885), S. 227.
8	U. S. Naval Support Force, *Introduction to Antarctica,* 4. rev. Aufl. (Washington, D. C., U. S. Government Printing Office, 1969).
10 a und 10 b	A. N. Strahler, *Introduction to Physical Geography* (New York und London, John Wiley, 1973), S. 355. M. J. Rubin, »Antarctic Meteorology«, *Frozen Future,* hrsg. v. R. S. Lewis und P. M. Smith (New York, Quadrangle Books, 1973), S. 161.
11 a und 11 b	Strahler, *Introduction to Physical Geography,* S. 354. G. R. Rumney, *Climatology and the World's Climates* (New York, Macmillan, 1968), S. 116.
13	Richard S. MacNeish, *Early Man in America* (San Francisco, W. H. Freeman, Scientific American Inc., 1973), S. 37.

19 Von den Autoren bearbeitet: Lyon Sprague De Camp, *Lost Continents: The Atlantis Theme in History, Science and Literature* (New York, Dover Publications Inc., 1970), S. 219.

20 Von den Autoren bearbeitet: U. S. Naval Support Force, *Introduction to Antarctica.*

21 *The Mitchell Beazley Atlas of the Oceans* (London, Mitchell Beazley, 1977).

22 Von den Autoren bearbeitet: U. S. Naval Support Force, *Introduction to Antarctica.*

23 a und 23 b Von den Autoren bearbeitet: Plato, *Timaeus, Critias, Cletophon, Menezenus, Epistles,* übers. v. R. D. Bury (1929; Reprint, Cambridge, MA, Harvard University Press; London, William Heinemann Ltd., 1975).

25 a bis 25 d Von den Autoren bearbeitet: *The Mitchell Beazley Atlas of the Oceans.*

26 a und 26 b Von den Autoren bearbeitet: Charles H. Hapgood, *Maps of the Ancient Sea Kings: Evidence of Advanced Civilization in the Ice Age* (Philadelphia, Chilton Book Company, 1966), S. 100.

28 Von den Autoren bearbeitet: Charles H. Hapgood, *Maps of the Ancient Sea Kings,* S. 37–38, S. 254–59.

29 Athanasius Kircher, *Mundus Subterraneus* (Amsterdam, 1678), S. 82.

30 Von den Autoren bearbeitet: Kircher, *Mundus Subterraneus;* und *The Mitchell Beazley Atlas of the Oceans.*

31 E. H. Bunbury, *A History of Ancient Geography* (Century Co., 1932; Reprint, New York, Dover Publications Inc., 1959), S. 369.

Alle anderen Karten (sowie Abbildungen 1–3 im Anhang): Rand und Rose Flem-Ath